名师工作室成果文库

"阳光·绿洲"
教育新体系导论

王春锡
姜德先　著
李绪明

光明日报出版社

图书在版编目（CIP）数据

"阳光·绿洲"教育新体系导论 / 王春锡，姜德先，
李绪明著 . -- 北京：光明日报出版社，2019.11

ISBN 978-7-5194-5477-7

Ⅰ.①阳… Ⅱ.①王… ②姜… ③李… Ⅲ.①小学语
文课—教学研究 Ⅳ.① G623.202

中国版本图书馆 CIP 数据核字（2019）第 191147 号

"阳光·绿洲"教育新体系导论
"YANGGUANG·LYUZHOU" JIAOYU XINTIXI DAOLUN

著　　者：王春锡　姜德先　李绪明	
责任编辑：李月娥	责任校对：赵鸣鸣
封面设计：中联学林	责任印制：曹　净

出版发行：光明日报出版社

地　　址：北京市西城区永安路 106 号，100050

电　　话：010-63139890（咨询），63131930(邮购)

传　　真：010-63131930

网　　址：http://book.gmw.cn

E - mail：liyuee@gmw.cn

法律顾问：北京德恒律师事务所龚柳方律师

印　　刷：三河市华东印刷有限公司

装　　订：三河市华东印刷有限公司

本书如有破损、缺页、装订错误，请与本社联系调换，电话：010-63131930

开　　本：170mm×240mm			
字　　数：253 千字		印　　张：15.5	
版　　次：2019 年 11 月第 1 版		印　　次：2019 年 11 月第 1 次印刷	
书　　号：ISBN 978-7-5194-5477-7			

定　　价：56.00 元

朝向母语教育温馨绿意的生命气象（代序）

世纪交替之语文教育普遍存在"民族母语鲜活生命质感缺失"之问题，具体表现为：一是"大一统"的"重讲解，轻实践"；二是"民族信仰淡化，母语文化缺失"；三是"脱离生活，普惠程度不高"。

据此，便有了些许思考：母语本身有怎样的精神，应该给孩子一种怎样的母语精神，怎样对母语教育进行价值突破与重建。基于这样的考量，2003年提出并组织持续探索"小学母语'阳光·绿洲'教育工程"，以期创造莱州特色母语教育温馨绿意的生命气象。

"阳光·绿洲"向往"同一片阳光，同一片绿洲"，即"人人沐浴在母语的阳光下，人人放飞在母语的绿洲上。"其基本内涵是"六艺""三能"素养体系和"供给侧结构课程"新形态："六艺"是按照母语教育内容和达成要求，横向创新母语内涵结构——写字、朗读、演说、复述、积累、评介六大工程（后称"六艺"）；"三能"是指支持工程推进纵向链接，优化组合，实现链接和组合最具"母语味"的智能元素定位在的观察、想象和思维上（后称"三能"）；"供给侧结构课程"是满足学生母语学习向往与期待的，以"现行教材"为主体、以"主题拓展课程"和"生活实践课程"为双翼的"一体双翼"课程形态新建构。

回溯15年，工程推进经历了梯次跟进、融合提升的三个阶段。

第一阶段：从2003年到2009年，主要依托山东省"十五"教育规划课题《小学生母语个性化教育与评价研究》，重在项目的个性化实践。提出"让每位孩子收获独特母语"的理念，以"为孩子们创造一个有文化滋养和生命活力的母语学习环境，让孩子们沐浴在母语的阳光下，放飞在母语的绿洲上"为目标，规划并实践"阳光·绿洲"六大工程项目。探索了以提高学生的母语素养和人文素养为目标的年级个性化训练序列，形成了突出全息化、全域化、全员化和个性化"三全一性"的"四化一体"个性化评价体系，实现了将小学生母语成长的"关键点"印记在自己的母语旅途中。

第二阶段：从2010年到2014年，实践和研究以山东省"十二五"教育规划课题《文化观下的小学母语教育研究》为中轴展开工作，重在文化重塑。提出"母语即文化"的理念，以"为孩子奠基母语的文化基因、文化模型和文化机制"为目标，创建了"母语生态文化""母语教育文化""母语素养文化"三位一体的母语教育文化系统"新常态"。"母语生态文化"重在"常态"的回归，"母语教育文化"重在"常态"的创新，"母语素养文化"重在"常态"的融合，就是将"母语生态文化"在"母语教育文化"的干预下，不断得到老师、学生和家长的认同、融化与个性建构，从而逐步建构起"母语素养文化"系统。

第三阶段：从2014年至今，立项山东省"十三五"教育规划课题《区域深化小学母语"阳光·绿洲"教育创新工程实践研究》，重在普惠。提出"让每位孩子都对母语有美好向往"的理念，坚守"整体推进，区域普惠"的基本目标，坚持"项目深化，融合推进"的操作策略，引领项目深化创新；完善优化了"阳光·绿洲"教育创新工程内涵结构体系，创建了"三观""三实"的教学论和实践论，借助"行政推动、业务指导"的方式，在全市范围内推行"师生同读、亲子共读、单元整体教学、六艺课程教学、母语活动月、母语节"等鲜活的母语实践课程，走向了"阳光·绿洲"教育创新工程的县域优质普惠。

回溯15年，在三个阶段的衔接交融中，慢慢形成潜隐在学校、教师、家庭和孩子中的，并持续扎根的，具有莱州本土特色的"'复兴'与'重建'"和"'三观''三实'"的工程理念。

提出的"六艺"是民族母语文化的主要构成，是对传统的复兴与重建。"复兴"是基于文化视阈下的精神皈依和行为归正；"重建"是基于现代视阈下的生命观照和世界视野的思维突破。不忘却传统，不漠视现代。传统必须光大、创新、会通发展，必须创领时代精神。我们的母语必须蕴涵"民族气派"——张扬民族精神，传承民族文化，播种民族信仰。这便是母语"复兴"与"重建"之价值。

"三观"主要表现在教学论创新上——在不断实践过程中，提出并完善主体交互观、认同文化观和普惠生成观。"主体交互观"就是力求体现母语习得的个性化，突出母语多元主体交互的个性化，实现母语习得多样态选择的个性化。"认同文化观"就是力求体现工程的"母语即文化"的理念，突出母语的文化特质、文化底色和文化精神，为孩子奠基母语的文化基因、文化模型和文化机制。"普惠生成观"就是力求体现"同一片阳光，同一片绿洲"的母语工程价值选择，实现母语教育绿色生态，有机生成，普惠进步。

"三实"主要体现在实践论创新上——真实、厚实和扎实。"真实"指向于实践愿景（情感），力求真性情、真母语、真课堂。"厚实"指向于实践内涵（内质），力求内涵简约化、结构化和有价值。"扎实"指向于实践策略（思维与方式），力求"唠嗑"交互、多元协同和生成管控。

"复兴"与"重建""三观"与"三实"成为具有民族气派和莱州特色的"阳光·绿洲"教育创新工程新体系的核心理念特征。

回溯15年，我们砥砺奋进，取得良好社会效应。

一是提升了区域内小学生的母语素养。对全市小学生样本的抽测与考察显示，母语"六艺"数据均有了突破性发展。

莱州市小学母语教育成果相关数据调查对比表（部分）

对比项目			对比时间		备注
			2003 年	2017 年	
	年级		数据或均值描述	数据或均值描述	
限时规范写字	一	规范	5 — 7 个	8 — 10 个	测试时间为 10 分钟，每个镇街测试一个班，统计写字姿势的规范率并计算出每分钟的规范写字量
		姿势	50%	85%	
	二	规范	6 — 8 个	10 — 12 个	
		姿势	60%	90%	
	三	规范	6 — 8 个	10 — 12 个	
		姿势	60%	90%	
	四	规范	7 — 9 个	10 — 13 个	
		姿势	70%	92% 个	
	五	规范	8 — 9	11 — 15 个	
		姿势	85%	95%	

对比项目	对比时间		备注
	2003 年	2017 年	
年级	数据或均值描述	数据或均值描述	
标准朗读准确性	一	30%	65%	测试时间为三分钟。抽测人数每镇街 30 人
	二	40%	75%	
	三	55%	85%	
	四	65%	90%	
	五	80%	95%	
课内阅读量	一	1 万字左右	3 万字	15 年前，学生阅读内容仅限于课本；现在除了教材、自读课本外，还有一拖一，一拖三推荐篇章和《语文练习册》《基础训练》上的阅读短文、推荐书目
	二	1 万字左右	4 万字	
	三	2 万字左右	近 10 万字	
	四	6 万字	30 万字	
	五	10 万字	40 万字	
课外阅读量	一	1 万字	8 万字	15 年前，学生的课外阅读处于自由状态，只有部分孩子喜欢阅读；现在，除教师推荐阅读的书目外，自主阅读的孩子越来越多
	二	2 万字	10 万字	
	三	7.5 万字	30 万字	
	四	10 万字	40 万字	
	五	20 万字	100 万字	
学年经典阅读书目量	一	近 1 本	5 本以上	15 年前，学生经典阅读处于散漫、随意状态；现在，经典诵读已经纳入课程规划，建立了整个小学段的经典阅读体系，经典阅读成为学生母语学习的重要方式
	二	1 本	6 − 8 本	
	三	2 本	8 − 10 本	
	四	2 − 3 本	10 − 12 本	
	五	3 − 5 本	12 − 15 本	
日常生活积累量	一	8 次	30 次	以学期为单位对学生的生活积累次数进行调查统计。2017 年的统计数据中包括精彩片段和生活日记
	二	10 次	40 次	
	三	15 次	60 次	
	四	16 次	80 次	
	五	20 次	100 次	

对比项目	对比时间			备注
	年级	2003 年 数据或均值描述	2017 年 数据或均值描述	
单元对应练笔量	一	平均每个单元每生写话 1 次	平均每个单元每生对应写话 5 次	将一学期的练笔量进行统计，以单元数进行平均
	二	每个单元每生对应练笔 2 次	平均每个单元每生对应练笔 2 次，写话练习若干	
	三	平均每生每个单元单元习作 1 篇	平均每生每个单元单元习作一篇、课内仿写两篇、课前演讲稿 1 篇，单元试卷作文 1 篇	
	四	平均每生每个单元单元习作 1 篇	平均每生每个单元单元习作一篇、课内仿写两篇、课前演讲稿 1 篇，单元试卷作文 1 篇	
	五	每生每个单元单元习作 1 篇	平均每生每个单元单元习作 1 篇、课内仿写 3 篇、课前演说 7 篇，单元试卷作文 1 篇	
日常语文兴趣	五 浓厚	33%	45%	在五年级学生中进行跟踪观察与调查
	一般	48%	52%	
	低	19%	3%	
语言运用创新	一 二 三 四 五	运用创新意识淡薄	学生能自觉创新。参与调查的学生大部分能学以致用，不仅能运用课内所学，还能运用课外所学，无论是遣词造句，还是布局谋篇，都能比较恰当，各具特色，语言运用创新水平不断提高	从全市随机抽取三所城区学校、三所乡镇中心小学、三所完小，并从这三所学校中每个年级各抽取 15 名学生进行相关数据的调查

对比项目	对比时间			备注
		2003 年	2017 年	
	年级	数据或均值描述	数据或均值描述	
文化因素占有量	一	生活 17.2%	29.3%	从全市随机抽取三所城区学校、三所乡镇中心小学、三所完小，每个年级各抽取 15 名学生，采用课堂观察，跟踪调查等方式进行统计
		其他学科 10%	30.1%	
	二	生活 20%	48%	
		其他学科 35%	48.7%	
	三	生活 15.8%	40%	
		其他学科 17.8%	45.3%	
	四	生活 33.5%	58.8%	
		其他学科 36.3%	54.2%	
	五	生活 34.6%	69.4%	
		其他学科 32.9%	59.7%	

二是引领了区域内教师的整体成长。该工程让现代教师明确了母语教育的民族责任；明晰了母语教师应该具有的多元辐合素养；为成就个性化教学风格提供了多元路径。15 年来，在省市优质课评选和公开教学中，带有民族气派和莱州特色的母语课堂得到了与会老师和专家的高度评价，其中有 60 余人次获省市优质课奖，1 人获山东教学能手称号，3 人获评烟台市小学语文名师。

三是带动了区域内的学校母语文化特色发展。循着"聚力、融汇、持续"一体化的实践推进机制，莱州各小学的母语教育呈现了千帆竞发的态势，带动了学校的母语文化特色发展。土山镇中心小学走出了一条"从写字到育人"的发展之路；莱州中心小学以"复述"为突破，实现了学生综合素养的差异进步；金城镇中心小学以"母语教育个性化评价"为样本，开启了课程多主体评价的研究；沙河镇中心小学深化评介式习作，开启了以习作表达为主线的单元主题整合教学研究……

四是营造了区域内"家庭母语学习"共同体的浓厚氛围。家庭关注发生了明显变化：家长由对孩子作业"量"的关注，开始转向了"质"的提高；由对孩子"书面作业"的重视，开始转向了对"实践作业"的落实；由对孩子单纯的"家庭学习"，开始转向了综合的"生活学习"。更为关键的是，书香家庭的数量有实质性的突破。

回溯15年，"阳光·绿洲"为生命而歌，"阳光·绿洲"为心灵而舞；"阳光·绿洲"让童心飞扬，"阳光·绿洲"让师心澎湃！这期间，我们留下了2800多万字的研究资料。这期间，我们寻寻觅觅，从"沙龙"到研讨会，到评析报告会，再到主题"站点式"观摩推广会，举办各种研讨推进会议200余次。回味15年来的历程，我们在"雾里看花"中，从多元素与"阳光·绿洲"约会，从多角度与"阳光·绿洲"携手，从多层次与"阳光·绿洲"拥抱。这约会、这携手、这拥抱，浸透着我们为"阳光·绿洲"无怨无悔"众里寻他千百度"的热望！当我要写这些文字时，手中的笔提起又放下，放下又提起，如此往复，一时间竟没有写出一个字来。脑海流动的是老师们充满激情而不息劳作的画面——家里，老师们深夜仍在读书查阅，冥思苦想；学校，老师们在办公室、在教室、在操场，交流探讨，各抒己见；外出，老师们主动将学习所得与"阳光·绿洲"对接生成与分享。这一幅幅生动的画面镌刻的是，我们一路走来对"阳光·绿洲"的惶恐、彷徨、挣扎与坚守。

一路跋涉，一路风景。回首15年之路，我们看到了"天街小雨润如酥"，看到了"绿肥红瘦"，还看到了"春华秋实"，更看到了"为有暗香来"。一路品尝，一路心境。在这样一个历程中，我们不断与"阳光·绿洲"碰撞，释放着自我；不断与"阳光·绿洲"交融，修正着自我；不断创新着"阳光·绿洲"，新生着自我。这碰撞、这交融、这创新，驱动着我们的"阳光·绿洲"渐渐走向会通。这会通彰显的是老师们带着渴望前行中的那"青青子衿，悠悠我心"的情怀和"为伊消得人憔悴"的师者品格。

15年的磨砺研究与推进，全市的小学母语教育水平提升到一个新的高度。《山东教育报》进行了专题报道，《小学语文教学》扉页刊登了相关的文字和图片资料，《语言文字报》多次专版进行了系列报道推广，为有志于推动区域母语教育水平的地区提供了一个鲜活的样本。

我们编撰的《莱州市小学母语"阳光·绿洲"教育创新工程区域深化书系》也终要成形。"正其谊不谋其利，明其道不计其功。"我们编撰此书系无他，只为宽厚小学母语教育之内涵，只为广大小语人提供实践之路径，以其引发更宽广之思考与实践。如此，则幸甚！

《"阳光·绿洲"教育新体系导论》是对"阳光·绿洲"母语教育创新工程的总体概述。该成果凝聚了全市母语人的执着追求，在成书之际致以最深情的谢意。《书系》中《主题单元整合教学国学经典文化启蒙》《主题单元整合教学乡土民俗文化拓展》《主题单元整合教学一体化教程纲要》《主题单元"六艺"学程导引》仍在编撰完善，希冀陆续付梓，以致敬付出！

　　该书系是情结的纪念，不是宣扬；是新的开端，不是终结；是新的号角，不是告别。虽"往者不可谏"，但我们还是真诚希望读者能够给我们提出建议，因为，"来者犹可追"，我们所希冀的是以此催进大家和衷共济，创新实干，不断为母语教育的复兴与重建尽自己的本分之责。

王春锡

目 录
CONTENTS

第一章
小学母语"阳光·绿洲"教育工程价值取向

2003年，我们在设计"阳光·绿洲"母语教育工程的时候，心中便涌动着一个愿景与梦想——"母语梦"，这个"母语梦"就是10个字——"同一片阳光，同一片绿洲"。这10个字的基本内涵：人人沐浴在母语的阳光下，人人放飞在母语的绿洲上。在内涵的基础上，有个关键词：普惠。这个关键词从哪儿来？就是两个"同"，同一片阳光，同一片绿洲。大同的下面就是要普惠，普惠就是要普惠家长，普惠老师，普惠孩子，让我们的每一个家庭都能享受到母语的"阳光·绿洲"，让我们的每位老师都能体验母语的"阳光·绿洲"，让我们的孩子都能分享母语的"阳光·绿洲"。

基于"普惠"的憧憬，我们便生成一个核心价值取向，简约表述为12个字："守望母语家园，植根母语精神"。关于家园，很久以来，我们的母语教育这个家园基本上面目全非，所以我们全国上下在重新收拾着我们的这个家园。我们深深记得，在20世纪80年代末90年代初，由《光明日报》发起的语文教学大讨论，那是我们母语家园最惨烈的时候，如果我们的家园失去了，我们的"阳光绿洲"也就没有了。关于母语精神，我们要给孩子一种怎样的精神，这是我们母语教育应该考虑的；我们母语本身有怎样的精神，这更是我们母语教育者应该考虑的。也就是我们的母语教育已经不是一般意义上的语文教育，我们平常听许多专家讲，名师讲，我总感觉他们的操作有些时候也还是落脚在一般层次的语文上、一般意义的语文上。这就需要我们的母语教育进行价值突破与重建，母语是博大精深的，母语是底蕴丰厚的，母语的深邃精神已经不允许我们把它作为一般的语文去认识，所以，我们把"阳光·绿洲"母语教育的价值取向定位在"守望母语家园，植根母语精神"。

为更好地解析与实现母语教育价值取向，我们把"守望母语家园，植根母语精神"这12个字表述为5个基本特征。

自由——从开放性原则出发，我们提出母语教育要努力实现"童心飞扬，师心澎湃"，观照自由向往，追求母语实践"自由"之价值境界。

安全——从健康性原则出发，我们提出要务必保持"母语安全"和"母语教育安全"，满足安全需要，追求母语实践"安全"之价值境界。

交互——从平等性原则出发，我们提出母语活动主体要努力体现"包容交互"，在伙伴式的交互中滋生对母语的美好向往，追求母语实践"交互"之价值境界。

绿色——从生态性原则出发，我们提出母语教育要坐实"绿色生态，阳光母语"，释放母语温暖绿意之底色，追求母语实践"绿色"之价值境界。

进步——从生成性原则出发，我们提出必须要把"进步"作为母语教育与母语学习的"铁标尺"，让"铁标尺"成为母语教育持续向往的催化剂，追求母语实践"进步"之价值境界。

第二章
小学母语"阳光·绿洲"教育工程目标定位

小学"阳光·绿洲"母语教育是一个动态增值的过程,其教育目标也是处在动态完善中。从2003年就有预设的目标,随着研究的深化,目标也在不断地开放、深入和集约。15年的持续跋涉,我们的"阳光·绿洲"母语教育目标也更加清晰起来,其基本定位就是"复兴与重建"。主要包含"课程结构重建""教师素养重建"和"学生成长重建"3个层面。

第一节 课程结构重建

我们把"阳光·绿洲"母语教育作为一个工程,课程结构重建直接关系到工程价值的彰显和目标的达成。历久研究,我们是这样描述"重建的"的:建设传统与现代相交融的适应孩子需要的具有民族气派的大母语教育课程系统,这就是我们这项工程对课程重建的一个目标。

传统与现代:这是母语教育工程最根本的东西,不要忘却传统更不要漠视现代。传统有我们要的东西,我们必须光大,要想光大必须有创新,必须进行会通发展。"具有民族气派"是这个系统的核心东西,我们的母语要张扬民族精神、民族文化、民族信仰。小学现在设置了十多门课程,在这些课程中,最具有民族特色的就只有语文,这就是课程体系中具有浓烈的民族特色。

"适应孩子需要"就是从孩子母语学习个性化、多样态选择需要出发,重建课程体系。在这个复兴与重建的过程中,我们逐渐明确了重建的四大原则——全息化原则、全域化原则、全程化原则和全员化原则。在此基础上，我们以"阳光·绿洲"母语教育价值取向为导航，不断探索创新，从"需要侧"出发明晰起"供给侧"结构化课程体系（也称为"阳光·绿洲"母语教育工程"一体双翼"课程体系）。

经典文化启蒙 ⎫
乡土文化拓展 ⎬ 主题拓展课程　文本主导课程　生活实践课程
主题自读文本 ⎭
　　　　　　　（侧翼）　　（主体）　　（侧翼）

师生母语素养展评 ⎫
母语活动月 ⎪
师生同读活动 ⎬
亲子共读活动 ⎭

小学"阳光·绿洲"母语"供给侧"课程结构

为高效实现"供给侧"结构化课程体系目标定位，经过反复研究实践，我们形成了既相对独立，又能交互贯通的"三位一体"的课程表达形态——主题单元整合教学形态，主题单元项目（六艺）生成教学形态，主题德融课程教学形态（详见本书"课程形态表达系列课例"）

第二节　教师素养重建

在这方面，工程启动之初，我们就有一个"教师都能建立一个适合'阳光·绿洲'教育工程需要的母语之家"的愿景。这是我们对老师要求的目标，更是工程对教师素养的选择。"母语之家"就是素养之源，这是一个相当艰难的目标。实际上在我们的语文教育历程中，曾经有一个阶段大家都愿意去教语文，而有一个阶段大家都不愿意教语文。大家都爱教语文的时候那就是考试，死记硬背能考个高分，比数学的逻辑思维要强得多；大家都不愿意教语文的时段，因为语文太博大精深了，我们自己也不知道怎么教，就有点儿教不了的感觉。教不了的感觉出在哪里，就出在老师心中的"母语之家"没有建立起来。我们的实践也说明，要让孩子在母语的实践上达到一定的程度，如果老师达不到，那无论如何都是不可能的。因为母语的家园有母语境界，母语的境界需要母语的素养来养护。如果一位老师在母语的园地里达不到一定的境界，没有一定的素养，那就没有办法引领孩子走进阳光，享受绿洲的。同时，还有课程专业的专属性问题。语文课程的专属性是很强的，"语文谁都能教"，这是对语文的一种戕害，这是对语文的一种不尊重。从课程的专属界限来说，我们总是认为语文是最难教的，因为它需要教师的母语专属性素养更强大。

基于我们的探索思考，我们不断完善满足母语工程期盼的教师母语素养。逐步重建起朝向为孩子优良母语底色和美好母语向往的教师母语素养结构。

$$
教师母语素养\begin{cases} 智能素养\rightarrow "六艺""三能"等\rightarrow朝向母语人才教育 \\ 德行素养\rightarrow仁、义、礼、孝、忠等\rightarrow朝向母语人格教育 \\ 文化素养\rightarrow母语文化、经典文化、乡土文化等\rightarrow朝向母语人文孕育 \end{cases}
$$

第三节　学生成长重建

这是一个成长观的问题，更是我们"阳光·绿洲"母语教育工程的核心目标。我们的母语教育工程到底应带给孩子怎样的成长，一直伴随在我们的研究实践过程中。从人本主义和建构主义出发，我们把学生的母语成长重建与不断完善定位在如下三个层面上：

第一层面：每位学生都可以学好母语。这是基于人性的期待目标，母语工程首要的就是要对孩子有信心，引领情感。

第二层面：每位学生都应该学好母语。这是基于"敬畏母语"的责任目标，母语工程追求对母语传统弘扬全覆盖，要成为每一位孩子的责任。

第三层面：每位孩子都能对母语有美好向往。这是基于"敬为母语"的情感目标，也是母语工程"学生成长重建"的核心，更是我们母语教育工程目标的终极选择，

总之，我们的研究实践表明，学生的母语成长重建不仅仅存在于课堂，更重要的是要在和谐开放、温暖绿意的环境下运行。

为确保工程目标的阶梯式达成，我们探索研究出课程形态与表达从"雷

同化重复走向独特化个性"的十大因子。概括说就是——

第一，国学文化进课堂；

第二，语文因素进课堂；

第三，母语学习策略进课堂；

第四，"六艺"素养进课堂；

第五，自主主题实践进课堂；

第六，主体交互生成进课堂；

第七，师本化母语表达进课堂；

第八，对应拓展进课堂；

第九，母语生态管控进课堂；

第十，美好母语向往进课堂。

第三章

小学母语"六艺""三能"素养内涵体系重建

第一节　体系重建总述

一、创建背景

母语是民族文化的根基，是民族身份的标志。在世界文化多元化的背景下，学好自己的民族语言也是对世界文化的贡献。汉语已经有3000年以上的历史，以其独特的语言特色、艺术魅力和深厚的文化底蕴越来越展示出巨大的生命力。可惜的是我们当前对于母语的重视却出现了"前不见古人"的局面。在国人内部进行交流以外语为荣，社会上有英语考级、音乐考级，独不见汉语考级（写字除外，而写字只是汉语文化的一部分），英语毕业生有达级标准，中文系毕业无所谓。"厦门大学曾对新入学的大一学生进行过3500个常用字的测试，主要测试对字音和字形的掌握程度，结果是60%的学生不及格。""南京某高校曾组织博士生、硕士生做高中语文试卷，结果，及格的只有25%，令考官大跌眼镜。"这不得不引起社会各界对民族文化的忧虑，以至于现代著名作家王蒙呼吁"学好中国的语言文字吧，情况已经越来越严重了。"

当前，我国采用的教学组织形式是整齐划一的"班级授课制"，然而，班级授课制在教育实践中逐渐暴露出严重的划一性与同步化的局限性，不利于发展学生个性，甚至抹杀学生个性。在价值判断多元化的当今社会，其教育的目的是培养人，促进人的和谐发展。因此提倡主动的、多样的、个性化的学习方式是时代的要求。

我们于2003年对莱州市的小学语文教师和小学生做过抽样调查：有58%的语文教师不爱教语文，有49%的语文教师希望任教别的学科；有57%的学生不爱学语文，有62%的学生讨厌语文。究其原因：

一是语文教学范围较广，承载任务较重；二是作业较多，造成学生完成和教师批改的困难；三是教学操作、教学评价过于模糊；四是过度单一的文本化学习，体验不到成功的快乐。

二、建构期待

解放教师，轻松施教；放飞学生，快乐习得。

建立具有民族气派，适应学生期待，发展学生个性，大众化母语教育内涵新体系。

三、建构思路

横向分割，板块研究；纵向链接，优化组合。

1.横向分割，板块研究。

按照母语教育内容和达成要求，横向划分有效训练内容——写字、朗读、积累、复述、演说、评介六大板块（后也称之为"六艺"），然后进行这六大板块的研究，我们简称母语教育"阳光·绿洲"工程。主要任务是界定各自的教学概念，明确项目要求，制定教学原则，形成操作策略。

2.纵向链接，优化组合。

在板块研究的基础上，根据每一课的教学内容和教学目标进行纵向链接，优化组合，不断地探索研究，我们把实现链接和组合的智能元素定位在最具"母语味"的观察、想象和思维上（后也称之为"三能"），以期形成具有个性特色的教学形态。

第二节 体系建构框架

一、写字

规范、端正、整洁地书写汉字是有效进行书面交流的基本保证，是学生学习语文和其他课程，形成终身学习能力的基础；热爱祖国文字，养成良好的写字习惯，具备熟练的写字技能，并有初步的书法欣赏能力是现代中国公民应有的基本素养，也是基础教育课程的目标之一。

中国书法将汉字的表意功能和造型艺术融为一体，有着悠久的历史和广泛的群众基础，汉字书写的美学价值得到了超越国界和超越汉字使用范畴的承认。因此，写字教学可以陶冶学生情感、培养审美能力和增强对祖国语言文字的热爱和文化的理解，既有利于写字技能的提高，也有利于增进学识修养。

当前，在重视学生掌握计算机汉字输入技术的同时，必须继续强调中小学生写好汉字。继承和弘扬中华民族优秀文化，写字教学应当加强，不应削弱。

——《教育部关于在中小学加强写字教学的若干意见》

这是教育部唯一的对课程标准的补充意见，由此可见教育部对写字教学的重视。

项目要求：

1. 会写铅笔字和钢笔字，学习写毛笔字。

2. 具备正确书写汉字的基本能力。做到正确、端正、美观，行款整齐，具有一定速度。

3. 养成良好的写字习惯，正确的写字姿势。

4. 保持写字兴趣，认同民族文化。

操作要点：

建立一个标准，体现两个过程，运用三种评价。

1. 建立一个标准，意即建立汉字的审美标准。

汉字的书写分为两个层次，一个层次是正确、端正、美观，是大众化的审美标准，也称为写字；另一个层次是用汉字来表现个人情趣，思想情感，具有个性，也称为书法。小学生当然应该建立大众化的审美标准。苏轼说"画竹必先得成竹于胸中，执笔熟视，乃见其所欲画者，急其从之，振笔直遂，以追其所见，如兔起鹘落，少纵则逝矣。"意思是画竹，必要心中有竹，画起竹来才能落笔如飞、意到笔到。我们写字也是这样，只有在头脑中建立起汉字的审美标准，在头脑中形成可参照的"书写形象"，才能下笔"胸有成竹"。建立审美标准采用下列方式。

读。"读"在这里指"看"的意思。孙过庭在"书谱"中说："察之者尚精，拟之者贵似。"这就是要求学生多看范字，静心研究范字，认真观察范字的成功之处，冷静地思考，从而增加临写的准确性，减少盲目性。看时要引导学生看清字的笔顺、笔画、间架结构以及用笔的特征，把精妙之处牢牢记住，努力达到闭目犹见的境界。读，也是记忆的过程，记忆应该有整体性。

看。看教师或优秀学生的书写示范。

比。要提高写字能力，在练字的时候就应该做到反复比较、反复推敲。要求学生不断地将自己写的字与范字进行对比，比出差距，找出不足，在"比"中取得进步。比还可以就相近的字进行比较，找出规律，找出不同。

悟。汉字的构造有一定的规律，在指导学生书写的同时，要注重引导学生"悟"出汉字的书写特点，及每个字各部分之间的搭配关系。如，左右结构的字中有左右相向的，有左右相背的；上下结构的字有的是下托上，有的是上压下，有的上下不相让……各种结构形态的汉字都有规律可循，各有自己的特点，让学生弄清同一类型汉字的结构特点，归纳出书写要点，才能帮助他们准确把握书写规律，为写好字打下基础。

2.体现两个过程，意即教师指导过程，学生进步过程。

这两个过程是不可分割的。"生动讲解"指教师讲写字的基本要领和指导方法。写字虽能无师自通，但重视师承则能事半功倍。写字课上，教师要讲清正确的写字姿势和执笔、运笔方法，汉字的笔画、笔顺、偏旁、结构的书写方法。其中，执笔姿势和汉字结构的讲解指导尤为重要。教师在指导写字前要讲明铅笔、钢笔与毛笔的不同执笔姿势。在指导写字时要对结构进行重点归类讲解。

"直观演示"是最形象、最生动、最切实的指导。学生通过观察老师的形象动作，亲眼看到起笔、行笔和收笔的全过程，直观地感受到运笔的轻重缓急和间架结构的均匀、协调，能领略到书写汉字的韵律美和汉字的结构美；

能掌握正确规范的书写姿势和书写方法，使学生知道怎样做才是对的，不仅对写字感兴趣，而且有利于掌握运笔过程中的轻重、快慢等书写技法。

"练评结合"是说在写字课上把练字与评价有机地结合在一起。在教学中，采用练评结合的方式，可以使学生的体力、精神得到调节，消除疲劳感，以有利于完成写字任务；同时教师和学生也可以及时得到反馈信息，矫正学生不正确的书写行为，促使学生把字越写越好，兴趣越来越浓。在练评结合时要注重保护学生的兴趣，激发学生的好胜心，学生要有"一个比一个好"的表现欲望，体现学生练字的进步过程。写字分临写、背写和默写。临写是规范，禁止看一笔，写一笔，这不利于学生在头脑中建立整体的审美观念；背写是记忆，将头脑中建立的书写形象展现为写字技能；默写是成熟，书写形象已经固化，随手拈来皆成"标准"。练字切记量大质差。

"个别化指导"是指导学生书写最有效的方式。这种"一对一"的示范具有针对性。这个字就写给你看，你这个字就存在这样的问题。这要求教师带一支红笔，巡回时及时示范、修改、评价。

3.运用三种评价。

写字教学的评价要有利于保护学生对写字、书法的兴趣；有利于形成正确的写字姿势和具有基本规范的写字技能。

自我评价是自我修正。在所有的语文学习内容中，写字最适合自我评价。自我评价对于写字又最直接最有效。因为自己的作品和范字摆在一起，很直观、很形象。自我评价要"自我肯定"和"自找不足"。通过每一次的自我修正，逐步建立起每一个字的审美标准，强化每一个字的书写技能。

同伴评价是全面修正。同伴评价能充分发挥学生主动发现美、欣赏美、表现美的能力，真正使学生成为学习主人；能有效调动学生的写字热情，营造比、学、赶、帮的学习氛围；使学生更能了解自己目前的写字状态，看到自己的进步及存在的问题。这个过程还要评价书写姿势和书写习惯，弥补自我评价和教师评价的不足，以使学生做到全面修正。在评价时要注意"好话多说，坏话好说"的策略。

教师评价是引领修正。汉字审美标准的建立需要有一个过程，虽说可将作品与范字进行对照，但是汉字的艺术性注定写字的评价标准具有模糊性。教师评价可以引领学生的写字水平由规范逐步向美观、艺术方向发展。教师要致力于发挥评价的诊断、反馈、改进、激励和强化教育等功能，以评价促进教学和学生个性的全面发展。教师评价要遵循激励性原则，不可吹毛求疵，求全责备，要善于发现学生每一点进步，并及时给予热情鼓励；遵循实事求是原则，不要一味说好话，对学生缺点不闻不问，而要明确指出问题，有利于学生修正；遵循及时性原则，教师要尽量在课堂上、在学生书写时做出及时评价，使学生及时修正；遵循评价与示范相结合的原则，教师评价可以分为共性评价和个性评价，共性评价是对学生写字存在的共性问题进行剖析，"找出症状"，"开出药方"，个性评价是针对学生的个别情况所做出的评价，无论是共性评价还是个性评价，均要当场示范。

二、朗读

朗读是多种感官参与的以声释意的活动。其表现形式为用响亮清晰的有声语言来转换书面的文字语言。它是阅读教学中最常见的基本训练方式。在教学中学生对课文内容可通过朗读去获得感知，在此基础之上，引导学生对文章的重点部分进行各种形式的朗读，掌握文章的语气、节奏、句式、格调，揣摩作者蕴涵的情趣和意旨。通过朗读引导学生充分感知课文准确的用词、生动的造句、巧妙的布局、感人的情趣等，使课文内容立体化、形象化，使学生对文章的内容产生真切敏锐的感受，在不知不觉中培养学生的语感，从而激起学生情感的共鸣，自然而然地浸润到学生的心灵。

项目要求：

1.能用普通话正确、流利、有感情地朗读课文。

2.通过朗读，掌握基本的语文基础知识，提高阅读的综合能力，丰富学生积累，形成良好的语感。

3.通过朗读，正确解读文本，使学生受到高尚情操与趣味的熏陶，发展个性，丰富自己的精神世界。

4.通过朗读，享受阅读乐趣，养成阅读习惯，加深对母语的感情。

操作要点：

1.朗读要正确解读文本，把握文章基调。

虽然新课程强调个性化阅读，但必须有统一的价值趋向。虽然"一千个读者有一千个哈姆雷特"，但是"哈姆雷特"就是"哈姆雷特"绝不是"李尔王"。必须是在同一价值观下的个性化阅读。

2.朗读要有个性化。

《语文课程标准》指出"阅读是学生的个性化行为,不应以教师的分析来代替学生的阅读实践。应让学生在主动积极的思维和情感活动中,加深理解和体验,有所感悟和思考,受到情感熏陶,获得思想启迪,享受审美情趣。要珍视学生独特的感受、体验和理解。"课程之所以这样规定,是因为每个学生的气质和生活经验不同,对事物的看法、认识也不尽相同。体现在阅读教学上,我们就要允许学生在同一价值观的基础上对文本做出不同的反映,允许学生用自己独特的理解、不同的朗读方式表达自己的情感。这就是求大同,存小异。

3.朗读形式要丰富。

(1)范读。新课程提倡学生独特的情感体验和个性化阅读,因而有不少的专家和教师认为范读固囿了学生的个性,把学生训练成一个统一的朗读范式,这种观点是偏颇的。语文课程标准指出"阅读是学生的个性化行为,不应以教师的分析来代替学生的阅读实践。"意思并没有否定教师的范读。在教学过程中,教师的范读是最为直接和亲切的,是火种、是催化剂。它能让学生透过教师的朗读深入地理解课文内容,体悟课文所表达的情感并产生共鸣。教师的范读最容易感染学生,也最容易引发学生的朗读激情。因此,教师要借助美的声音、美的表情、美的动作吸引学生的注意力,把对课文丰富的情感体验传递给学生,鼓舞学生的情绪,激起学生的内心体验,使学生进入课文描述的情感境界,获得准确、鲜明的感知。著名特级教师于永正老师曾经说过:"朗读教学最有效的方法就是跟我读",由此可见,范读教学是有必要的。关键是在什么学段读,什么情况下读。

低中学段范读的比例可大一些。低中学段学生对于朗读是初步感知阶段,老师通过范读多给学生各种句式的读法,各种停顿、各种语调、各种情绪的表达……

要在学生出现读错句子的时候范读。

当学生在朗读技巧不足以表达感情时范读。

引领学生达到新的高度时范读。

(2)引读。就是通过引言,创设一种情感氛围,引领学生多层次、多元地朗读，走进文本内核，极具鼓动性、感染力。

（3）结合生活体验进行朗读。叶圣陶先生曾经说过："要求语感的敏锐，不能单从语言文字上去揣摩，而是应当把生活经验联系到语言文字上去。"文本所蕴涵的情感只有与学生的体验融合在一起，才是真正意义上的文本解读，才能触动学生内心的独有的感受，朗读才有味道。教师要尽可能借助学生的生活体验来唤醒学生的文本情感。

（4）抓住重点词句分析进行朗读。戏有戏眼，文有文眼。一篇文章中重点段、重点句、重点词的解读好比是"画龙点睛"。我们在教学中就要对这些重点词句分析、理解、感悟、朗读，找准训练的基点，从而达到"一子落定，全盘皆活"的目的。于永正老师在上完《第一次抱母亲》后说："我之所以能够上好这节课，有三方面的原因：一是我的朗读，二是学生的朗读，三是我对关键词语的理解和处理。"

（5）比较朗读。就是将具有相关性的词句、段落或整篇文本放在一起加以比较品读。这种读法有助于使相关内容的解读在比较中相得益彰。

方式一：换词比较。在文本中，有些词用得恰到好处，换一词则味不同。

方式二：同词比较。在文本中有许多重复使用的词语，由于语境的不同所传递的信息有可能不同，甚至大相径庭。在这种情况下，将这些句子放在一起比较朗读，有助于深化情感体验。

方式三：上下文对照。同一篇文本虽然表现的是同一个主题，但在行文中，在细微处是有情绪变化的，他的表现形式有可能是相对的，所谓"山重水复疑无路，柳暗花明又一村。"通过对比朗读有助于学生体察作者的情绪起伏，进而更加深刻的解读文本。这属于纵向对照。

方式四：补充比较。就是从课外选择相关的内容，与本文进行比较朗读，从而深化朗读体验。这是横向对照。

4.朗读指导要有整体性。

指导朗读不能急功近利，应服从于全册教材、单元及课文的整体要求。一篇课文的内容是一个有机的整体，指导学生朗读要从课文的整体出发，遵循整体——部分——整体的原则，经历由概括到具体，再由具体到概括的过程。对于一段文字或一句话的朗读处理要把它放在全文中去考量，这样才能靠近中心，正确解读文本，才能做到与全文和谐一致。

5.朗读指导要有层次性。

（1）指导过程的层次性。课程标准对朗读的要求很明确，"正确、流利、有感情。"我们的指导过程也应这样。首先要求学生把课文中每一个生字的字音读准，对平翘舌音和前后鼻音，以及朗读中会发生音变的地方，教师都要做耐心的指导和示范；其次是指导学生把词语读好，把句子读顺，特别是一些长句或很容易读破的句子可以事先出示，让学生在老师的帮助下尝试着读准确、读流利；在读正确、流利的基础上，再引导学生把课文读出意、读出形、读出情、读出神。

（2）感情处理的层次性。

6.朗读的训练方式要灵活。

兴趣是最好的老师。学生只有对朗读充满兴趣，才会乐于去读。而且，儿童的心理特点决定着他们对朗读的兴趣缺乏持久性和稳定性。在教学中，教师应变换朗读的训练方式，激发学生的朗读兴趣。例如，通过个别学生朗读，让朗读水平高的同学尽情地施展他们的才华，让朗读水平低的同学及时得到老师、同学的指点、帮助；通过赛读，建立一种竞争机制，提高学生的参与度；通过伴读，使学生意识到教师是自己的合作者，提高兴致，拔高学生的朗读水平；通过选读，把读的主动权还给学生，激发学生的积极性；通过分角色朗读，提高学生的朗读热情，在朗读中体验人物丰富的心理活动；通过配乐朗读，用音乐渲染一种朗读的情境，感染学生，使学生保持浓厚的朗读兴趣，产生心旷神怡的感觉，使他们在优美的音乐中尽情地朗读，走进课文描写的情境，体会课文所表达的情感，等等。这些丰富多彩的朗读方式，有效地调动了学生的朗读积极性，使学生轻松愉快地走进课文的情感世界。

当然，选择什么样的方式要根据教学的需要和学生的实际，恰到好处地运用。例如，在学生初读课文阶段，放声读、自由读、选读、赛读不失为是比较理想的朗读方式，又如在指导学生"有感情读"时，不妨就选择赏读、仿读、分角色读等方式。在学生参与朗读实践的过程中，教师要尝试用这样的鼓励语：愿意读的站起来读；喜欢用什么方式读就用什么方式读；喜欢读哪一段就读哪一段；喜欢跟谁一起读就跟谁一起读。从朗读的形式和内容都给学生以自由的空间，让学生根据自己的爱好、自己的需要去朗读、去感悟、去体验。这样，优等生也好，后进生也好，都有比较宽松的心理氛围，都有自己干的事情，都能在朗读活动中获得不同程度的进步和发展。

7. 朗读指导要创设情景。

创设情境，把文字符号变成活生生的、具体可感的形象，让学生在全方位的直接感知和思维中，进入形象化、有感染力的场景，使大脑框架中的情知系统都充分开启，在课文语言与学生个性化语言和非语言活动的互动中，获取直觉的、综合的内省体察。这样才能体其味，表其情。教师可针对不同的课文内容和特点采用多媒体直观手段、利用插图、语言描述、虚拟情景、角色模拟等方法，创设出各种生动有趣的朗读情境，在情景再现中，激发学生的朗读兴趣，达到情与文的统一，情与读的融合，情与境的和谐。

8. 要教给学生朗读的方法。

新课程标准的三维目标告诉我们：学生在学习中要掌握学习的方法，朗读指导也要教给学生方法。

9. 朗读教学要借助评价。

评价有两个功能：一是激励功能，二是导向功能。所以评价要有激励性、针对性、指导性。由此看来，评价的过程是培养学生朗读兴趣的过程，是学生找出自己与训练目标的差距信息的过程，更是提高学生朗读水平的过程。朗读评价按评价的主体可分为教师评价、自我评价、同伴评价。

三、积累

语文积累不是知识，也不是技能，而是一个有众多心理因素参与的复杂学习过程，是一种持续的学习行为，同时也是检验个人语文素养的有效尺度。根据积累的内涵和课标要求可以将积累分为语言积累、生活积累、情感积累。语文教学可以借助这三种积累与大师对话、与生活对话、与心灵对话，来培养学生良好的语感，丰富学生的语言材料，建构学生的语言模型，增加学生的文化底蕴，积淀学生的情感体验，使积累的过程充满生命的活力，充满成长的气息，成为他们追求生命完善、润泽生命始终的愉快历程。

项目要求：

1. 能利用各种途径进行语言、生活、情感积累。

2. 掌握积累的方法。养成随时积累的习惯。

3. 在积累中加强语感训练，形成对优秀文学作品的兴趣，丰厚文化底蕴，丰富情感体验，享受生活乐趣。

语言积累：

广义的语言积累应该包括语言材料的积累、语言运用规律的积累、规范语言的积累。针对小学生的生理心理特征和课程标准要求，小学段的语言积累只指向于材料积累和规范语言的积累。

操作要点：

1. 材料形式的多元化。

按照材料的结构形式，学生可以积累字、词、句、段、篇。要根据视听材料的不同特点有所选择。如有的材料可能是语言较为优美，有的材料可能是某些段落较有特点，有的材料可能遣词造句比较精致……要根据学生的年龄段有所侧重，如低年级以字词为主，中年级以词句段为主，高年级以词句段篇综合积累为主。

2. 积累途径的多元化。

（1）课堂教学积累。课堂教学是语言积累的主渠道，它担负着教给学生积累方法，培养积累兴趣，养成积累自觉性的重任。主要采取以下措施：朗读，通过朗读对文本进行感知、体味、消化、理解，学习作者选择材料的方法，体会遣词造句的精妙，掌握安排材料的方法，领悟如何表达自己的思想感情，这是积累的基础；筛选，针对文本特色进行筛选，体现个性化、主题性，这是积累的兴趣保障；记忆，针对文本特色和学生差异采用熟读和背诵的方式，这是积累的核心；运用，是"举一反三"，是积累的内化和吸收。

（2）课外阅读积累。鲁迅先生说："文章该怎么做，我说不出来，因为自己的作文是由于多看和练习，此外别无心得和方法。"巴金先生也曾说过："现在有两百多篇文章储蓄在我的脑子里面了，虽然我对其中的任何一篇都没有好好研究过，但是这么多具体的东西至少可以使我明白所谓'文章'究竟是怎么回事。"在母语学习中，单靠课本积累是远远不够的，还需开展课外博览。博览，能给大脑皮层形成多侧面的语言刺激，而在阅读过程中，能再次强化大脑皮层已有的语言信息，使大脑中业已形成的联系系统更为完整、严密。要求：①激发学生课外阅读的兴趣。②指导学生精心选择读物。③指导学生养成"不动笔墨不读书"的良好习惯。学生读的东西不少，但是真正留在记忆中的却不多。方式一，写读书笔记。读书笔记立足于读，落实于记。就类型而言，包括摘录好词好句、编写写作提纲和写读后感。写读后感是属于创造性读记，它使阅读活动由被动接受变为主动探究，调动了学生的思维、想象和情感活动的有效参与。方式二，批注式阅读。省时高效。④主题式汇报。竞赛、展示、交流。

（3）在生活中积累。"问渠哪得清如许，为有源头活水来"。生活永远是最鲜活的语言源泉。布置学生根据自己的兴趣经常搜集家庭、校园、社会运用语言文字的情况，像家庭成员、亲朋好友、左邻右舍之间口语交际当中最新鲜、活泼的大众化语言；过年时家家户户贴的春联当中具有时代气息又炼字精辟的对联；校园里的标语牌、宣传栏、墙报以及运动会、艺术节等活动所使用的语言；社会上的电影电视的宣传标语和广告、布告；商店匾额、商品说明书、企业公司的招牌上的语言；还有电视语言、网络语言……

（4）在活动中积累。按课程标准的界定，语文教育的的特点：一是人文性，二是实践性，三是民族性。其中实践性就强调了除了多读书、读好书和多进行写作实践外，还要参加各种语文实践活动，在活动中学习语文，在活动中积累语言。校内可定期进行主题性积累汇报，开展积累竞赛。校外可进行搜集活动，整理搜集的内容。

3. 积累方式的多元化。

按照方式可以分为背诵、抄写、剪贴、批注式阅读、手抄报……我们应采用背诵为主其他为辅的方式。

4. 积累的主题性原则。

无论课内积累还是课外积累，均要确定主题，防止"记忆碎片"。主题一般依据学生年龄特点和教材主题确定。

5. 积用结合的原则。

6. 积累的个性化原则。

7. 积累的自觉性原则。

生活积累：生活积累是对生活经历的一种追述、思考、积淀。任何好的文章，都是从了解、感受、体验生活而来。巴金说："要是没有我最初十九年的生活，我也写不出这样的作品"，正是他对生活的深刻认识，我们读他的文章才能感受到他饱满的热情和对美好生活的热爱，并给我们一种激动人心的力量。在生活中，我们要用明亮的眼睛去观察、去发现、去体味、去揣摩。

凤凰卫视常说：任何一些看似不关联的事或现象的背后都有千丝万缕的联系。只有去思考生活，感悟生活，才能表现生活，揭示生活，描摹出极深的生命本相。

操作要点：

1. 观察要细。

要引导学生深入实践，用心去观察生活，做生活的有心人。要激发学生的好奇心，引导学生去关心身边那些普普通通的人和平平常常的事，用细腻的心去寻找真善美，去挖掘生活中的智慧和哲理，培养学生观察生活的敏锐性、深刻性和全面性。

2. 思考要深。

实践与思考相结合，及时分析观察到的材料，积极思考人生。要引导学生关注生活中的每一事物、每一事件，并加以思考，想出点意思来，悟出点道理来，品出点情味来。要善于联想和想象。

3. 体验要真。

引导学生亲身感受生活，深入情感体验。要调动各种感觉器官去直接感受生活，并且以自己的全部心思、全部真情仔细体味人生，只有这样才能触发自己的灵感，才能形成自己的真切感受和独特见解。

4. 范围要广。

（1）社会万象。描绘社会生活见闻，清洁工、交通警察、市场上的小商小贩、放学路上的学生、公共汽车上的乘客、司售人员、社区生活情景，耳闻目睹，传言评议，信手拈来，均可成文。

（2）家庭记事。记叙家庭生活场景，为老人过生日、亲友团聚、节日趣事、各类生活风波，学做家务活等，凡家庭事务均可作为该类日记写作素材。

（3）校园风采。描述校园四季景象、各类活动场景，捕捉精彩瞬间，记叙同学之间、师生之间发生的各种感人事件，等等。

（4）自然风光。或描绘家乡景色的四季变换，旅游景点见闻感受；或描写自然界一草一木的生长过程，形态特征，赞美大自然的巧夺天工。无论是天上云卷云舒，还是自然界风霜雨雪，都可作为日记内容。

（5）影视观感。电影电视已不可避免地进入每一个学生的生活，以其丰富多采的内容，异彩纷呈的画面，影响着每一个少年儿童。引导学生以此为素材，或发表各自看法，或参与其中，模仿表演，既可丰富小学生的课余生活和写作素材，又可逐步提高他们明辨是非、欣赏影视作品的能力。

（6）阅读赏析。

（7）奇思妙想。小学生思维活跃，是一个充满幻想的年龄。当他们看到忽飞忽落的小鸟时，总想自己也有一双翅膀，在蓝天上翱翔。但在日常的学习生活中，我们给他们自由幻想的时空的确太少。应该允许他们写自己在生活中的奇思妙想。可以结合一幅画面，展开想象；可以结合某一种声响或一段乐曲，展开想象；也可以结合自己的理想展开想象。无论哪一方面的想象都可以，只要是他们自己的想法既可。

5. 日记要常。日记基本要保持每周二至三篇。

情感积累：情感积累可以称为情感积淀。"正确地理解和运用祖国语文"是语文素养的重要指标。理解须与文本、作者进行心灵对话，产生情感共鸣；运用须表达自己的真情实感，引起听者和读者心灵震动。由此可见理解和表达均须学生具有丰富的情感体验。语文课程标准提出"在语文学习过程中，培养爱国主义、社会主义道德品质，逐步形成积极的人生态度和正确的价值观，提高文化品位和审美情趣。"的要求也是关于情感、态度、价值观的目标。综上，我们可以知道，情感积淀是我们语文教学的重要任务。情感积淀的主要内容包括：

1. 自我关怀，即对人的尊严、价值、命运的维护、追求和关切。

2. 追求真善美的统一，即追求心灵的完整性。

3. 追求人的道德情感、审美情感与宗教情感，并强调人的自然情感与道德理性、审美理性和宗教理性相统一，确立人在宇宙自然界中的地位，以唤起人们的宇宙关怀、生命关怀。

4. 高度珍视人类遗留下来的各种精神文化现象。

5. 强调对一种全面发展的理想人格的肯定和塑造。

操作要点：

1. 在语言诵读中积淀情感。

语言诵读是学生积累语言的重要途径，也是积淀情感的重要手段。学生在诵读中能够深刻地体味文章所抒发的鲜明独特的思想感情。一遍一遍地诵读，那种亲情、善良、正义、坚强、向上……就会一层一层地积淀。

2. 在主题性阅读中积淀情感。

现行语文教材大部分是按照主题进行编排。我们可以借助教材的主题，将情感积累和语言积累结合起来，开展广泛的课外主题性阅读。亲情主题、诊视生活主题、生命主题、诚信伦理主题、民俗文化主题……

3. 在生活中积淀情感。

鲜活的生活经历是情感积淀最基本的途径。生活中的耳濡目染、潜移默化，对学生精神领域所产生的影响往往是隐性的、长效的、综合的。自然景观旅游，积淀对自然赞美的情感；人文景观旅游，积淀对民族文化认同的情感；游戏，积淀对美好生活和童年热爱的情感；观看影视作品，积淀正义、善良的情感；网络，积淀对未来世界充满向往的情感；参加社会文化活动，积淀社会责任感；进行综合性学习，积淀体验合作与成功的情感……总之，通过情感积累，要教育学生学会感恩，学会发现爱、感受爱、付出爱……做一个感情丰富的人。

4. 在表达中强化情感。

通过演讲、交流、记日记等形式表达出自己生活中的各种情感，有利于学生对自己的情感进行理性思考，强化情感中向上的一面。

四、复述

复述在语文教学中是指学生在理解吸收的基础上把读物的内容用自己的话说出来。复述的训练是语感的训练。它具有帮助学生积累语言，培养学生记忆能力、逻辑能力、概括能力、创新能力、口头表达能力的作用，可以训练语言的张力。复述是一种比较高级的阅读教学的方式，是实现朗读教学向口语交际和作文教学跨越的支撑。

项目要求：

1. 能复述叙事作品的大意，初步感受作品中生动的形象和优美的语言，关心作品中人物的命运和喜怒哀乐。

2. 掌握复述的要领和方法，能进行各种方式的复述。做到紧扣中心，重点突出，脉络清楚，准确完整。

3. 养成复述的习惯，保持复述的兴趣。

操作要点：

1. 复述指导的层次性。

（1）复述形式的层次性。

读后复述。首先教师要指导学生反复读课文，深入理解课文内容，理清文章思路，为复述打下坚实的基础。其次是帮助学生拟提纲，抓住关键词语，应用到复述中去。最后按要求和提纲进行复述。

听后复述。要求学生练习听后讲出来。听时，教师指导学生集中注意力。预先提出问题，让学生边听边想，听后要让学生迅速组织材料，分清主次，突出重点，用自己的语言进行复述。为了帮助学生抓住重点，运用重要词语，在学生听时可适当板书。

看后复述。这种方法先指导学生有重点地看。如观察课文插图，看电影、电视、景点等。看时教师要指导学生按一定的顺序观察，要选择一定的重点。在理清层次的基础上，让学生进行复述。

（2）复述方式的层次性。

原文复述。就是在理解了所学的内容、了解叙述顺序的基础上，对课文内容进行详述、简要复述和重点复述。详述一般为整篇课文的复述，适合运用于低年级和篇幅较短的文章。高年级更为实用的是进行简要复述和重点复述，因为高年级课文较长，如果全文复述，面面俱到，就会挤掉其他的教学环节的时间，其他的教学任务就会难以完成。

创造性复述。课堂上，在课文学习之后，要求学生在理解课文的基础上，根据课文的内容，用不同的方式改组课文，用自己的语言进行叙述并表达课文的主题思想。

①改变人称。②改变体裁。③改变情节。④人物、事件的评述。

（3）复述材料的层次性。

先从课文入手，再拓展到自读课本，最后到课外读物。

2. 要教给学生复述的方法，不能把复述搞成简单的机械的记忆性的背诵；要转变为复述而复述的现状，要在字词理解、课文理解中复述，让复述真正生动起来。

3. 复述训练要经常。复述不是一两次训练、一两堂课就能达到要求，它需要一个反复的过程。应该经常要求学生复述。

4.要培养学生良好的复述习惯,通过多种方式发展学生的复述能力。

5.注重评价对复述的导向作用。

6.注意复述的差异教学。

7.将复述与朗读、积累进行有效整合。

五、演说

演说在汉语词典的解释是就某个问题对听众说明事理,发表见解。受中国传统文化的影响,在我们的语文教学中忽视了对学生演说能力的培养。随着全球一体化进程的加快,在每时每刻都需要表达自己的观点,而母语作为第一语言就有可能限制演说水平的提高。同时,"说"往往是"写"的基础。"说"是经过思考,选择词句,把思维结果用语言表达出来,用口头语言表情达意;"写"是经过思考,选择词句,把思维结果用文字表达出来,用书面语言传情达意。二者是相通的,互相促进的。所以演说又是锻炼表达能力的一项重要途径。

项目要求:

1.能清楚明白地讲述见闻,并说出自己的感受和想法。

2.能具体生动地讲述故事,努力用语言打动他人。

3.能根据交流对象和场合,稍做准备,做简单发言。

4.具备当众演说的能力,做到中心突出,条理清楚,语言准确、流利,姿态大方,声情并茂。

操作要点:

1.分段要求原则。

明确各年级"说"的目标:低年级调动兴趣,敢说;中年级闪现智慧,愿说;高年级展示个性,会说。

2.循序渐进原则。

演说对于小学生来说属于一个全新的命题。对于学生演说能力的培养可以分为三个阶段。

①强化阶段。演说训练在开始阶段必须单设时间,以强调其重要性,以利集中进行指导。时间一般是5分钟,设在上课之后。在这个阶段要制订演说标准,教给学生演说方法,教学生学会评价。命题选择一般要结合课堂主题。

②常规阶段。在学生掌握方法学会评价之后要将演说作为一项常规。时间设置可以比较自由,既可以上课之后,也可以课中,还可以课尾。主题可以根据授课内容随时规定。

③整合阶段。将演说和其他学习内容结合。可以就文本的一处理解作为一次小演说,可以就题目做一次小演说,可以就语文活动做一次小演说,可以就评价做一次小演说,可将一次回答做一次小演说……

3.形式丰富性原则。

教育是面向全体学生,促使学生全面发展的教育。而演讲极易变成少数人的行为。那么在组织形式上要使全体学生均有参与机会。

①"你说你的,我说我的"。演讲的初始阶段,要求全体学生同一时间演说,然后点名全班演说、评价。功效:心灵自由,精神放松,全员参与。

②"你说我听,我说你听"。这是学生之间互相演说,互相评价。功效:资源共享,取长补短。

③"我说大家听"。点名当众演说,要一节课一换人,使全体学生都有在全班展示的权利。功效:锻炼勇气,学会倾听。

六、评介

作文教学的难点之一就是评改。只练不评改,达不到训练目的;抽查评改,又不利于全体学生的均衡发展;全批全改,对教师是一种负担,且主要工作由教师承担,缺乏学生自己的活动,效果欠佳。叶圣陶先生说"'改'与'作'关系密切,'改'的优先权应该属于作文的本人,所以我想,作文教学要重在培养学生自己改的能力。"鉴于此,我们设想将习作课变成自主评介课。尝试让学生直接作文,现场写,现场评,现场改。评介与评价最大的区别就是"介","介"带有欣赏、推荐的意思。

项目要求:

1.能自主作文,自主评价,做到当场写、当场评、当场改。

2.掌握作文评介的方法。

3.改变对作文的态度,做到爱写、会写、会改;养成作文评介的习惯。

操作要点：

1.评介标准要有常规性和针对性。

（1）常规性标准。

内容方面，主要看主题（中心）是否明确，选材是否恰当。一篇习作，中心一旦确定之后，就要看习作是不是围绕中心选材。评改作文首先应着眼于内容，内容立不住脚，形式上再改也没有什么意义。

表达方式（记叙、描写、议论、说明、抒情）是否符合文体要求。这个问题既是形式问题，也是内容问题。表达中心确定之后，表达方式就要为中心服务，什么地方记叙，什么地方抒情都要恰当。同时，中心确定之后，就要采用恰当的文体进行表达。

形式方面，主要看作文层次是否清楚，详略是否得当，开头、结尾、过渡、照应是否恰当。在学生的作文中，无论是水平较高的学生，还是水平较差的学生，在作文的结构上存在不少问题，主要表现在材料安排的顺序，材料的详略，材料的内在关系，材料与表达的关系等。

语言文字方面，主要看句子是否通顺、合理，句与句之间是否连贯，遣词造句是否准确、恰当。书写是否正确，修辞是否形象贴切。在学生作文中，不少学生基础差，错别字较多、用词不当、句子不通顺等语言毛病比较普遍。

在形式方面还有标点是否正确，书写、行款格式是否合乎规定。

（2）针对性标准。任何一次作文训练，总有不同的要求和侧重点。教师要按照教材或教师的作文教学计划、从学生的作文实际出发，确定评改重点，内容要单一、重点要突出，以便使学生注意力的指向比较集中，"集中优势兵力，歼敌人于一隅"。

2.评介方法要实用。

根据小学生的思维方式，要教给学生评介的方法。一般采用读、评、改的方式。一读着眼重点，是否符合本次作文的重点要求。二读着眼全局，言之有物，言之有序，布局谋篇是否合理，分段是否合理，叙述是否具体，段与段是否连贯。三读着眼细节。有没有用错的字词标点；句子是否通顺，修辞方式是否运用恰当并圈出习作中的佳句。评改完以后，还应从头到尾再读一遍，看一看评改的是否恰当。基本上没什么问题，才算定局。

3.评介主体要多元。

（1）自评自改

学生能够独立修改自己的文章，是作文评改训练的最终目的。我们应该让学生意识到自主评改的意义，教给学生评改的方法，使他们乐于、善于评改自己的习作。教师应引导学生运用诵读法、推敲法，边读边思，进行增、删、换、改，并给自己的习作做出评介，写上评语。在这个过程中，授予学生一定的方法和技巧，指导学生学会修改，学会评价。功效：自我监控，自我调整，明确标准，学会方法，养成习惯，培养兴趣。

（2）互评互改

具有强烈的好奇心是小学生典型的心理特征之一，他们对同伴的作文时时充满好奇。《语文课程标准》在"教学建议"及"评价建议"中指出：要引导学生的自改和互改，取长补短，促进相互了解和合作，共同提高写作水平。因此，在学生学会了自改的基础上，还要学会互评互改。在组织形式上要丰富，自由找伴互改，同桌互改、优生互改、差生互改、优差生互改、一人读大家互改的方式。功效：地位平等，心灵自由；合作交流，资源共享；体验成功，增强信心。

（3）教师评改

放手让学生自改、互改，教师不能因此而撒手不管，应通过各种方式方法与学生进行交流，把自己融入到学生自主、合作、探究的学习氛围中去。要充分发挥教师的主导作用，当学生在进行自主作文、自我评改、互相评改时，教师要积极地听、积极地看，随时掌握作文的写、评、改的情况，对学生的评改进行具体的指导。通过教师评改，向学生说明为什么这样改，让学生掌握改文的基本方法，知道如何下手改，哪些方面需要改等。教师还应重视鼓励、表扬等积极的评介引导作用，鼓励表扬学生大胆自改、互改，通过反复修改，写出优秀的文章。功效：发挥教师主导作用，把握作文评改基调，示范作文评改方法，激励学生评介欲望。

（4）家长评改

功效：客观公正，树立信心，容易沟通。

（5）网络评改

功效：更加自由，更加开放，更加真实。

4. 评价程序要科学。

习作评介课的操作流程必须科学、有序。一般情况下应该遵循以下程序。重温标准——多元评介——自我修改。

重温标准。习作要求就是标准。要求要有侧重点，使学生改有依据，批有准绳。

多元评介。这一流程包括共评和互评。共评是范本。可以由教师根据作文的普遍情况指定，也可以由学生推选。然后将范本呈现给全班同学，由学生和教师根据标准共同评改。在此过程中要用欣赏和发展的眼光评改作文，提出问题要委婉。互评是跳板。在有标准和范本的基础上开展学生间的互相评价能使学生认识到自己的作文的"症状"，为学生的自改做好跳板。

自我修改。自改是目的。自改要注意学生的差异化。对于语言能力差的学生，允许他们模仿借鉴优生的语言，允许仿写，只要他们认识到自己作文的症状，并向目标靠近，就实现了自我完善的目标。对于中等程度的学生，要注意引导他们克服从众思想，写出自己的真情实感；对于语言能力较强的学生，鼓励他们写出个性，写出风采。

"三能"智能素养是"六艺"内质素养得以操作与实现的基本保障。

观察——培育母语生活心；想象——养育母语童趣心；思维——孕育母语思辨心。

第四章

小学母语"阳光·绿洲"教育"六艺"素养有机生成评价建构

《纲要》指出：要"建立促进学生素质全面发展的评价体系。"随着新课程改革深化推进，课程评价越来越显示出在课程改革中的重要性。我们小学母语"阳光·绿洲"教育工程，从2003年正式启动起经过15年的探索实践，其研究方向亦转向了对母语素养生成的评价体系建构。其主要目标取向表现为3个层面：一是提高学生母语素养有机生成水平。二是创建小学生母语素养生成交互式评价操作体系。三是促进教师母语教育素养自动性改造与重建。

经过不断地探索实践和研究建构，我们形成了三全（全息、全域、全员）一性（个性）、"四化一体"的母语"六艺"素养生成评价体系。

第一节　有机生成评价主体全员化

主要指向于"六艺"素养评价主体的。传统的评价过分依赖于教师这个主体，出现评价过分强调甄别与选拔功能、忽视评价激励与促进发展功能的现象。对此，为使母语素养评价体现其价值追求，我们提出并实践多主体共同参与的评价机制。即鼓励学生本人、家长等参与到评价中，全员化评价均结合平日评价进行。首先，鼓励学生进行自我评价。这样，能够提高学生学习母语的积极性和主动性，更重要的是自我评价能够促进学生对自己的学习进行反思,有助于培养学生的独立性、自主性和自我发展、自我成长能力。其次,鼓励学生对他人进行评价。这也是一个母语交互生成的过程,我们把它作为一个不可忽略至关重要的隐性生成的过程,因为它能让学生在"相似"的交互中更清楚地认识到自己的优势和不足,形成内在驱动力。此评价贯穿母语课堂及作业始终。多主体评价能够从不同的角度为学生提供有关母语学习、发展状况的信息,有助于学生更全面多元地认识自我。具体落实全员化评价时,应该注意以下3点:第一,要注意全员化评价的针对性和实效性。并不是所有的内容都要进行全员化评价,这样不仅费时费力,而且有可能出现形式主义。一般说来,全员化评价的目的是能够获得更多的信息,或者使评价的多个主体都能从评价中受益。如学生间相互评价促进母语学习和交流,家长评价使得家长对学生的母语学习有更多的了解,教师也能从家长那里得到更多有关学生学习的信息。第二,全员化评价必须有明确的评价内容和评价标准。对不同的评价主体来说,其评价内容和评价标准往往是不同的。比如,家长主要评价学生在家中的学习态度、学习方法,如果让家长对学生具体的母语项目学习进行评价,家长可能感到无从下手,这样做还会造成家长感觉教师推卸责任,教师感觉家长不负责任。(家长评价内容见表4-1)同样,学生之间互评也要有明确的评价内容和评价标准,引导学生关注他人的长处和优点,进而改进自己的学习。第三,在全员化评价时,特别是学生互评中要淡化等级和分数,淡化学生之间的相互比较,强调对"作品"的描述和体察,强调关注同学的优点和长处,强调自我的反思,强调交互中的有机生成。不要让学生的注意力集中在给对方打分数或划分等级上,这样不但无助于学生向他人学习,还往往会造成同学之间互不服气,只关注对方的缺点和不足,评价变成互相"挑错"和"指责"。多角度去欣赏学生,所以学生时刻可以从教师的鼓励和同学的赞赏中,看到自己潜在的母语学习能力,从而每一类学生都能够时刻尝试进步,体验进步,充分地发现自我、发展自我。

表 4-1　莱州市小学生母语素养个性化生成家长评价表

学校			班级			姓名	
评价项目		评价内容	评价结果（每月评价 1 次）				
			八九月	十月	十一月	十二月	一月
课外阅读	阅读兴趣	1. 能主动阅读					
		2. 在家长的提醒下阅读					
		3. 拒绝阅读					
	阅读时间	1. 每天能认真阅读半小时以上					
		2. 每天认真阅读 10-30 分钟					
		3. 不愿意阅读					
口语交际	口语交际兴趣	1. 能专心倾听，乐于交流					
		2. 在家长的询问下能倾听交流					
		3. 不愿意倾听交流					
	口语表达能力	1. 能清楚地表达自己的见闻					
		2. 基本能说明自己的见闻					
		3. 不能明白地表达自己的见闻					
家庭作业	兴趣习惯	1. 能抓紧时间主动认真地完成					
		2. 在家长的催促下能认真完成					
		3. 不能认真地完成作业					
合计							

注：1. 为了使我们的孩子从小养成良好的读写习惯，请家长协同老师将孩子在家中的表现情况在相应的栏目中予以公正的评价。

2. 具体评价时，每个栏目中达到第一项者画 5 星；达到第二项者画 3 星；达到第三项者得 1 星。

第二节　有机生成评价内容全息化

这是指向"六艺"素养评价内容的。传统的小学语文学业评价存在着明显的重学科知识系统、轻语文综合能力，重智力素质、轻态度习惯等倾向。我们从有利于提高学生母语素养生成的目的出发，从认知领域和非认知领域两个维度对母语素养生成评价内容进行全息化重建。

一、认知领域维度

认知领域的评价，既要重视学生基本知识点的测评，更要重视他们母语素养生成水平的测评。对此，我们以"六艺"素养要求为评价重点。

（一）写字方面

写字主要以学生平日钢笔写字作业及家庭书面作业（家庭作业的书写质量往往被师生忽视）情况为评价内容。

（二）读书方面

主要评价学生朗读、背诵、复述以及课外阅读积累情况。朗读主要指语文课本以及拓展课本中的所有课文；背诵主要指语文课本、拓展课本中优美的段篇以及阅读积累簿中的所有内容。

（三）演说方面

主要评价学生在课堂上与教师及学生语言交流情况。此项内容的评价随堂进行，将课堂上获得的五星数直接标在课文题目前，以便每日统计。此外，还要评价综合能力，如组织能力、语言表达能力、资料搜集能力等。此项评价主要结合每节课的课前5分钟演说活动进行评价。

（四）评介方面

既要重点评价学生语言表达水平，还要评价学生选择写作材料和修改作文能力，主要以学生平日生活积累薄和作文情况作为评价内容。

二、非认知领域维度

非认知领域的评价主要包括学习态度、习惯、兴趣等。这些因素是学生进行有效母语学习的动力性因素，也是小学母语素养评价的重要内容。结合《语文课程标准》的提示和我们的实践现状，我们做了如下要求：

（一）写字方面

要重视评价学生写字的兴趣和习惯；要关注学生对汉字审美价值的体会，重视书写的整洁、美观。

（二）读书方面

要结合学生具体的阅读行为，评价他们阅读的态度和习惯等。

（三）演说方面

应重视考察学生的参与意识与情意态度，评价学生的文明礼仪素养。

要落实非认知领域的上述评价内容，必须注意突出对学生主体精神和情感品质的评价，突出对学生创新能力的评价。

（四）评介方面

要评价学生习作的态度、兴趣、习惯和习作活动中与人了解、与人合作的情况。

在评价具体操作过程中，我们坚持将二者融合在一起，彰显全息价值。

第三节　有机生成评价过程全域化

这是指向"六艺"素养评价内容的评价方式与过程的。从集约高效出发，我们的全域化评价重点突出"两结合"，即过程性评价和发展性评价相结合，定性评价与定量评价相结合。

过程性评价与发展性评价相结合。过程性评价是平时教学过程中的随机评价，主要诊断、发现和解决问题。它可以强化评价的反馈和调节功能，从而促进学生主动积极地发展。为此我们采取了"取消期中，淡化期末、坐实平时"的做法，改变传统的依据期末一张试卷来评价学生学习效果的方法，采取平时过程性评价占40%，期末终结性考核占60%（其中10%的实践考核，50%的笔试）的结合式评价。形成性评价从"六艺"素养入手进行，要求每位学生每月填写1份，逐月累积"小五星"数，这样每月可以从横向和纵向两个层面了解自己"六艺"素养生成状态。对于分项及综合表现优秀或提高幅度较大的学生，奖励一张喜报，学期末累计每月成绩，即为学生平日母语素养生成成绩。（见表4-2）

表4-2　莱州市小学母语14-15学年度平日个性化生成形成性评价表

学校		班级				姓名						
评价人 时间 项目	_____月份											小计
	一周			二周			三周			四周			
	自评	他评	师评	自评	他评	师评	自评	他评	师评	自评	他评	师评	
写字													
朗读													
背诵													
复述													
评介													
积累													
演说													
成绩总评													

注：1. 累计标准为优秀得5星，良好得3星，中等得1星，差不得星。

2. 演说成绩主要以课堂上生与师，生与生交流情况为主。随课累积，每周得9朵（含9朵）以上花者为优秀，得5-9朵花者为良好，得4朵（含4朵）花以下者为中等。

3. 评介每两周评1次。其余各项每一周评1次。

4. 成绩总评及小计主要以师评为准。

发展性评价主要指的是期末终结性考核中"实践性考核"（10%），我们把它分为朗读（30%）、背诵（课内和课外）（50%）、综合性学习（20%）三部分。这样做，不仅可以减轻学生的心理压力和学习负担，而且使教学中许多不可测的内容变为评价的有机组成部分，促使教师在教学中高度重视学生母语素养生成的综合形态。

定性评价和定量评价结合。定量评价主要是对学生的学习情况进行量化评价，以判定学生在集体内的相对位置。定性评价是检查评定学生的学习表现与既定的学习目标之间有无差距，是以某种目标为基准的评价，评价的是目标的达成度或标准的满足度，它以某种预定的目标为期盼，能够将集体内部名次之争的矛盾转化为学生个体与外部学习目标的矛盾，激励全体学生向着学习目标不断前进，最终促进学生母语综合素养的提高。研究说明，定性评价可以根据实际需要，选择恰当的结果呈现方式：可以是书面的，也可以是口头的；可以是评语的，也可以是多种方式的综合。我们每学期于期中和期末搞两次定性评价，主要采取评语式，重点是用定量评价无法衡量的学生的非认知领域方面，如语文学习态度、习惯、兴趣等进行评价。（见表4-3）

表4-3　莱州市"小学生母语个性化教育与评价研究"综合评价表

第四节　有机生成评价标准个性化

这评价标准是进行母语教学与发展评价的衡量尺度，是教学评价得以进行的前提与依据，为了便于师生评价，经过反复实践、修改，我们编写了母语"六艺"素养个性化评价标准，如表4-4所示。

表4-4　莱州市小学生母语"六艺"素养个性化生成弹性评价标准

项目	评价标准	得星数
写字	1.写规范字，书写笔顺正确，笔画正确且到位，字体正确；字迹工整、端正；行款整齐，布局合理、匀称，整体效果好；字迹明显入端正、规范楷体；纸面整洁；书写速度较快；写字姿势正确。	5星
	2.写规范汉字，笔顺正确，笔画正确，字体正确；字迹工整、端正；行款整齐，布局匀称；字迹初步入端正、规范楷体，整体效果较好；纸面整洁；书写速度较快；写字姿势正确。	4星
	3.写规范汉字，笔顺正确，笔画正确，字迹工整、端正；行款较为整齐，布局匀称；纸面整洁；书写有一定的速度；写字姿势正确。	3星
	4.写规范汉字，笔顺正确，笔画正确，字体正确；字体端正，大小匀称；不写怪体字；纸面比较整洁；书写有一定的速度；写字姿势正确。	2星
	5.写字不规范，有多个错字；字体不端正，结构比例失调，歪斜不稳；纸面不整洁；书写速度慢；写字姿势欠正确。	1星
演说	1.叙述有条理，语句通顺；句子完整，用词准确，内容具体，语言生动，有感情；口齿清楚，声音响亮。神态自然大方，站势正确，稳重自信，有礼貌，注意力集中。	5星
	2.叙述有条理，个别语句不通顺；句子完整，但有用词不当的情况；内容比较具体，声音洪亮，口齿清楚，表情自然大方，有礼貌。	4星
	3.语句比较通顺，句子较完整，但条理不够清楚，内容不充实，语言平淡，口齿清楚，姿态大方，比较有礼貌。	3星
	4.叙述没有条理，多次出现停顿，句子不够完整，内容空洞，拘谨，不自然。	2星
	5.基本不会叙述，三言两语。	1星
朗读背诵（低年级）	低年级：侧重于背诵声音、语气的评价。具体评价标准： 1.朗读短文正确，能读准字音，不丢字，不添字，不颠倒，不重复词句，不停顿，不唱读，口齿清楚，声音响亮。	5星
	2.朗读短文比较正确，不丢字，不添字，不颠倒，不重复词句，不停顿，不唱读，口齿清楚，声音响亮，出现1-3个错别字。	4星
	3.能朗读短文，声音响亮，口齿较清楚，语句出现重复、停顿，有错字、漏字现象。	3星

项目	评价标准	得星数
	4. 能朗读短文，口齿不够清楚，语句出现重复、停顿，有多处错字、漏字现象，在提示下能读完短文。	2星
	5. 不识字现象严重，在提示下仍然不能读完短文。	1星
朗读（中高年级）	中高年级：侧重于朗读的停顿、速度及朗读感情的评价。 1. 能正确流利地朗读短文，做到通顺流畅，节奏自然，速度适度，能正确体会阅读材料的实际性感情，并能通过朗读把感情表达出来。	5星
	2. 能比较正确流利地朗读短文，能注意语调、语速，能正确体会阅读材料的思想感情，在朗读中基本能够表达出来。	4星
	3. 能较准确地朗读短文，能注意语调、语速，但不够流畅，能基本体会阅读材料的感情，但表达得不够充分。	3星
	4. 能朗读短文，但语句出现重复、有漏字、错字现象，不能运用恰当的语调和语速进行朗读，经常读断、读破句子，没有感情。	2星
	5. 不识字现象严重，在提示下仍然不能读完短文。	1星
复述	主要从叙事、语句、表情、态度情感等各方面评价。 1. 能复述大意和精彩情节，清楚完整。复述过程中无病句和错误。神态自然大方，站势或坐势正确，目光与听众接触。声音响亮，语速适中。针对问题进行具体、完整的回答。稳重自信，目光与对方接触，有礼貌，注意力集中。	5星
	2. 复述完整，有一个要点漏说。复述过程中有一句病句或错误。神态比较自然，站势或坐势较正确，目光有接触。声音响亮，语速过快或过慢。基本针对问题，但回答不够完整。过于自信或不够自信，目光不集中，较有礼貌，注意力较集中。	4星
	3. 复述不完整，有3个以内要点漏说。复述过程中有5句以内的病句或错误。比较拘谨，目光闪烁不定。声音比较响亮，偶尔有过响或过轻、过快、过慢的现象。基本针对问题回答，但回答不具体不完整。缺乏自信，没把握，目光闪烁不定，注意力断断续续，不稳定。	3星
	4. 随意更改故事情节，有3个以上要点漏说。复述过程中有5句以上的病句或错误。抓耳挠腮，身体摇晃，发音颤抖。音量过小，听不清楚，语句过慢，多断句。尚能听清问题和要求，但回答错误。不自信，注意力不集中，不努力，懒散没礼貌。	2星
	5. 不能复述故事情节，三言两语草草了事。	1星

续表

项目	评价标准	得星数
评介	主要评价学生的写作和评改能力。 1.内容真实，富有个性；语言流畅生动；结构完整严谨，有一定速度；会正确使用修改符号，点评准确，有针对性，评语书写工整，富有激励性和启发性；积极参与修改讨论，敢于发表自己的看法，口齿清楚。	5星
	2.内容具体真实，语言比较流畅生动，有一定速度；会正确使用修改符号，点评比较准确，评语书写工整；能积极参与讨论，口齿清楚。	4星
	3.内容比较具体，语言比较流畅，有一定速度；会使用修改符号，积极参与点评，评语书写工整；能参与讨论。	3星
	4.能在规定的时间内完成习作，但内容不够充实；会使用修改符号，参与讨论、点评的积极性不高。	2星
	5.基本能完成习作，但内容空洞，篇幅短小，言之无物；不能积极参加讨论点评。	1星
演说	主要从倾听和表达两方面进行评价。 1.倾听神情专注，边听边想，虚心，不插嘴，听完后，能有礼貌地做出反应；表达有自信心，积极主动地参与；态度自然大方，目光与听众接触，讲普通话，吐字清楚，音量适当，表情适当；能按一定顺序讲述，内容有条理；能有效保持听众兴趣和注意力，讲述完毕有礼貌。	5星
	2.倾听时能边听边想，虚心，不插嘴，听完后，能做出反应；能积极主动地参与表达，态度比较自然，讲普通话，吐字清楚；能按一定顺序讲述，但条理性一般。	4星
	3.能边听边想，但不够虚心，偶然有插嘴现象；听完后，基本能做出反应；能参加表达，讲普通话，能讲述，但条理混乱。	3星
	4.倾听时不够专心，东张西望，听完后，反应迟钝，参与表达的积极性不高。	2星
	5.基本不能专心倾听，不能参与表达。	1星

注：背诵主要指语文课本、拓展文本中优美的段篇、优美的古诗文以及阅读积累簿中的所有内容等。评价标准可参照朗读标准，在此不做赘述。

小学母语教学评价体系的优化，离不开评价标准的弹性开放。传统的小学语文教学评价受教育评价选拔甄别目的的影响，过分追求一元化的价值观，往往把学生置于一个共同的标准之下，用评价者认可的某一价值观要求学生。在这种评价标准的约束下，学生的个性差异被抹杀，个性向往被湮没，个性生成被覆盖，教学评价的生成性和激励功能受到了严重的影响。对此，我们做了针对性研究和适应性要求。

面对差异，教师要运用不同的评价标准。评价时不仅仅着眼于某个学生在哪个层面上，还要以生成发展的观点，充分挖掘学生学习中的"闪光点"（我们把它叫作"关键生成点"），因材施教，分层生成，激发他们内在母语的学习向往。对于基础较差A层学生，他们同样有很强的自尊，而且对评价非常敏感，教师要善于抓住这些学生学习中的"关键生成点"，如一次大胆的提问、一次偶然的发现、一次主动的探索……充分肯定，多加鼓励，对于错误及时加以纠正。这样使他们树立信心，增添学习的自信，尝试母语进步的喜悦。对成绩一般的B层学生要采用激励评价，即揭示其不足，指明努力方向，促使他们不甘落后，积极向上。对成绩好、自信心强的C层学生，则采用竞争评价，坚持高标准、严要求，促使他们谦虚、严谨、努力拼搏。评价不仅成为强化或矫正学生所学知识的手段，而且更是激发各层学生搞好学习的催化剂。这样，才能够真正实现评价促"六艺"素养有机生成的根本性价值取向。

面对差异多采用开放式的问题测评学生。学生在母语学习过程中遇到的问题，像他们在日常生活中面临的问题一样，总是存在着多种适合的解决方法。也就是说，母语素养的学习和生成是一个开放多元、分享包容的过程，但传统的应试教育崇尚标准答案，压制学生提出不同见解，抹杀学生"标新立异"的母语创造个性。我们在测评题目上加大改革力度，多用开放式的题目，不要局限在知识的记忆方面，引导学生在掌握知识的基础上，学习运用知识解决实际问题的方法，或者对某个问题发表自己的独到见解，提出自己的设计和创意。这种问题，往往不止一个答案，还可多元测评出学生母语素养的真实水平，特别是测评学生非认知领域的母语素质。

第五章

小学母语"阳光·绿洲"教育工程推进阶段序列沿革

第一节 小学母语教育工程实践三阶段推进
——"三论"与"三实"

2003年正式启动运行"莱州市小学'阳光·绿洲'母语教育工程",15年来我们的研究实践大致可以划分为梯次跟进、融合提升的三个阶段。

第一个阶段:从2003年到2009年,这个阶段主要依托山东省"十五"教育规划课题《小学生母语个性化教育与评价研究》,以"为孩子们创造一个有文化滋养和生命活力的母语学习环境,让孩子们沐浴在母语的阳光下,放飞在母语的绿洲上"为目标,实践与推进"阳光·绿洲"母语教育工程。形成了以提高学生的母语素养和人文素养为目标的年级个性化训练序列,形成了突出全息化、全域化、全员化和个性化"三全一化"的个性化评价体系,实现了将小学生母语成长足迹中的"关键点"放入自己的成长记录袋中。该成果被评为山东省第二届教学成果二等奖。

第二个阶段:从2010年到2014年,这个阶段的实践和研究以山东省"十二五"教育规划课题《文化观下的小学母语教育研究》为中轴展开工作。围绕着我们提出的"母语即文化"的论断,形成以文化影响为其人文目标,以项目训练为其工具目标,以单元整体课例备课为操作载体,主体协同与内涵结构化相融合的单元主题文化整合教学体系。创建了"母语生态文化""母语教育文化""母语素养文化"三位一体的母语教育文化系统"新常态"。"母语生态文化"重在"常态"回归,"母语教育文化"重在"常态"的创新,"母语素养文化"重在"常态"的融合,就是将"母语生态文化"在"母语教育文化"的干预下,不断地得到老师和学生的认同、融化与个性建构,不断地积淀文化元素,从而逐步建构起"母语素养文化"系统。这是本研究的核心成果。该成果被评为山东省首届教育科研优秀成果三等奖。

第三个阶段:从2010年至今,这个阶段的工作有两个,一个是深化实践,另一个是区域推进。申报并立项山东省"十三五"教育规划课题《区域深化母语"阳光·绿洲"教育工程实践研究》。实际操作中,我们坚持"项目深化,融合推进"的操作策略,据工作规划的设计需要,我们实行项目负责制,责任人引领项目深化创新攻关;根据课题研究的需要,我们采用"大事记"的方式记录研究轨迹,导向研究路线,促进研究的融合推进。具体工作中,我们坚守"整体推进,区域普惠"的基本目标,借助行政推动、业务指导的方式,在全市范围内推行师生同读、亲子共读、单元整体教学、六大工程项目教学,使该研究得到全市小学教师的普遍认可,得到家长的大力支持,小学生的人文素养和母语素养得到显著提升。

15年3个阶段的衔接交融,在收获预期成果的同时,我们惊奇地发现,我们还收获了深深潜隐在学校、教师、家庭和孩子内在的特质。这种特质正在表现为一种本土特色,我们把它叫作"莱州特色"。突出表现在"三观""三实"上。

"三观"主要表现在教学论上——主体交互观、认同文化观和普惠生成观。"主体交互观"就是力求体现母语习得的个性化,突出母语多元主体交互的个性化,实现母语习得多样态选择的个性化。"认同文化观"就是力求体现我们提出的"母语即文化"的理念,突出母语的文化特质、文化底色和文化精神,为孩子奠基母语的文化基因、文化模型和文化机制。"普惠生成观"就是力求体现"同一片阳光,同一片绿洲"的母语工程价值选择,实现母语教育绿色生态,有机生成,普惠进步。

"三实"主要体现在实践论上——真实、厚实和扎实。"真实"指向于实践愿景(情感),力求真性情、真母语、真课堂。"厚实"指向于实践内涵,力求内涵简约化、结构化和有价值。"扎实"指向于实践策略(思维与方式),

力求"唠嗑"交互、多元协同和生成管控。

"三观""三实"成为具有民族气派和莱州特色"阳光·绿洲"母语教育工程新体系的核心特征。

第二节 小学母语教育工程年度主题母语序列
——"远点"与"圆点"

表5-1 母语教育工程年度主题母语序列

时间	主题系列	背景略说	核心观点
2003	全息母语	一本式教材，能力教学重复	"六艺"语文素养与"三能"智能素养
2004	个性母语	常态教学一刀切，无差异	每个学生都要有自己的鲜活母语经历与憧憬
2005	简约母语	教学满堂问，天女散花无结构	简简单单教语文，厚厚实实学语文
2006	市场母语	课堂千篇一律，固化"卖方"	从需要出发，有理性多元自主选择
2007	效率母语	重内容浮现，轻学生内质变化	创建有价值导向结构化母语内涵课堂
2008	伙伴母语	母语学习缺乏真实合作	"唠嗑式"交互协同母语学习机制
2009	3S母语	学习中缺失对母语生命关怀	生活—实践—生命（3S）一体化
2010	供给侧母语	学习缺乏足够支架资源	"一体双翼"课程体系，实现多样态自主选择
2011	字源母语	汉字教学浅层化荒漠	一横一竖显义化，一撇一捺皆人生
2012	生活母语	丰富多彩新生活迟滞课堂	生活有母语 母语要生活
2013	文化母语	母语文化性淡漠于学习进程	母语即文化——写规范字，寻母语根；读经典文，润母语情
2014	全域母语	教育主体过分集中固化	让母语之光普照每个人，让母语精神渗透每个领域
2015	素养母语	师生母语素养单一浅显	习字为核心，习读为关键，习文为根本
2016	进步母语	母语学习没有特征性变化	让进步改变母语教育与习得行为和向往
2017	绿色母语	母语生态被动与单调	绿色生态，有机生成

　　我们创建年度主题母语序列，其初衷就是要给"阳光·绿洲"母语教育工程厘清一条主线，让这条主线始终保持着对母语教育工程探索前行方向精准的导航。年度主题母语就是这个主线上一个个始终闪烁着光亮的灯盏，映照着母语教育工程不断推向闪耀生命之光的"远点"。更为美妙的是这些远点不是散乱的，不是大杂烩堆砌的，它们是母语教育工程大网中立体结构有序的"支架"。这些"支架"在生成研究实践增值的过程中，逐步地保持着独特魅力交融在一起，会通成母语教育工程的"圆点"，进阶走向我们期盼的"母语梦"。从"远点"到"圆点"是我们"阳光·绿洲"母语教育工程思维观念的成功突破与重建。

第六章

小学母语"阳光·绿洲"教育工程持续和谐深化策略支架

关于创建"家校合一"母语教育环境致全市小学生家长的信

尊敬的家长：

孩子是家长生命的寄托，是家长生命的希望，是家长生命的增值。"家有读书好儿郎"，读好书，学母语，是为孩子生命有意义成长奠基的大事。为此，从2002年实施新课程改革开始，我们推出了小学生母语"阳光·绿洲"工程，稳步展开了全市小学母语教育的创新实践。10年来，在全市广大语文教育工作者的不懈努力下，在全市家长们的热心呵护中，母语创新实践取得了可喜的成果，我们的孩子在母语视野、母语素养、母语情感等方面均取得了长足的进步。"而今迈步从头越"，为更好润泽孩子的母语底色，需要我们家校进一步密切合作，共同创建朝向孩子的"家校合一"母语教育环境。对此，现将相关的事宜和家长们予以说明，以取得共识！

关于课程结构。适应我市"阳光·绿洲"工程不断深化推进的需要，依据关于课程整合改革的基本精神，我们的母语课程将由"语文"（正式的课本）、"伴你学习新课程·阅读"（通常说的自读课本）和经典诵读（由市里与学校协同编选的文本篇目）三个板块组成，将不再是传统意义上单纯的"语文"课本。我们的企盼就是让母语教育从固化的单一"语文"课本走出来，迈向多元，走进书海，亲近母语，将孩子引导进"读书万卷始通神"的美妙境地！

关于教辅与作业。配合"阳光·绿洲"工程高效实施，我们在全市推出了融课前、课中和课后于一体的"主题全景式"作业。作业设计由各学校审查把关，力避机械抄写，适度增加阅读实践、信息收集、拓展积累等方面内容，努力使孩子的母语学习亲近生活，拓宽视野，厚实内涵。为切实提升学生母语学习的有效性，学校负责组织力量，结合日常具体情况，适当地对学生手中（统一征订的）的"基础训练""配套练习册"和"单元过关练习"等教辅材料进行"适应性"增删选择。更为重要的是，希望家长们一定要以"慈母"的心怀，对孩子日常汉字书写给予热切的关注——写一手好字，将受用终生。

关于"书香家庭"。10年来，随着"阳光·绿洲"工程的深入，全市各学校创建"书香校园""书香班级"已纳入日常工作，取得明显教育效果。为融合家庭力量，形成教育合力，谨提请我们的家长用心进行"书香家庭"建设。这并不是硬性要求家长买多少书（购书量力而行，适可而止），关键的是创造家庭读书环境，规划家庭读书时间，细心关照孩子的家庭读书活动。学校将会根据母语教育的需要，以作业的形式提出学生家庭读书的任务和要求，希望家长与学校通力协作，让孩子在读书中养成"好读书"的人生习惯；让孩子在读书的快乐中，不断领略"熟读唐诗三百首，不会作诗也会吟"的意蕴！

关于信息沟通。人际是需要沟通的，教育是需要沟通的，优质的母语学习也是需要良好的家校沟通来保障的。敬请家长们，从孩子生命健康成长出发，全面关注孩子日常母语学习态势，及时收集相关信息。学校会建立家校沟通机制，采取多种方式进行及时沟通，保障"家校合一"的顺畅贯通。家长们也可将"所见与建议"跟教研室小学部（王老师）沟通。（电子邮箱：×××@163.com）

尊敬的家长，为了孩子的一切是我们共同的愿望，"立身以立学为先，立学以读书为本"，母语对孩子生命的精神底色影响是巨大的。让我们携起手来，为孩子优良的母语素养而风雨同舟。坚信，孩子的生命一定会在我们共同培育的"家校合一"母语海洋中愈加光彩鲜亮！

祝家长们幸福如意！

莱州市教学研究室

2013年1月

莱州市教学研究室文件

莱教研 [2004] 23号

━━━━━━━━━━━━━━━ ★ ━━━━━━━━━━━━━━━

关于借鉴金城经验
推行"小学生母语学习水平个性化评价研究"的意见

　　随着新课程改革的日益深入，我市小学语文教育改革亦进入了崭新的轨道，产生了良好的效果。特别是适应于新课程标准的需要，并在先前语文教改的基础上，我们立题进行了"小学生母语学习水平个性化评价研究"课题，力图在小学生母语教育上实现新的突破。在这方面，金城中心小学行动积极，落实稳妥，为该研究做了大量工作，提供了宝贵的经验。为推广经验，保持研究的持续性，我们于2004年5月在金城中心小学举办了全市现场会，研究成果得到与会省市专家的高度评价。

　　为谋求全市大面积丰收，研究决定，在全市范围内推行"小学生母语学习水平个性化评价"研究，现将金城经验印发下去，希望各镇（街）认真学习研究，根据本镇（街）情况，制定落实方案，并稳妥推进。在此期间，一定要加强领导，步步为营，稳打稳扎，并留好研究资料，力戒形式主义和一哄而上，确保研究沿着健康的轨道发展，丰富全市研究成果。

　　附：小学生母语学习水平个性化评价改革探微

莱州市教学研究室

2004.9.1

莱州市小学母语"阳光·绿洲"教育十年成果汇报研讨会（邀请函）

各学校：

第八次课程改革已经十三个年头了。追寻着新课程标准，莱州市从2003年正式启动了小学生"阳光·绿洲"母语教育工程。十年来，莱州小语工作者怀抱着"同一片阳光，同一片绿洲"价值向往，殚精竭虑，用心经营，在"母语县域性普惠""课程全息化重建"和"课程全景式实施"等方面均做出了突破性创新实践，基本实现了师生共成长、家校同发展的母语期待。研究成果"小学生母语个性化教育与评价研究"获山东省教学成果二等奖，"文化观下的小学生母语教育研究"被确定为山东省十二五教育科学重点课题。为传播地方经验，深化母语实践，配合省"1751"工程"莱州金城现场会"，拟召开"莱州市小学'阳光·绿洲'母语教育十年成果汇报研讨会"。

会议日程	日程安排
	一、"新主题单元整合教学"课例展示（三年级第七单元） 1. 单元基础课　莱州中心小学　刘艳妮 2. 新授导向课　莱州实验小学　韩国萍 3. 综合达标课　莱州汇泉学校　杨洪鹏 4. 习作评介课　莱州第三实验小学　姜德清 二、专家点评与报告 　山东省教学研究室李家栋老师作"生本高效课堂"主题报告
6月20日晚上 7:40—9:00	母语综合性学习成果汇报（70分钟左右）
6月21日上午 8:00—11:30	一、十年成果多元展示 十年区域性成果现场展示观摩（全市各学校共展） 特色经验介绍（集体与个人 约30分钟） 十年母语成果回顾　莱州市教学研究室　王春锡 二、专家点评与报告 山东省课程中心张志刚主任作"文本解读与教师个性化课程建设"主题报告
6月21日下午	离会

报到时间20号上午，报到地点莱州市文化西路"鸿宾楼"（莱州大骋汽车站东临，长途汽车站东约100米路北）

莱州市教学研究室

2013年6月17日

莱州市小学语文骨干教师对母语教育问题诊断

1. 一、二年级是汉字练写的黄金期，但好多低年级老师在指导写字时，只注重认真，而不重视笔画、结构及执笔的指导与一贯坚守，导致学生书写自由态，失去汉字特有的美。

2. 低年级学生的识字量很大，对优等生来说识记起来很容易，对学困生就有很大困难，特别是二类字的实际要求把握不准。

3. 为了减轻学生负担，低年级要求不留书面作业，学生用于写的时间太少了，许多基础知识掌握不够牢固。

4. 天天写字，学生在固定练字时间里写得都不错，但在日常的作业时，部分学生写的字和练习时大相径庭，教师一直强调认真，但效果仍不明显。

5. 现在我们的课堂上，很多老师都注重了批注阅读的实践，注重学习方法的指导，课内的知识虽是精华，但毕竟是有限的，如何在课堂上拓展学生的阅读量，引导学生自觉地进行课外阅读呢？很多老师不知如何下手。

6. 语文教学时间少了，作业量却不小，老师们为了应付这样那样的检查，对于有些作业本来想放手却不敢，导致学生在统一的作业负担下，渐渐失去了对语文的兴趣。如何针对学生的兴趣，开发设置特色作业，让学生在愉悦的作业探究中爱上语文，应是我们切实关注的。

7. 老师天天认真组织学生朗读，总觉得用的时间不少，但阅读能力提高不大，表现在做阅读题时准确率不高。怎样才能让学生有较高的阅读能力，至今没有很好的策略。

8. 高年级语文教学中，阅读教学应是重中之重，教师应该结合教材的教学，引导孩子读整本书，如何做须研究。

9. 现在我们注重积累，但如何积累，怎样运用？都比较迷茫。具体反映在每天看、每天读，可很多学生的习作依然空洞乏味，句子贫乏、缺乏应有的韵味。

10. 作文教学一直是我们的软肋。学生水平参差不齐，习作评介也蜻蜓点水。如何指导学生评介，应是我们重点关注研究的。在现实教学中老师往往以考试为借口拔高习作要求，挫伤了学生的习作兴趣，但这样的班级成绩确实高。

11. 六大工程教学急需深入探讨，如何确立项目的评价标准，完善评介方式是当务之急。

12. 课后读背的作业实施起来较难，教师很难逐个检查，学生就容易钻空子。怎样让学生因喜欢而自觉去做是很重要的一个问题。

13. 在深入挖掘教材内容确定课堂内涵时，是应重视人文性还是重视工具性，真的很难兼得的。

14. 教研室的教学指导，经过镇街学校过滤后，又回到了过去的状态。教师的水平如何，学生的素质怎样，一节课可以原原本本展示出来。一堂课，甚至还能反映一个单位的教研水平，为什么必须要增加一些作业写的预习本——生活积累，阅读积累，《基础训练》《配套练习》……发了就要做，还可以理解，可以融入课堂，但其他的呢？最终，老师用于课外的越来越多，用以教研的就越来越少了。

15. 教师日常授课与检查时截然相反。前者简，后者繁；前者开放自然，利于激活教学，后者环环相扣，精雕细刻，师生被锁定在框子里……什么时候简约有效的课堂可以普及于日常检查时。

16. 要想提高质量，就得关注学困生，但对于班中那几个一直不开窍的学生，老师把能用的时间都利用了，收效甚微，如何解决？这种差异，可能影响时间效率的落实。

17. 不少老师对课标认知程度不够，研究不深透，也就无法明了小学各段间的特点及联系；不能从宏观上认识自己所教年级段的知识与能力在整个小学的地位，无法从学生角度实施针对性教学，各自为战，缺乏协同，便有了不知觉的欠账和无奈何的补亏。

18. 学生的生命状态是语文素养的基础，教师应如何利用文本持续一贯地唤醒学生的童心，让学生对语文有发自心底的喜爱。可否让教师的素养作为推动其他要素的动力。

19. 对学生课堂兴趣导引。现在语文课要求天天写字、课课演讲，坚持各种能力训练。课内的时间有限，学业负担增加，这也是导致学生不喜欢语文的原因之一。如何解决？

20. 现在提倡的课例教学，拓展学生阅读空间，尤其适合四、五年级，一、二、三年级仍然要以工具性目标为主，提高学生听说读写的语文基础能力。可是教师的教学方向与行为很大程度上取决于学期质量检测。老师们普遍认为，最近以来检测又回到了教材里去了。这样，课例教学的想法就会因指向问题很难落实。再说，现在老师们恐怕还不是很具备那种单元课例举一反三的教学水平。

2011.03.18—19收集整理

莱州市小学语文教师母语素养测试（基础知识201106）

一、填空题（30分）

1.我们要正确把握语文课程的特点，在教学过程中要注意教学内容的＿＿＿，还要尊重学生学习的＿＿＿＿。

2.课程目标对不同学段要求会写的字做了数量上的规定：第一学段为＿＿＿个，第二学段累计2000个左右，第三学段累计＿＿个左右。

3.各学段的阅读教学都要重视＿＿和＿＿。还要注意阅读时的＿＿＿和用眼卫生。

4."默读要有一定的速度，默读一般读物每分钟不少于300字"这是第＿学段的阅读要求。"学习修改习作中有明显错误的词句"这是第＿学段的习作要求。"听故事、看音像作品，能复述大意和精彩情节"这是第＿学段的口语交际要求。"初步了解查找资料、运用资料的方法"这是第＿学段的综合性学习要求。"能初步把握文章的主要内容，体会文章表达的思想感情"这是第＿学段的阅读要求。

5.第一学段"阅读识字"的基本理念之一是＿＿＿＿＿＿＿＿。

6.从教育专业化的角度说，我们现在的语文课堂普遍存在着三大支柱缺失的现象：即＿＿＿＿，＿＿＿＿，＿＿＿＿。

7.我们莱州市小学母语教育的"阳光·绿洲"工程项目是＿＿＿＿＿＿＿＿＿＿＿。对其中的两个项目下发过"推进"文件，这两个文件的主题词分别是"＿＿＿＿＿"和"＿＿＿＿＿"。

8.我们莱州市小学"效率课堂"研究已进入到第三阶段，即＿＿＿＿＿阶段，这个阶段的主要研究方式是＿＿＿＿。

二、实践题（25分）

1.请按照规范书写的要求默写王昌龄的《芙蓉楼送辛渐》。

2.请写一段反映你实践"阳光·绿洲"工程的文字。要求在这段文字中要用上"分号""省略号"和"感叹号"，同时还要用上至少一句你喜欢的诗词名句，150—200字。写完后要注意认真修改。

三、举例简析题（45分）

1. 结合日常教学探索，谈谈你是如何引导学生（多元）阅读体验的？

2. 结合内涵效率的研究，谈谈你是怎样追求语文教学内涵的优化高效的。

3. 从"大辩若讷"说说作为语文老师是怎样实践关系效率的？

4. 对习性效率是怎样理解的？谈谈日常教学中最成功的表现。

2013 年春莱州市小学母语实践能力测试报告

一、检测内容

本次语文实践能力检测考查的级部是三年级。主要对母语"阳光·绿洲"工程六大项目中的朗读、复述、演讲、积累四大项目进行了检测。共出了30套题目，其中背诵7题、朗读10题、讲述10题、成语3题；检测内容全部出自教材和自读课本《我的礼物》。看似简单，但是在实际测试中对三年级的孩子来说，难度并不低，要想获得高分，实属不易。

朗读10个题目材料为教材各单元精读课文中某一段落7题，课后阅读链接材料部分1题，自读课本各单元阅读篇目中某一段落2题。这些测试题目与课标中的要求"用普通话正确、流利、有感情地朗读课文"相吻合。为全面考查学生的朗读水平，检测的内容既有课本中的精彩片段，又有课后的阅读材料，更有课外读物（自读课本）中的资料。

讲述10个题目包括演讲、复述6个题目，检测的内容包括：学生课前搜集材料情况，精读课文主要内容掌握情况，园地中内容的阅读情况等；四、五、六3个单元针对训练主题教师是否给学生推介阅读书目3个；针对自读课本阅读情况问答题目1个。《语文课程标准》中要求："能初步把握文章的主要内容，体会文章表达的思想感情。能复述叙事性作品的大意，初步感受作品中生动的形象和优美的语言，关心作品人物的命运和喜怒哀乐，与他人交流自己的阅读感受。学习略读，粗知文章大意。能具体生动地讲述故事，努力用语言打动他人。"

成语测试主要考查学生对成语的积累和运用，共3个题目：限时说一定数量成语1个（3分钟内说动物成语15个）；成语接龙至少6个，并选择一个说话2题。对应课标："积累课文中的优美词语、精彩句段，以及在课外阅读和生活中获得的语言材料。"

二、测试情况分析

总体情况：今年的语文检测试题与去年相比有了明显的变化：题目要求更加简洁，题目分类更加清晰，题目难度也相对有所降低，更贴近课本与自读课本的内容，也更倾向于对学生课外阅读、阅读理解和口语表达能力的检测。本次在所抽班级中划片抽测30名学生，依据抽取试题序号分别进行考查。大部分学生在规定时间内能够做到开口说话、有针对性的回答，但有相当一部分孩子缺乏自信，声音不够响亮，可能也与紧张的心理有关。

（一）朗读测试

从本次朗读测试情况来看，孩子们的朗读水平还是比较令人满意的。孩子们的精神面貌较好，态度自然大方、礼貌、真诚地跟检测教师交流。检测期间，对自己的表现不满意的学生敢于向检测教师表示愧疚，直言不讳地表达，令检测教师在遗憾的同时略感欣慰。

从抽测的内容看，学生对课本的熟知度较高，对于课内要求的必背篇目、园地中的日积月累、古诗词、诗歌掌握较好。大多数学生都极少出现错误；多数学生朗读的时候声音比较洪亮，能够做到语速恰当，语调适中，能读出不同的语音、语气，能够根据表情达意的需要准确表达感情。

从朗读的习惯来看：学生坐姿都很端正，但是学生站读时，有的书本紧贴着胸脯，有的书本放得很低，头也使劲低着，还有的把书举得高高的，相当一部分学生声音太小，评委老师要凑近学生，才能听清。

当然在朗读测试中也存在一些问题，最突出的就是孩子们朗读的正确性还有待提高，朗读过程中存在错字、漏字、添字、重复的现象，缺少个性化的朗读。例如，课文片段中朗读《搭石》一题，学生在读多音字时出错较多，如"一行人走搭石"中的"行";"似的"中的"似"。自读课本朗读准确性欠佳,错漏字情况普遍存在,大多出错在3处以上。另外有一部分孩子朗读中的停顿把握不好,句子中间的停顿,句与句间的停顿,孩子们没有很好地体现出来。有个别的孩子朗读语气把握不够到位,属于唱读。

（二）演讲、复述测试

此次讲述题型内容广泛,重在考查学生围绕单元主题进行相关搜集的能力,自读课本中的故事以及每单元经典诵读推荐书目的掌握情况。复述的内容,包含了三个层面:有对应各单元主题的生活层面的复述,有对自读课本课文层面的复述,还有对应各单元主题经典书目的复述。

从测试情况来看,孩子们还是带给我们很多的精彩。尤其是课外拓展的讲述,当我们看到这个题目时会感觉有些难度,但孩子们却滔滔不绝地讲述得很具体,让我们有一种意料之外的惊喜。让学生讲述自己喜欢的一个成语故事和收集的关于长城的故事,孩子们复述得非常具体,可以看出孩子们的课外阅读是富有实效的,老师在平时的教学中下了很大的功夫。虽然讲述水平存在差异,但听得出他们的课外拓展阅读、课外搜集整理是比较到位的。

当然在讲述过程中也存在一些不容乐观的问题。我觉得最能引起我们重视的是部分孩子的讲述还是有背诵的倾向,自己的语言不够丰富,这是现今我们讲述训练中存在的共性问题。另外有的学生讲述过程中存在语病,比如有的学生表达过程中"嗯啊""就是""然后"等词语重复得特别多。感觉最大的问题是学生在讲述的过程中还不能够自然地融入自己的想法与思考,尤其是推荐书目的讲述缺乏细节的描述,不够具体,有些过于笼统。学生对自读课本中的文章了解得不够深入,只是简单读了文章,对文章的内容了解却很少。比如27题讲述《看不见的礼物》一文中的那个7岁的小家伙叫什么名字,"看不见的礼物"指的是什么,读过后你有什么感受?和26题中戴瑟莉是《看不见的礼物》中哪篇文章中的人物,简单说说她是一个怎样的人。这两个问题中的第一问学生都能准确说出,但是谈到感受,和她是一个怎样的人这样比较深入的问题,有一部分孩子不能准确表达。由此看出孩子们对文章了解太少,读得不够深入,没有自己的思考。

学生感觉难度较大的是"说说当今一项科学技术对于人们生活的影响"一题。拿到题目的学生比较茫然,不知从何说起。在老师的提示下,也只是吞吞吐吐、语无伦次地乱说几句。静心分析原因，主要有以下3个：第一，这一问题远离学生的生活经验，学生不能马上想到科学技术产品；第二，教师在五单元科学技术主题训练时，没有刻意教给学生积累与交际；第三，平时老师们没有引导孩子们善于观察、善于发现，没有培养孩子们用规范的语言去说去练的习惯。

（三）积累测试

精彩片段积累：总体来说多数学生在背诵时能做到正确、流利，尤其是对古诗的背诵，学生掌握得非常熟练，只有个别同学出现了添字、漏句、重复等现象。但学生在背诵时语速过快，缺少对文章的个性体验和感悟，大多数学生出现了死记硬背的现象。例如，背诵《观潮》时，提示了整整两大句，学生才能断断续续背出一点。因为是第一单元课文，不排除遗忘的可能性，可同时我们也追问反思：是我们的要求过高？还是因为孩子的当堂背诵锻炼太少，还没有形成这种能力？另外，古诗部分的背诵，唱背现象比较普遍，背不出古诗的韵味，主要原因是我们在日常的背诵教学时，注重了"背"，而忽略了"诵"，达到了"熟读"，而未"成诵"。

成语积累：王主任曾说过："成语是母语文化的精神内核。""我们要加强学生对成语的积累。"成语传承了几百年、几千年，甚至可以上溯到远古时期，是我们中华民族的瑰宝。作为一个中国人，却对自己国家的母语中最精髓的部分一知半解，的确是说不过去的。虽然本次测试只出了3道有关成语的试题，却让我们深刻地体会到王主任落实成语教学用心良苦。反观本次测试，三道试题都是来自语文书中的"日积月累"和自读课本中的"成语一条龙"，其中有两道题让学生根据指定的一个词语进行成语接龙，并自选其中一个成语完整地说一句话，学生对这些成语的名称如数家珍，但是对成语的运用却不尽人意。

以上，只是从整体上对每个测试类型进行了总结整理。在整理的过程中我们发现，校与校之间的差异较大，以成语测试为例：背诵成语接龙各学校之间的水平差不多，但自选一个成语说话上就有了区别，有的学校抽测的学生自选一个成语说句子反应较快，态度比较大方，语句比较流畅，语病较少，基本不存在什么问题。有的学校明显只注重了背诵积累，而缺乏运用指导，所以孩子做不到真正理解、正确运用。

再如演讲题：有的学校重视每个单元给学生推荐阅读书目，因此学生答题没有难度；而有的学校学生对于每个单元推荐阅读的文章知之甚少，到底从哪儿去说并不熟悉。抽测到经典讲述的学生，基本都说得不太完全。还有一个学生，抽到的测试题目是结合《长城》课外搜集的资料，讲一个有关长城的故事。这个学生想了足足有5分钟，可是到跟前来却说："老师，我不会，我们没搜集这样的资料。"老师提醒说："你想想电视上看到的或者你看书自己知道的这一方面的内容也可以。"可孩子还是说，不会。出现这种情况的原因可能有以下两点：一是这个学生比较有个性，平时学习一般，不会灵活运用知识；二是，这一方面的知识缺乏，老师也没注意让学生搜集这一方面的资料。总之，在测试这一类型题目时，学生表现很不理想。

三、思考与建议

测试的目的是为了激励，为了孩子的发展。因此，语文教师要进一步改变教学理念，增强语文大课程观念，平时的语文学习要真正把自读课本和推荐书目纳入语文教学中，扎实进行各项训练。

（一）朗读教学

莱州市金城镇焦家小学杨彩云提出了很好的建议：

1. 熟读成诵法。

即让学生多读，可指导学生琅琅出声地诵读，低唱慢吟地诵读，也可"不求甚解"地诵读，'直面经典，不求甚解，形式多样、水到渠成'。要多鼓励，不要强迫"。可采取激将法、争章法、小组夺魁、建立班级诵读明星榜等。辅导孩子们"诵"出味道来，而不是一味地背诵。碰到学生发音不准确，就亲自给学生做示范，教给学生读出诗的节奏和重音。在读中整体感知，在读中有所感悟，在读中培养语感，在读中受到情感的熏陶。读多了，自然成诵。形成积累，逐步养成整体感悟的能力。

2. 想象入境法。

即将诵读过程作为欣赏佳作的过程，边读边想象画面，把自己融入诗词的意境之中。充分利用多媒体创设情境，再现画面，使学生有身临其境之感，加深对诗歌的理解和记忆。

3. 表演激趣法。

为了激发学生学习古诗的兴趣，可以精心设置导语，引导学生进入想象空间。

除此之外，还有限时背、轮换背、接龙背、据意背、据画背、抄写背、听记背、问答背等多种形式，灵活而富有变化。只要我们运用得当，一定能给学生带来更多背诵的乐趣。

（二）复述教学

城港路中心小学周慧杰老师的建议值得学习：

1. 加强读、述、背。

读、述、背有利于发展学生的语言。语文教学的根本任务是发展学生的语言。即指导学生正确地理解和运用祖国的语言文字，使学生具有初步的听说读写能力。学习任何语言，都必须重视语言的吸收和储存。如果说理解语言是运用语言的前提，那么积累语言就是运用语言的基础。读、述、背就是要把课文语言变成学生自己的语言，用规范的书面语言改造学生不规范的口头语言。因此，加强读、述、背不仅可以积累语言，还可以深刻理解和学习运用语言，从而有效地发展学生语言。

2. 进行自述训练。

捷克教育家夸美纽斯说："一切语文从实践去学习比用规则学习来得容易。"在教学中，经常选择一些学生身边的话题，让学生进行自述和简要评说。在训练中，重视对学生观察、思考、表达等方面出现的问题进行具体指导，有意识地逐步培养学生形成连贯、完整、有主题、有条理、有层次、语词丰富、描述具体的语言表现力。

3. 处理好读与思的关系。

宋代学者朱熹把读思结合作为一条学规昭示于众。他说："学便是读，读了又思，思了又读，自然有意。若读而不思，则不知其意味……若读得熟又思得精，自然心与理一，永远不忘。"因此，任何读都必须有思考的目的，使学生养成读思结合的习惯。课堂上信马由缰的漫读、毫无目的的盲读，都无助于教学质量的提高，而且会使学生养成阅读坏习惯。比如在指导自读课本的阅读时，可以先给学生提出一定的要求，让学生带着问题去读。时间长了学生在读书时会自己思考文章的写作意图，久而久之，阅读能力自然得到提高。在引导学生边读边思考的过程中，一定要重视讨论交流，鼓励学生发表独立见解，培养其深入读书的兴趣。

（三）积累教学

三山岛街道西由小学吴娟老师有自己的一套做法：

1．用心聆听，品读感悟。

英语教学中有一项听力训练，常用录音机播放，让学生闭目静听，以提高学生的听力。其实此法也可用到背诵教学中来，用录音机播放精美文章的诵读（当然要是名家美读），或是教师有感情地范读，让学生谛听。在听中，学生会被那悦耳的声音、悠扬的语调、鲜明的节奏、丰富的情感和逼真的意境所感染，从而留下深刻的印象。这为下一步自己去熟读背诵打下坚实的基础。当然，"听"的方式还有很多，例如，二人互相背诵，一人背一人听，既要听背得是否正确、流利，还要听背得是否有感情，听得多自然自己也能背，并且效率极高。

2．创设情境，先说再背。

复述也是我们"阳光·绿洲"工程中非常重要的一环，把复述和背诵有效地整合起来，这也能极大地提高学生的背诵效率。可以让学生在熟悉课文内容的基础上，试着尽量用原文语句复述，当反复复述，复述到全文结尾时，也就达到了背诵。

3. 画中现文，快乐背诵。

有信息表明，人获取信息的来源主要是视觉和听觉。充分利用课文插图，在激发学生观察兴趣的同时，对照图意，回忆课文内容，或将课文中固定的、抽象的文字转化为生动、可感、直观的形象画面，让学生从具体生动的情景中，触摸作品的灵魂，感悟作品的内涵，学生就能依照这些画面顺利地把全文背诵下来，这种情景加文字的背诵，可以说是背诵教学的最佳渠道。

（四）演讲教学

莱州市第三实验小学王淑艳老师的建议：

1. 课外搜集资料应扎实有效，避免流于形式。学会将搜集的资料进行整理，将有用的信息真正储存于自己的大脑，而不仅仅是下载到书面上。在课堂上的适当时机让学生离开自己搜集的书面资料进行交流，有助于学生和文本的深层对话。

2. 加强学生讲述过程中的细节描述指导。学生讲述不够具体，缺乏细节讲述是普遍存在的现象，尤其推荐经典书目的有效指导非常重要。

莱州市教学研究室文件

莱教研[2010]20号

★

关于在全市小学
开展"优化母语环境 创建母语文化"工作的意见

随着新课程改革，从 2003 年我们莱州市小学母语教育开始了新思考与新实践。我们先后立题进行了"小学生母语个性化教育与评价"课题研究，推出了母语教育的"六大"工程项目，提出了"写规范字，寻母语根"、"诵经典文，润母语情"。几年来，在全市广大母语教育工作者的共同努力下，我们的工作取得了显著成效，为全市小学母语教育的再上新水平奠定坚实的根基。

针对目前小学母语教育现状与发展需求，我们的基本目标就是要全力实现母语教育的区域提升，也就是在前段"点"（项目与单位）的突破的基础上，在全市范围内追求"面"上的推进与升级，从而实现我市小学母语的潮涌浩大之势。为实现这一目标，我们今后一个阶段的工作核心就是"优化母语环境，创建母语文化"。这就要求我们要胸怀大局，要有大气魄，要有大手笔，要能从文化的视角审视我们的母语教育，用文化的内质期待我们的母语前景。

就目前我市小学母语教育的情状，"优化母语环境"就是要充分地利用好教育资源，搭建好教育阵地，开展好教育活动，让我们的周围处处充满母语，让孩子时时处处倘佯在母语的情韵里，升华自我的母语底色。具体要着重做好如下几

57

方面工作：

一、**阵地创建**。优化母语教育环境，就阵地建设目前要着力做好三个层面的工作，即：班级母语环境建设、校园母语环境建设和家庭母语教育环境建设。工作过程中要突出解决好独立性和相融性的关系，让有限的阵地实现功能的最大化。

二、**项目创立**。阵地的优劣，关键是项目的配套。要结合我市母语教育的总要求，对不同的阵地确立相应的项目，让优良的项目活化我们的阵地。项目的创立要注意恰切性，要解决大与小的关系，长与短的关系，同时，要注意项目的一体化和互补性，创立富有活力与特色的项目群。

三、**制度建设**。工作要推进，要深化，就一定要有完备的制度保驾护航，创建母语环境这项工作更离不开制度。各单位都要结合自己的工作安排和需要来关注制度的建设，特别要突出制度的个性化和实效性，制度建立要动真格的，不要敷衍，要纳入议事日程。不要束之高阁，要建设有用的制度，建设有价值的制度，让制度拥有生命的动感。

总之，各单位都要从弘扬民族文化的大背景来思考这项工作，来落实这项工作，领导要首先高度重视，做出自己的业绩。教研室将把这项工作情况纳入教学评估中，以期在我们全市显现母语教育的蓬勃生机，造福于我们的孩子们！

莱州市教学研究室

2010.10.11

转：《关于举办烟台中小学生"好书伴我成长"绿色读书工程朗诵比赛的通知》

莱州市教学研究室文件

莱教研[2012]2 号

━━━━━━━━━━━━━★━━━━━━━━━━━━━

关于深化推进提升小学生
母语"实践应用能力"普及实施工程的意见

近几年来，随着新课程的深入实施，我们莱州市小学母语教育进行了许多有益的探索，在各位同仁的共同努力下，这些探索取得了比较理想的工作成果，使得全市的母语教育态势充满了积极向上的元素，逐渐形成独具莱州特色的母语教育体系。

依据语文教育的大势所向，针对我市母语教育发展的实际状态，结合我们的研究得失，要求各单位继续在整体上做细做好实践工作的同时，一定要全力做实"深化推进提升小学生母语'实践应用能力'普及实施工程"，力争做出各自的特色经验。为此，希望各单位务必全力关注如下几个问题：

1、**认识到位，态度诚恳。**要充分认识母语"实践应用能力"对孩子生命走向与生命质量的重大影响，要充分认识该工作对学校优质发展的现实与前景影响，以虔诚的心去养育孩子们的母语"实践应用能力"。这不仅仅是领导要做到，还要全体老师都做到，更有必要宣传到家长们的心中。

1

2、**统筹规划，整体推进。**这是母语教育工程中的重要元素，必须纳入到体系中去统筹，切不可"头痛医头"式的割裂操作。要求各单位要做好系统规划，不可眉毛胡子一把抓。特别要协同力量研制好"实践运用能力"包含的要素分析及协调推进配档安排，确保工作的重点突出，运作顺畅。

3、**讲究方式，循序渐进。**这是一项比较繁杂的工作，需要高度的科学精神作支撑，这就要求在具体工作过程中，一定要讲究工作的方式方法，追求高效率，一定不要盲目强制，要心悦诚服的投入到工作中去；要注意不能冒进，要稳打稳扎，步步为营，用看得到的成果激发工作的投入度；还要尽力做好家长的配合推进工作。

4、**项目策划，优化平台。**提升小学生母语"实践应用能力"是实践性很强的工作，我们一定要在工作过程中给学生（老师）提供足够用的实践场景与展示平台，不要"放羊"。要求我们做好实践项目策划，做好活动安排，用有序的活动驱动工作的深化，用鲜活的生活激扬孩子的实践活力。

5、**强化监控，普惠成长。**"让每一位孩子都享受到母语的阳光"是我们不懈的追求，也是我们莱州的工作标识。"实践应用能力"是母语素养的重要组成，没有它，则孩子们的母语就是不健全的。我们要把这项工作纳入教学管理，特别要加强日常的监管研究，形成有利于促进孩子们母语发展的日常监控策略和机制，确保日常的普惠。

教研室将加强对各单位的策划与运作做及时的评估与反馈，基本情况将作为评先的参照。

莱州市教学研究室
2012年2月20日

附：小学生母语"实践应用能力"项目评价案例

2

莱州市教学研究室文件

莱教研[2017]4号

★

关于在全市深化推进
小学母语"阳光·绿洲"工程实践的意见

2003 年小学母语"阳光·绿洲"工程启动实施，十三年来，各校群策群力，教师们创新争先，做出了应有贡献，涌现出了许多具有个性特色的学校和教师。我们莱州市小学母语教育呈现出百花齐放、异彩纷呈的良好态势，逐渐形成具有莱州特色的小学母语教育体系。更为重要的是，工程实施以来，提升了全市小学生母语素养，产生了广泛而积极的教育和社会效应。

根据教育部关于核心素养的阐述，基于对传统的继承与超越，推动孩子母语素养的新生与宽厚，实现区域普惠的工程价值理想，我们将该工程整合立题为"区域深化小学母语'阳光·绿洲'工程实践研究"，并被确定为烟台市"十三五"重点项目。这就要求我们需要在小学母语"阳光·绿洲"工程建设上有新思路，有新作为，有新突破，有新境界。为此，特提出全面推进母语"阳光·绿洲"工程实践的意见。

1、创新运作，常态落实"阳光·绿洲"工程。各单位要从母语工程的环境建设、课程建设、家校联盟建设的视角整体规划母语工程。优化母语学习的硬环境，包括图书室建设、网络教室建设、文化墙建设；还要创新优化母语学习的软环境，

1

包括校园广播、班级文化、母语教育平台（校园网络、学校网站、学校微信等）。将工程课程化、常态化，着力课程开发、课程实施、教育评价等活动，创建有价值、有个性、有活力的朝向工程深化推进的新课程形态。做好宣传，缔造母语教育的家校联盟，努力让"亲近母语"成为家庭重要的生活常态，让家长成为工程推进的真实盟友。

2、创新项目研究，以文化关照推进实践的广度与深度。各单位根据学校实情选择其中一项或几项加大研究力度，从文化传承的高度创新工程内涵建构，从工程的价值期待上统筹普惠实践，实现项目实践理念与实践方式的坚守与创新——项目内涵、目标、分年级（段）的能力标准、素养表达、课堂建构（各项目不同的课型操作方式、操作样本、课堂评价标准）。

3、完善单元主题整合教学，构建母语学习的结构化课堂。各单位依据莱州市新修订的单元整体课例设计，对教材进行分化整合，内引外链，建立以自己的研究项目为核心训练点的具有个性标识的 "识字写字一体化，读书尝试一体化，练笔成文一体化"充盈文化意蕴的单元主题整合教学新体系。用新体系推动工程实践的不断深化与创新。

4、深化推进"师生同读"、"亲子共读"，协同构建读书文化。各单位要结合市教育局的国学工程和读写工程，研究课本、语文读本、推荐书目、国学经典的整合教学，建立"全息"读书网络；切实优化"亲近读书"活动，以工程整合为抓手，用更开放和谐的视野，优化"师生同读"、"亲子共读"的操作评价，发挥读书互动的浸染效应，将读书从课堂蔓延到课外，从学校蔓延到家庭，让读书成为师生主要的学习生活方式。

5、创建立母语节，以活动助推母语工程的全面落实。各单位将每年的十月份作为学校母语节，将师生真切的母语情怀和母语进步作为母语节的核心指向。开展以学校、班级、家庭为活动单位的，人人参与且能够产生持续影响力的系列母语展示教育活动。市里将在母语节期间举行全市母语工程推进成果展示汇报活动，促进全市母语"阳光·绿洲"工程均衡和谐与健康鲜明的创新进步。

莱州市教学研究室
2017 年 2 月

莱州市教学研究室文件

莱教研[2017]34 号

★

关于"小学母语'阳光·绿洲'工程区域深化实践活动月暨母语节展演"情况通报

　　为持续推进小学母语"阳光·绿洲"工程，巩固发展和创新 14 年来实践成果，我们在全市范围组织实施了 2017 年度"小学母语'阳光·绿洲'工程区域深化实践活动月暨母语节展演"活动。各学校围绕着"同一片阳光，同一片绿洲"的工程价值取向，开展了富有校本特色的实践创新活动；老师们积极投身区域深化实践的课程形态创建；家长们怀揣着母语梦想走进学校，走进班级，走进母语；孩子们在母语的"阳光·绿洲"里尽情地放飞童年。为在母语工程实践征程上留下美好记忆，决定表彰活动中表现突出的优胜单位和个人。希望我们乘着"母语节"东风，不改初衷，将区域深化实践"阳光·绿洲"母语教育工程进行到底。

莱州市教学研究室

2017 年 11 月 9 日

附：获奖名单

莱州市教育体育局文件

莱教发〔2013〕46 号

关于表彰十年"阳光·绿洲"母语工程
先进学校和优秀教师的决定

　　伴随着第八次课程改革，我们莱州市教学研究室于 2002 年推出了小学生"阳光·绿洲"母语教育工程。十年来，全市广大语文教育工作者，追寻着"同一片阳光，同一片绿洲"的价值向往，殚精竭虑，苦心耕耘。正是全市上下的同心协力，我们的母语教育具有了独特的创新实践，谱写了区域推进母语教育新篇章，更形成了"直立潮头，披荆斩棘，持之以恒，勇攀新高"的莱州母语教育精神。为表彰先进、总结经验、深化实践，决定授予实验小学等 12 处学校"先进学校"称号，授予韩国萍等 93 位同志"优秀教师"称号。

希望受表彰的学校和个人，要珍惜荣誉，戒骄戒躁，不断创新。要求全市各学校和广大母语教育工作者，从"为孩子优质生命奠基"出发，认清形势，剖析自我，提标争先，为将我市"阳光·绿洲"母语教育工程推向更高境界作出新的贡献。相信，在我们的不懈努力下，"阳光·绿洲"母语教育工程一定会更加辉煌光大！

附件：1.十年"阳光·绿洲"母语工程先进学校
      2.十年"阳光·绿洲"母语工程优秀教师

莱州市教育体育局
2013 年 6 月 17 日

小学教学示范基地建设通讯

莱州市教学研究室 　　　　　　2017年第 17 期(总第17期)

[母语"阳光·绿洲"工程优质推进示范基地专题]

习经典,炼"项目",畅游母语绿洲

——莱州汇泉学校母语"阳光·绿洲"工程优质推进示范基地建设暨母语节活动

为了让每一个学生都能做到"热爱母语、享受母语、实践母语",我们依据莱教研〔2017〕3号文,结合本校实际,以读、积、演、写、述、评等多种形式推进示范基地建设并结合母语节开展丰富多彩母语实践活动,让优秀典籍为孩子们开启一扇扇窗,打开一道道门,在富有文化色彩的母语实践活动中感悟幸福人生。本次活动从2017年3月开始到12月底结束,参与对象为全体学生、语文教师、班主任与家长。

一、多举措发展阅读共同体

以班级为单位,语文老师与学生同读一本书,家庭中父母与孩子共享读书乐。

(一)发动。拟写倡议书,向全体学生、家长、语文教师发起倡议,宣传"阳光·绿洲"母语工程的意义,营造读书氛围。

(二)荐书。针对孩子所在年级,语文教师以教研室推荐的各单元阅读书目为主制定好各年级孩子适合阅读的书目,发给家长。在广泛发动的基础上,利用周末及假期,号召家长带领孩子走进书店,挑选推荐的阅读书籍。提倡亲子共同经历荐书、购书、读书的过程。

(三)共读。教师、学生、家长全员参与,形成亲子同读、师生共读的氛围。建议教师和学生同一时间阅读同一本书,然后再读自己喜欢的专业书或者文学类书籍。

(四)展示。举行丰富多彩的各种活动展示阅读成果,让学生在成功的喜悦中品味读书的乐趣。

1. 学校:学校为活动提供全力支持与优良服务,协调各种关系,给予充足的物力保证。指导班级做好家校联系工作,全力帮助筹备各项赛事,尤其是10月中旬将举行学校母语节展示活动。

2. 学生:各年级的黑板报比赛;各年级的经典诵读比赛;1、2年级主要进行讲故事(复述)比赛活动;3、4年级主要举行赛诗会(积累);5年级主要举行读书征文或演说活动。当然各个年级也可以灵活穿插其他形式的展示活动。

3. 教师：学校制订好教师的年度专业读书计划，教师要制订自己与学生随单元主题共读的阅读计划，借此与学生共同走进书海，通过与共同作者、故事人物的对话拉近与学生的心理距离，同时教师用随笔形式记录自己的阅读感悟，学生通过阅读提升自己的素养，通过共读一本书老师在学生中起到极好的引领示范作用。学校将对教师写的阅读随笔进行评价，评出一二三等奖。在学校母语节展示活动的舞台上，教师将和孩子们一起同台表演。

4. 家长层面：和孩子一起读书，交流阅读感受。用实际行动影响孩子养成爱读书的好习惯。

二、以阅读为基础，开展丰富多彩母语实践活动

在此基础上，在学生层面进行"朗读大王""故事大王""演说大王""儿童小作家"等一系列评比活动，激发学生读书热情，用阅读引领学生成长；用工程项目锻造孩子核心素养。教师方面根据个人读书效果、班级组织情况分别进行"书香教师""书香班级"评选活动；在家长层面进行"书香家庭""书香爸妈"评选活动。

学校会继续进行全科书写活动，以全员普惠、突出社团的思路强力提升本学期的各科书写训练、期末检测与展示活动水平，学生层面颁发"书写小能手"，教师层面分档带入教师专业发展考评中。

三、开展母语效率课堂"读说练"研讨活动

新学期我校的母语阅读教学以"阳光·绿洲"工程项目的训练为核心，开展了"读说练"的课堂研讨活动。

策略：突出重点，优化整合，取舍得当。"伤其十指，不如断其一指"，强调一课一得。

"读说练"课型的课堂结构，一般为三个基本模块：

读的模块（15分钟左右）读中认字；读中释词；读中品句；读中析篇；读中悟理……基本上不提问。

说的模块（10分钟左右）说自己喜欢的词句或段落；说心得体会；说学习方法……围绕一个问题展开。

"练"的模块（15分钟左右）练的模块又分为"朗读、积累、复述、演说、评介与写字"。

"练"的模块是课堂的核心，是可预设的，又是可操作，可检测的，让语文课一课一得显得清晰可见。

"读—说—练"都是学生的活动，从吸收到倾吐，从理解到表达，从感知到内化，将消极的语言转化为积极的语言，符合母语发展的规律。对于我校每年新老师更换非常频繁的现状来说，具有较高的可操作性。对于"读说练"的活动我们也分几步走。

理论引领阶段：由课标出发，结合市教研室"阳光·绿洲"工程实验的成果确定年段的教学项目点。

骨干引路阶段：由学校语文骨干教师出示公开课，现身说法，上出"读说练"的课程特点并引发各备课组的讨论与思考。

师徒结对阶段：由师徒同选共同的项目进行同课同构同上并即时进行研讨和反思，徒弟进行二次打磨。

人人达标阶段：由学校为各个年级分配项目，将项目融入系统要求人人一课三磨，最后进行达标。

成果展示阶段：分为校内优质课展示、优秀教学设计比赛、优秀随笔展评等。

四、活动总结

1.学期末搜集整理示范基地活动成果，学校制作宣传版面集中展示、装订和收藏；学生、教师以及家长的优秀文章结集成册。

2.以母语节为契机，组织学生参加征文、书法竞赛，向学校微信、网站或其他相关媒体推荐发表优秀作品。

3.在班级共读完成的基础上，开展"好书漂流"活动，班级之间互换好书。让好读书、会读书的习惯成为每天的必然，让浓郁的书香味永远在校园中、家庭中弥漫。

五、活动要求

1.各班认真发动，明确活动意义，制定好阅读指导计划，争取达到全员读书，共享书香的效果。

2.确保学生们有充足的阅读时间。语文教师做好学生阅读的多与少、粗与细、快与慢的指导，提高课外阅读的质量和效率。

3.各班级做好相关过程资料的收集、整理工作，及时组织收集学生母语节期间的各种优秀作品，并上交学校。各班开展各种有关的读书实践活动，积极组织学生参加学校、年级组读书汇报比赛活动。

4.各备课组依据学校计划做好充分准备,积极参与"读说练"课堂达标活动,学期末依据此项工作对各备课组进行评价。

展示母语魅力 传承民族文化
——三山岛街道西由小学基地建设成果展示

自教研室在全市实施小学生"母语'阳光·绿洲'工程"以来,我校突出学校培养目标,结合教学内容,坚持积极开展各项活动,落实各个训练项目,努力提升各年级学生听说读写等各方面的语文素养。如今,我们的孩子在母语视野、母语素养、母语情感等方面都有了一定的进步。上学期有幸申报成功"母语'阳光·绿洲'工程优质推进示范基地",新学期伊始,我校成功举办了"展示母语魅力,传承民族文化"系列活动。此次活动内容丰富,有声有色,让优秀典籍为孩子们开启一扇扇窗,打开一道道门,在书香氤氲中感悟幸福人生。

一、成果展示主题

展示母语魅力,传承民族文化。

二、成果展示时间

2017年9月4日—9月22日

三、参与对象

全体师生和家长

四、成果展示过程

本次活动历时三周,由教导处统一协调,由一至五年级近500名师生参加。主要活动内容有:成语大会、诗词竞赛、朗读者、故事大王、小小演说家等。这一系列活动丰富多彩,激趣益智,着眼于学生主动的学,生动的学,快乐的学。

(一)学校层面(9月4日—9月8日)

学校为活动提供全力支持与优良服务,给予充分的精神引领与物力保证,不遗余力地做好家校联系工作,协调各种关系,全力帮助筹备各项赛事,保障"母语'阳光·绿洲'工程优质推进项目按部就班地进行。

各年级语文老师制定活动计划,班主任协助语文老师进行成语积累、诗词背诵、配乐朗读、复述故事、演讲技巧等相应的指导。

（二）学生层面（9月11日—9月20日）

1.一年级成语大会高潮迭起。赛题分为五部分，第一部分填成语，第二部分为看图猜成语，第三部分做动作猜成语，第四部分成语接龙，第五部分抢答题。一年级每班分别派出5名同学组成自己的参赛队伍。活动从开展到结束历时40分钟，经过层层筛选，题目题型不断地变更，开阔了同学们的眼界，增长了见识，提高了文学素养。单就题型来说，从开始的一气呵成说成语，到高潮迭起看图猜谜，再到最后的抢答，这些都是一个循序渐进的过程，着实考验小选手实力与智慧。

2.二年级诗词竞赛游刃有余。飞花令考验了学生们的反应能力和积累量，"触景生情"环节，考验了学生们看图背诗句的能力，大家都感到这样的活动有趣又有意义。个别学生虽然不能背诵全篇诗词，但也可以随口说出其中的名句。中华诗词博大精深，意存高远，读经典诗词，可以开阔学生的视野，净化学生的心灵，丰富学生的精神世界，全面提升学生母语素养。基于此，我校语文组全体教师将学生的古诗词经典诵读、背诵、鉴赏作为每日学生的"文化早餐"，且将古诗词学习作为语文教学的主要内容。

3.三年级朗诵者撩动心弦。9月13日下午，我校在德育室举行了朗读比赛。这次比赛现场气氛热烈，同学们个个精神饱满，信心百倍。朗读的文章有优美抒情的散文，有妙趣横生的童话，也有活泼多情的短歌，多样的形式、不同的风格展现了参赛选手的风采，也赢得了现场老师及同学的阵阵掌声。由校领导以及各班语文老师做评委，本着公平、公正、公开的原则进行评比，评委老师根据朗读比赛的标准，评出了个人奖，整个比赛进行得非常顺利并圆满结束。

4.四年级故事大王名不虚传。此次比赛活动经过积极准备，各班指导老师对选手的参赛故事进行了反复的筛选并进行了反复的指导。在老师的教导下和选手们的努力下，选手们的水平在比赛中有了明显进步，各位选手的故事讲得声情并茂、有声有色，赢得现场小观众和评委老师们阵阵热烈的掌声。凸显了"讲故事"的特点，提高了比赛的质量。本次比赛，有以下几个特点：（1）教师指导认真，选手靓妆登场、激情投入、高潮迭起，令评委老师和观看比赛的学生既紧张又兴奋。（2）选手比赛时的面部表情非常丰富，肢体语言大方得体，声音抑扬顿挫，增强了故事的感染力。体现出了学生的多才多艺。本次活动结束了，但在今后我们会总结经验把讲故事活动形式多样化，力争人人会讲故事，并长久地把这项活动坚持下去，从而为孩子们营造一个良好的母语氛围，提高小学生的口语表达能力。

5.五年级演说王者荣耀对决。此次演讲活动，确立"我读书，我快乐"的演讲主题。有9名选手参与进来，整个过程各语文教师精心辅导，各位选手充分准备，或真实地写出自己身上难忘而快乐的读书经历；或抒发了自己通过读书得到的收益，展示了我们三山岛街道西由小学学生通过读书而健康成长的精神风貌。通过此次演讲比赛，使同学们个性得到发展，实践能力得到增强，在校园内再一次掀起"读书好、读好书、好读书"的读书热潮。

（三）教师层面（9月4日—9月22日）

教师按照定好的阅读计划，借此机会多读书，用读书笔记的形式记录自己的阅读感悟，一是提升自己的素养，二是可以在学生中起到极好的引领示范作用。学校对教师写的读书笔记进行评价，评出一二三等奖。

（四）家长层面（9月4日—9月22日）

和孩子一起读书背诵，交流阅读感受，用实际行动影响孩子养成热爱母语的好习惯。

五、延伸

1.整理优秀展示成果，学校制作宣传版面集中展示、装订和收藏；学生、教师以及家长的优秀文章结集成册。

2.以母语节为契机，组织学生参加征文竞赛，向报社、杂志社等媒体推荐发表优秀作品。

3.在班级共读完成的基础上，开展"好书漂流"活动，班级之间互换好书。让好读书、会读书的习惯成为每天的必然，让浓郁的书香味永远在校园中、家庭中弥漫。

六、总结

闭幕式上，一批学生获得了"成语强者""诗词竞赛优胜者""朗读者""故事大王""小小演说家"等荣誉，并接受了学校的颁奖。

通过这次"母语'阳光·绿洲'工程成果展示活动，一大批学生的自信心、合作意识、动手能力都得到了增强，学习兴趣明显提高，在读写听说思编演创等许多方面得到了充分锻炼和发展。我们将不遗余力地把这项活动继续开展下去，让师生在领略母语的无穷魅力的同时，建设自己的精神家园，肩负起传承民族文化的重任。

莱州市教学研究室文件

莱教研[2018]38号

关于表彰莱州市小学母语"阳光·绿洲"教育 创新工程先进单位、先进个人和优秀家长的决定

各学校：

　　自 2003 年提出小学母语"阳光·绿洲"教育创新工程 15 年以来，全市小学各级领导、母语教师全力贯彻教研室精神，在转变母语教育理念，优化母语课堂，创新母语实践，丰富教研方式、陪伴孩子母语成长等方面，取得了突出成绩，全市小学生母语水平有了显著提高，涌现出了一大批先进单位、先进个人和优秀家长。为进一步发扬成绩，激励先进，经研究，决定对在小学母语"阳光·绿洲"教育创新工程实践中做出突出成绩的实验小学等 18 个单位、王伟伟等 127 名教师、邵安妮等 108 名家长予以表彰。

　　希望受表彰的单位、个人和家长，珍惜荣誉，戒骄戒躁，高点定位，再创佳绩。各学校要以十九大精神为指针，加压奋进，开拓创新，不断提高全市小学生母语素养水平，整体推动小学教育持续健康发展。

莱州市教学研究室

2018 年 10 月 30 日

1

第七章
小学母语"阳光·绿洲"教育工程课程形态

第一节　主题单元整合课程（低年级样本）

一、主题单元整合课程形态简述

针对语文教材以"单元主题"编排的特点和当前母语教学的现状，我们对母语教学进行了深度思考：课堂教学主题不够突出，课型种类繁多，课堂教学目的不明确……围绕这些问题，我们对母语教学进行了重新判断，决心"正本清源、返璞归真、删繁就简。"确定了"写字是核心，阅读是关键，习作是工具"的新思路。把母语课堂教学整合成四大类，即习字课、习读课、习文（话）课、综合学习课。

习字课：

让学生认识、喜欢承载着母语基因的汉字。通过习字课，让学生熟练掌握识写汉字的方法，激发学生主动识字、写字的欲望。

识字的形式可以是"随文识字、集中识字、生活识字"。每节课教师都要细致指导，让学生练写几个规范的汉字，巩固学生的书写意识和习惯。有效实现"识写一体化"，积极给学生创造识写汉字的"环境"：一是"词语环境"，把汉字放到成语中认读；二是"句子环境"，把汉字放到经典名句中去认读；三是"句段环境"，把汉字放到句段中认读。提倡教师结合课程，自己编写文诗，在朗读中检验学生认读汉字的效果。通过这样的环境，帮助学生在头脑中建立一个生动的画面，在心中生成一个故事，用这样艺术化的形式，从"字源、字理、字义"三方面实现识写汉字的目标。

习读课：

即"学习阅读课"。对于小学生来讲，他们不是在"阅读"，而是在"学习阅读"。习读课就是在课堂上实现"让阅读指向如何指导学生学习阅读"。教学过程就是"指导学生学习阅读方法"的过程。

习读课包括"阅读课"和"读书课"。

"阅读课"指文章的阅读，它既包括课本中的文章，又包括课外的文章。阅读的形式主要有"精读导向、略读拓展、读写结合、泛读、群文阅读"等。阅读课上要实现"一拖三"，即阅读一篇文章，拓展阅读同类的三篇文章。每堂课都要遵循"认知读——体验读——建构读——拓展读"这条主线进行，通过多样的实践互动，实现建构性阅读。

"读书课"就是指整本书的阅读。即每一个单元都要实现"一拖一"的目标。即每个主题单元，都要让学生阅读一本同类主题的书目。教师给学生提出阅读要求，如喜欢的人是谁？喜欢的故事是什么？定时上好"读书分享课"，读出三个要素："那文、那事（人）、那情"。

习文（话）课：

即"学习习作"或者"学习口语交际"。通过阅读中学习的方法，实现"习作"和"口语表达"的双向提高，不断提高运用语言文字的能力。

习文课要重视最后的评价，通过"读读、写写（说说）、评评、改改"，通过不断地观察、思考、想象，体现出"实践"和"建构"的价值，实现"读写一体化"和"评改一体化"的目标。善于创造环境，关注生活，唤醒学生的发现和思考，写出三个要素"那事（人）——那情——那文"。

综合学习课：

单元学习最终要落脚在"语文园地"上，它是一个单元的终极目标，要完成单元学习效果的达标检测。

园地中的内容，从单元学习开始之际，就要合理地建构、迁移到单元学习的整个过程之中，要追随在单元学习的每一个脚步之中。教师要给学生提供一种语境和场景，让学生在这个场景中进行丰富多彩的语文实践活动，把自己的收获和成果进行分享交流。

二、主题单元整体课例设计实例

莱州小学母语第一册第一单元整体课例设计

<table>
<tr>
<td rowspan="2">单元主题</td>
<td rowspan="2">有趣的汉字文化</td>
<td>

人文主题：

感受韵语、象形字、对子等经典文化的魅力，渗透汉字文化，引领孩子在汉字文化的历史长河中徜徉，让孩子爱上母语，爱上汉字。

工具主题：

1. 通过多种方法认识生字，会写生字和新笔画，了解汉字文化内涵。

2. 在诵读儿歌、韵文中培养学生的朗读能力，培养语感。

口语交际：我说你做

1. 大声说，让别人听得见；注意听别人说话。

2. 对交流有兴趣，感受交流的快乐。
</td>
</tr>
<tr>
<td colspan="5">
</td>
</tr>
<tr>
<td>教学目标</td>
<td colspan="6">

1. 认识40个生字；会写17个字和10个笔画。

2. 学习利用已有的生活经验，借助象形字识字、看图识字、对对子识字等多种方法识字，产生主动识字的愿望。

3. 朗读课文。背诵课文《金木水火土》《对韵歌》。

4. 培养学生良好的学习习惯，特别是读书和写字的习惯。
</td>
</tr>
<tr>
<td>对应课例</td>
<td>1. 天地人</td>
<td>2. 金木水火土</td>
<td>3. 口耳目</td>
<td>4. 日月水火</td>
<td>5. 对韵歌</td>
</tr>
<tr>
<td></td>
<td>

知能：

1. 通过听读、观察图画、联系生活等方法，认识"天地人你我他"6个生字。

2. 初步学习朗读课文。通过听读、观察图画、联系生活等方法，认识生字。读准"人、你、我"的读音。
</td>
<td>

知能：

1. 通过听读、联系生活、看图想象等方法，认识"一二三四五上下"7个生字。

2. 认识田字格，并能在田字格中正确、美观地书写"一二三上"4个生字。会写"横、竖"2种笔画。

3. 正确朗读儿歌，注意读出适当的停顿与节奏，读准"三、四、上"的字音。背诵儿歌。
</td>
<td>

知能：

1. 看图识字，结合字理认识"口、耳、目、手、足、站、坐"7个生字。

2. 会写"口、目"和横折、撇、弯钩3个笔画。注意笔画在田字格中的位置，按照书写要求以正确的执笔姿势和写字姿势规范书写。
</td>
<td>

知能：

1. 通过观察，发现图画与汉字的关系，认识"日、月"等8个生字。会写"日、田"等4个生字和捺、点2种笔画。

2. 初步了解象形字的构字特点，感受学习汉字的乐趣。
</td>
<td>

知能：

1. 通过听读、看图想象等方法，认识"对、云、雨、风、花、鸟、虫"7个生字，正确书写生字"虫、云、山"3个生字，掌握提、撇折、竖折3个基本笔画。

2. 正确朗读和背诵课文，在诵读中感受韵文的韵律美。
</td>
</tr>
</table>

对应训练（知能、道德、文化）					
	文化： 1.汉字文化。师讲述《盘古开天地》《女娲造人》的故事，把学生带到悠悠历史长河中，了解"天、地、人"的神奇来历，从而对汉字产生浓厚的兴趣和强烈的探究欲望。 2.图文对照，引导学生认识世界、了解世界。课文的背景呈现的是一幅国画《一望大江开》，引领学生欣赏画面，近景是岩石松枝，二人同游，吟诗唱和，眺望远外。中间大片留白，远处空旷无垠，咫尺之间似有万里之遥，让人可以充分感受天地之广袤。 3.国学经典。三才者，天地人。三光者，日月星。——《三字经》 4.成语文化。推介：开天辟地 德行：了解传统经典文化，知道"天"覆盖万物，"地"负载万物，天地之间以"人"为贵，人人之间应平等交往。	文化： 1.通过一首具有中国传统文化气息的儿歌，了解古人认识世界的一种思维观念，即以自然界的5种物质——金、木、水、火、土，作为构成宇宙万物及各种自然现象的基础。 2.认识田字格。认识横中线、竖中线及各部分名称。学习《田字格拍手歌》：田字格，四方方，写好汉字它来帮。左上格，右下格、横中线、竖中线、各个方位记心间。让学生知道汉字的书写，要注意不同笔画在田字格中的位置。"一二三上"都是结构简单的独体字，应按"从上到下"的笔顺规则学习书写。书写要领："横"——从左往右，起笔稍重，行笔轻，收笔顿。"竖"——从上往下，起笔时稍重，收笔时从重到轻。 3.国学经典。"日水火，木金土。此五行，本乎数。"——《三字经》 4.成语文化。推介：一诺千金	3.正确朗读课文，借助插图和结合生活实际，理解词句的意思，了解"站坐、行、卧"的要求。学习用普通话与同伴交流口、耳、目、手、足能做的事情。 文化： 1.汉字文化 目：象形字，造字本义，外面像我们的眼眶，里面两横代表眼睛，所以"目"最早就是眼睛的意思。后来又有"名称""目录""看"的意思。 手：就像是我们的手指一样。 耳：外面的形状就像我们的耳朵。 口：这个字就像我们张着的嘴巴。 2.了解课文中两幅来自国粹京剧中的人物插图，理解俗语"站如松，坐如钟，行如风，卧如弓"的含义。 3.国学经典 步从容，立端正，揖深圆，拜恭敬。——《弟子规》 4.成语文化 推介：入木三分	3.朗读训练：借助不同的语境、不同的方式，重点指导学生读准字音也可以归类朗读、师生接读，在读中感受事物之间的联系。 文化： 1.汉字文化。体会象形字形义结合的特点。 "山"的字形就像几座山峰连在一起。 "石"字就像古人画的石头。 "水"的字形就像流动的水纹。 古人根据火燃烧时的形状写成了"火"。 人们就是根据田地的形状写成了这个字。 "禾"的字形真像一棵小苗。 结合《仓颉造字》的故事，了解汉字的起源。 2.国学经典。空山新雨后，天气晚来秋。明月松间照，清泉石上流。——王维《山居秋暝》	文化： 1.汉字文化。体会象形字形义结合的特点。如"雨"这个字，仔细观察就像许多小雨点从云彩里飘落下来。 2.对子文化。感受"对子"和元曲汉赋、唐诗宋词一样，散发着中华民族传统文化的无穷魅力。 3.国学经典。天对地，雨对风，大陆对长空。山花对海树，赤日对苍穹。——《笠翁对韵》 4.成语文化。推介：雕虫小技 德行：初步认识对子的文学形式，在中华优秀传统文化学习中受到熏陶和滋养，立德树人，激发对母语的热爱。

| | | 德行：
1. 简单了解中国传统文化中的五行之说，并教育学生感知天地日月的伟大，感恩天地万物的滋养。
2. 培养学生养成良好的写字习惯。 | 德行：
教育学生要养成良好的学习生活习惯，注意自己坐立行的规范。教育学生运用自己的口耳目手足，多做有意义的事情。 | 3. 成语文化。
推介成语：
高山流水
德行：
通过了解象形字的造字方法，感受古人造字的智慧，感受汉字的文化内涵，激发对汉字的热爱。 | |
| 作业解析 | 课前：
1.搜集《盘古开天地》的故事，自己练习讲一讲。
2.观察思考，生活中你在哪儿认识过"天、地、人、你、我、他"。
课中：
1.借助课文插图说说图义，讲一讲《盘古开天地》的故事。
2.结合日常生活，认识并积累词组"晴天、阴天、雨天、男人、女人、老人、土地、草地、雪地"。
课后：
1.和同学玩一玩"交朋友"的游戏。
2.搜集与"天、地、人、你、我、他"有关的词语认一认。 | 课前：
1.自己练习读一读儿歌，圈画出生字。
2.观察思考，生活中你在哪里认识过"一、二、三、四、五、上、下"。
课中：
1.播放《金木水火土》音频文件，组织学生认真倾听，并交流诵读的内容。
2.播放《金木水火土》视频文件（带有字幕），学生看着文字，跟着声音诵读，读出节奏。
课后：
1.读一读古诗《山村》，在诗中进一步认识一、二、三等表示数字的汉字。
2.观察生活中与"金木水火土"相关的事物。 | 课前：
思考并了解我们的口耳目手足都会做哪些事情？
课中：
1.连一连：五官图片与相对应的生字连起来。
2.选词填空：①口 ②耳 ③目 ④手 ⑤足（填入序号）
（　）不转睛、（　）聪（　）明、（　）脚并用、（　）（　）情深、笑（　）常开、（　）听八方
课后：
1.用自己的"口耳目手足"做有意义的事情。
2.练习站立行走的正确姿势。 | 课前：
搜集生活中认识的象形字，了解字的来历。
课中：
1.连一连：把图片与相对应的生字和甲骨文连起来，说说图画与汉字的相像之处。
2.说说生活中，你在哪里还认识过这些生字？
3.组词语说句子。如：日日出 爸爸带我去看海上日出。月
课后：
搜集更多的象形字，了解汉字的来历。 | 课前：
搜集了解对子的相关知识。
课中：
1.猜一猜，连一连。先让学生猜猜这3个是什么字，说一说为什么，再与相对应的图片连起来。
花
虫
鸟
2.运用成语说话。山清水秀柳绿桃红
春天到了，雕塑公园里真是（　）。
我们家乡真是（　）。 |

演说交际	相互介绍：三人小组，运用生字卡片"你我他"，创设交流氛围：我是XXX，你叫什么名字？他是谁？	说话训练：运用"上"和"下"来练习说话。比如：什么在上？什么在下？	自编儿歌，动作表演：口，口，门口的口，口袋的口，流口水的口。耳，耳，耳朵的耳，耳机的耳，捂耳朵的耳。目，目，目光的目，目录的目，排节目的目。手，手，手指的手，手机的手，挥挥手的手。	讲述《仓颉造字》的故事。说说自己知道的象形字的来历。	1.用自己的话说说对子中呈现的大自然的美景。2.师生用生活中熟悉的事物对对子，同桌对对子。
体验实践策略	识字写字：1.借助生活场景识字。呈现各种生活中带有生字的图片，通过不同语境识记生字。2.比较识字。比较形近字"地"和"他"，说说不同在哪里。3.动作猜字。让学生根据字形上台演示动作，其他同学猜汉字。语言训练：1.形义结合，说说"天地人"的词组，并朗读准确。	识字写字：1.联系生活实际，利用图片让学生找一找相关的事物，认识"金木水火土日月"。2.利用事物之间的位置关系认识理解"上下"。3.写字时要注意指导认识田字格，强调写字时的双姿——"三个一"（胸离桌子一拳远；眼离书本一尺远；手离笔尖一寸远），注意字的位置、笔画笔顺。语言训练：1.形义结合，说说"一二三四五上下"的词组，并朗读准确。	识字写字：1.看图对照识字。引导学生从画面中找到对应的身体部位名称——"口耳目手足"。从两幅京剧人物形象中感受坐、立、行的规范，认识生字"坐立"。2.指导书写"口"。写好口字要注意上宽下窄。了解"口"字的笔画和笔顺。	识字写字：1.图文结合，引导识字。如"日""月"的认识，课件出示甲骨文，让学生猜一猜是什么字，说说理由，理解意思。2.拓展成语"日出东方"，"日落西山"拓展《明日歌》。	识字写字：1.图文结合识字。将汉字学习与认识事物之间建立联系。如"云"的认识。2.生活识字。如探究"对、风、花"等字，引导学生结合生活来识字。3.字源识字。如"雨"字的教学，结合象形字的特点，渗透汉字文化。

2. 营造氛围，感知"你我他"，创设交流情境，运用"你我他"说话。	2. 图文结合，在语境中理解词句。联系生活，了解生活中的相关事物。 3. 师范读课文，指导学生有节奏地朗读课文，背诵课文。	口字儿歌：左上起笔斜向右，横折轻入折轻按，按后内收折有力，末横上起收住折。 目字儿歌：字形要长站站直，右竖稍比左竖长，内横左连右不连，末横上起竖内收。 语言训练： 夸夸我们的口耳目手足： ①读儿歌：口耳目手足 能说又能听 能看又能写 能站还能坐 本领可真大 ②编儿歌：口耳目手足__能__又能　用开火车的方式说一说。	3. 在学习单上自学生字。有水、火、山、石、田、禾的图片以及相对应的甲骨文，把相对应的图片和文字相连起来，并说说理由。 4. 儿歌巩固识字。 课件出示儿歌： 红日圆圆月弯弯， 河水清清火闪闪。 大山高高石头连， 田地大大禾苗站。 5. 指导写字。 学写"日"字 日字字形要长，上下站直，横折的右竖比左竖稍长，里面的横与右竖不相连。横从竖里起笔，稍微向上，在竖内收笔。 目字儿歌： 字形要长站站直，右竖稍比左竖长，内横左连右不连，末横上起竖内收。	4. 在自编对韵歌中巩固识字。"蜂对蝶，莺对燕，白云对蓝天。风习习，雨点点，碧水对青山。虫儿悄悄爬，鸟儿唱得欢，清晨露珠亮闪闪，迎春花儿金灿灿。" 5. 指导书写，注意笔画、笔顺。如"山"字，师自编儿歌：中间竖长两边短，竖折写时应连贯，折向右上稍稍斜，末竖出头一点点。 语言训练： 1. 师生对对子运用生活中常见的反义词。如 大对（　）， 黑对（　）， 多对（　）。 运用生活中同类的相关事物。如 山对（　）， 日对（　）， 花（　）。 2. 创设情境，生生对对子。

有指向的语言积累	积累"天地人你我他"的相关词语,学会介绍自己和他人。	积累《金木水火土》这首儿歌。	积累文中两句俗语和"口耳目手足"的相关词语。	积累成语"日出东方""日落西山",积累关于"日月"的古诗。	春天到了,万物复苏,生机勃勃。我们出门踏青,会看到大自然中有什么?哪些事物可以对对子?
有指向的生活积累	留心观察人与人、人与自然和谐相处的美好故事。	搜集生活中带有数字的成语和儿歌读一读。	1.找找与"手、足、口、目、耳"相关的生活用品,说出名称。 2.调查体育活动课或体育比赛中,哪些运动项目主要靠手,哪些运动项目主要靠脚。	在生活中找一找"日月、水、火、山、石田、禾"的真实事物。课外搜集其他的象形字,了解其来历。	搜集对联的相关知识,如:庆联、楹联、名胜联,莱州魏碑名山——云峰山上的名家名对。
复述练习	把《盘古开天地》的故事用自己的话讲给家长听。	自己背诵儿歌,并说说儿歌中的事物。	用上"手、足、口、目、耳"说说文中第一幅插图的意思。	复述《仓颉造字》的故事。	师生根据课文对对子,男女生对对子。
积累拓展	1.积累四字词语、成语、韵歌、对子等。 2.课外经典书目阅读。				
整理复习	回顾整理:本单元生字和新笔画,梳理所学识字方法,背诵课文《金木水火土》《对韵歌》和日积月累中的《咏鹅》。 识字加油站:学习谜语诗,认识5个生字。 字词句运用:区分3组形近字,了解每组汉字字形的不同。 书写提示:了解汉字"从上到下""先横后竖"的笔顺规则,注意笔画在田字格中的位置。 和大人一起读:在大人的帮助下,用听读、唱读的方式学习儿歌《小兔子乖乖》,能正确朗读。 快乐读书吧:了解课外阅读的途径,感受课外阅读的快乐,并学会与大家分享课外阅读成果。				

单元整合	知识结构：集中识字 1.天地人　　2.金木水火土　　3.口耳目　　4.日月水火　　5.对韵歌 天 地 人　　一 二 三　　看图识字　　⊙ ☽ ∫ ☰　　云雪花鸟总关情　对　雨风树虫皆风景 你 我 他　　天——地 文化结构　　认识世界　　韵语文化　　认识身体部位　　象形字文化　　对子文化 能力结构：1.借助听读和联系生活经验学习汉字，掌握基本的识字方法，建立音、形、义之间的联系。 　　　　　2.认识田字格，并知道汉字在田字格中的笔画占位。 　　　　　3.学会正确的读书姿势，并养成良好的习惯。 　　　　　4.积累词语、成语，背诵课文和国学经典。

三、主题单元整合课程示例

课例一　习字课：《识字5》三研整合设计

一、目标确定

1.借助学习过的识字方法识记"移、谋"等10个生字，练写"满、折"两个生字。

2.正确流利地朗读谚语，试着背诵谚语。

3.初步理解谚语的意思，学习团结合作的精神。

目标确定的根源与理由：

1.课标分析：新课标中对第一学段的识字写字也提出了明确的要求："喜欢学习汉字，有主动识字的愿望。能借助汉语拼音认读汉字，掌握汉字的基本笔画和常用的偏旁部首，努力养成良好的写字习惯。"

2.文本解读：《识字5》是义务教育课程标准二年级上册第五单元的内容，本单元是围绕"友好相处、团结合作"这一专题编排的。《识字5》中的5句谚语反映的就是团结合作的道理。本课谚语读来朗朗上口，便于记忆；且通俗易懂，给人以深刻的启示。

3.学情透视：二年级的学生通过一年的学习，已经能够借助拼音独立把课文读通顺。在识字方面，学生已经能比较熟练地借助拼音读准字音，也掌握了一些识字方法。在写字方面，学生基本笔画的书写已经有一定的基础，但良好的写字习惯还处在养成阶段，应多加关注。

二、课程设计

（一）复习导入、点明主题

同学们，上学期我们学过气象谚语，还记得吗？谁能背几个？今天我们继续来感受谚语的魅力。

请打开69页，看最上面的单元导语。谁来读一读？

这句话中，有几个表示团结合作的四字词，你快找一找，画一画。这一单元的主题就是"友好相处、团结合作"。

今天我们学习的《识字5》，就是有关团结合作的谚语。

（二）初读课文，读准字音

1.请端起书，大声读一读《识字5》。遇到不认识的，借助拼音多读几遍。

2.读给同桌听一听，不认识的字请互相教一教。

3.谁愿意起来读一读。

4.齐读《识字5》。

熟读谚语可以让我们认识更多的生字朋友。

（三）图意结合，识字写字

1.树多成林不怕风，线多搓绳挑千斤。

（1）认识"斤"字。你看，这是一个甲骨文，它像什么啊？对，像一把小斧头。古时候，这个字就表示用来砍木头的小斧头，后来它又变成了表示重量的单位，猜出来了吗，这是哪个字？

（2）这个字就在这句谚语里。（出示谚语）一起读。读谚语和读其他的课文不一样，要读出节奏，读出它的韵律美，听教师读一读。自己练习读。谁能读一读。

2.一根筷子容易折，一把筷子难折断。

（1）认识"折"字。再看，这个甲骨文，你认识它吗？你怎么知道这是"折"字？你看，左边是两截断开的木头，右边是斧头，这个字就表示树木被斧头弄断了。"折"字就是由这个甲骨文演变而来的。

（2）看看这几个字：出示字卡"断、斩、斧"，你看这几个字都有"斤"字，表示这些字的意思都与用斧头砍东西有关。

（3）同学们表现真棒，现在老师讲个故事奖励大家，故事的名字叫《三儿子折筷子》。

同学们，老人的话让我们再一次感受到了团结力量大，确实，再读：一根筷子——，一把筷子——。再次指导读出谚语的节奏。

（4）"斤"和"折"字看起来挺简单，但要写好可不容易。

①请仔细观察"斤"每一笔在田字格里的位置。

②伸出手跟老师一起写"斤"字。

③"斤"字跑到"折"字里了，它有什么变化？

④伸出小手，跟老师一起写"折"字。

⑤在写字纸上，把这两个字描一个，写一个。注意写字姿势。

⑥写完后，请欣赏一下自己写的字，在最满意的笔画上画一个圈。

3. 人心齐，泰山移。

（1）指导读这句谚语。

（2）你在哪里见过这个"移"字？

想知道古人是怎么造出这个"移"字的吗？你听，田里的禾苗在说什么：我们太挤了，我们都长不大了，快帮我们想个办法吧。（动画演示）

禾苗太多了，应该怎么办？对，把多余的禾苗拿走就叫"移"，聪明的古人就是根据这个意思造出了"移"字。

（3）禾木旁的字还有很多很多。请看屏幕，读：种，稻，秋，稼，秧，这些字都是禾木旁，都与什么有关？（与农作物有关）对，一看到偏旁我们就大体知道字的意思了。

4. 人多计谋广，柴多火焰高。

（1）你看，"焰"与什么有关？"柴"与什么有关？"谋"是什么偏旁？与什么有关？那你知道"计谋"是什么意思吗？

（2）谁能给"谋"组个词？这里有许多带"谋"字的词语，跟老师读一读？读词语也要注意停顿。齐读。小声读这些词语，看看你能记住多少？

（3）刚才我们一起想办法给"谋"字组了那么多词语，这就是——人多计谋广，柴多火焰高。

（4）咱们来写写这个"谋"字吧。

①仔细观察田字格里的"谋"字，怎样才能把这个字写好？

②伸出手，跟老师一起写。

③仔细看看这个"谋"字，把它整体记在心里，然后在田字格里描一个写一个。

④我们来看这位同学写的字，他写得左窄右宽，奖励他一朵小红花；他写得左竖短右竖长，再奖励他一朵小红花；他右边部分写得横空均匀，再奖励他一朵小红花。同桌交换过来，你也像老师这样给同桌评一评。

⑤老师请你再写一个"谋"字，要比刚才写得有进步。写完后自己给自己评一评。

⑥这一课像"谋"一样左窄右宽的字还有很多，找一找，读一读。出示本课左窄右宽的生字，一起读一读。只要你仔细观察，注意关键笔画，注意字的结构，不用老师教，你自己就能写好这些字。

5.一花独放不是春，百花齐放春满园。

（1）看画面，你想到了哪句谚语。（出示）一起读。想象着春天美丽的景色，再美美地读一读。女生读一遍，男生读一遍。

（2）如果全班只有一个同学优秀，只是一花独放，这就不是一个优秀的班集体。只有全班同学人人努力，人人优秀，这才是"百花——"。

（3）再看屏幕：出示与本课谚语有关的画面，说说看到画面你想到了哪句谚语？看来，同学们已经把谚语记在了心里。

（4）能背这些谚语吗？

（四）巩固识字，积累拓展

1.刚才我们一边学生字，一边读谚语，同学们表现特别棒，生字宝宝还想和大家见个面。你再读一读，把不认识的字再想办法记一记。

2.同桌两个互相检查一下，如果同桌全读对了，你就竖起大拇指表扬表扬他，如果有不认识的，再互相教一教。

3.现在老师要考考你们，我们来做个抢读的游戏吧？

4.同学们，有关团结合作的谚语还有很多呢，请看屏幕，自己试着读一读。

（五）布置作业

1.请你也去收集一些有关团结合作的谚语，看谁收集的最多。

2. 课文预习：借助拼音把18课《称赞》读正确、读通顺。

3. 课外阅读:《香香鸟》中101页的《小猫盖的新房子》。

三、修改说明

1. 课的内涵结构化。上节课设计的内容过多，前后重复，内涵分散，学生训练不到位。本节课简化了环节，把识字、写字、读谚语有机地融合在一起，以识字这条线把所讲内容串起来，读中识，识中写。既做到了随文识字，又提高了课堂效率。

2. 加强朗读指导。上节课，我只是让学生反复读，对读的方法没有具体指导。这节课我重在指导读出谚语的节奏美和韵律美。通过范读、领读、练读、指生读、想象着画面读等形式多样的练习，使整节课充满了琅琅的读书声，激发了孩子们积累谚语的乐趣。

3. 注重反馈，加强写字指导。这节课，对写字的指导更加到位：先观察，注意关键笔，注意结字规律，再整体临摹。学生写完后，先让学生上台展示，共同评议，发现优点，指出不足，然后大家再进行二次书写。这样有指导、有实践、有评价、有反馈，扎扎实实地落实了写字教学。

课例二 精读导向课：《称赞》三研整合设计

一、目标确定

1. 能正确、流利地朗读课文，借助已有经验自主识记"刺、猥……"11个生字，指导书写"刺、泄"两字。

2. 借助图片和联系生活实际理解"粗糙、泄气"等词语的意思。

3. 有感情地朗读相互称赞的语句，分角色读一读，演一演，试着用句式"一 比一 "，" 了 "练习说话。学会相互称赞，体会称赞的快乐。

目标确定的根源与理由：

1. 课标分析：新课标要求，学生的字要写得规范、端正、整洁，努力养成良好的写字习惯。学习独立识字。学习用普通话正确、流利、有感情地朗读课文。学习默读。结合上下文和生活实际了解课文中词句的意思，在阅读中积累词语。借助读物中的图画阅读。阅读浅近的童话、寓言、故事，向往美好的情境，关心自然和生命，对感兴趣的人物和事件有自己的感受和想法，并乐于与人交流。认识课文中出现的常用标点符号。在阅读中，体会句号、问号、感叹号所表达的不同语气。积累自己喜欢的成语和格言警句。于是本节课的目标就是围绕这些方面进行确定。

2. 文本解读：文本通过一个浅显易懂的故事揭示了一个深刻的道理——在人际交往中需要互相欣赏、称赞，欣赏别人是一种尊重，被人欣赏是一种承认，无人欣赏是一种不幸。爱听好话是人们的正常心理，获得他人和社会的认可，这是人的正常需要。在生活中，在工作中，我们都希望得到别人的称赞，得到别人的肯定，这是人的最高需求的满足。同时，我们还得明白一个道理，你只有学会欣赏别人，别人才会欣赏你。一个善于发现别人优点的人，往往善于称赞别人，即使别人存在问题较多，也能给予应有的肯定，就像课文中的小刺猬。而且文本的人文性极强，能让学生的心灵受到强有力的冲击。

3. 学情透视：孩子们经过一年级的学习，已经初步具备了独立识字的能力，本课在认读生字时，通过课件演示"刺"字的演变过程，让学生进一步感受汉字的魅力，激发识字的愿望，然后在老师指导下，准确把握汉字结构，在田字格里规范书写"刺、泄"两个汉字。分角色表演一直是低年级学生所喜闻乐见的一种学习方式，结合本课的学习，在小刺猬称赞小獾时，设计一个情节：找一生下来表演小刺猬，拿着小板凳左右上下地看，着重要体现"仔细"二字，然后称赞小獾。通过表演，让学生明白：称赞要发自内心、要真诚，运用所给句式先练习说短语，然后过渡到说一句完整的话，循序渐进。在相互称赞中，既训练了口语，又让孩子们体会到称赞带来的快乐，一举两得。

二、课程设计

（一）谈话导入，检查预习

1. 检查背诵谚语。同学们，上节课冯老师和大家一起学习了有关团结合作的谚语，谁能起来背一句给我听听。师：这些谚语告诉我们要团结合作，接下来我们要学习的是一个非常有趣的童话故事，它将告诉我们如何与同伴友好相处。（张贴：友好相处）大家看它的名字叫：称赞。板书课题（生随老师一起书空，边写边强调字的结构）

齐读课题。

2. 检查识记生字。课前老师布置大家预习了课文，那谁来说说这个故事里的两个小动物叫什么名字？（随学生回答张贴：小刺猬 小獾）

（1）出示图片，（让学生打声招呼）认识刺猬、獾。

识记生字"刺猬、獾"。

师："刺猬、獾"是这一课要求认识的生字，也是这个故事里的两个小主人公，想想看我们用什么办法尽快地记住它们。先来看看'猬和獾'你发现了什么？（都是反犬旁）再说几个反犬旁的字，（学生交流）狼、狐狸、猫、猪……

师：看来反犬旁的字真不少，我们一起来认识一下。

出示课件：认读反犬旁的字。（1）找生读。（2）齐读。（3）大家仔细看，反犬旁的字跟什么有关？

师：下面，老师再来考考你。

（2）课件出示"刺"的演变。师：大家猜猜这像什么？后来人们在它的右边加了一把刀，再猜猜看，这是什么字？（刺）猜对了给自己鼓鼓掌。大家看，原来的这把大刀现在变成了什么？（立刀旁）怎么样？咱们的汉字是不是很有趣？

指导书写"刺"，（秘诀：第一，左边横折钩要记牢，不能把钩丢掉，而且这一笔要写在左上格靠近右下角的地方，'折'沿着竖中线下来在田字格的中心处再写钩；第二，右边的利刀旁两竖必须平行，而且右边这道竖要稍稍高于左边的竖）学生在下面练习两个。

展示学生作品，找生评价。（注：学生如果写得不规范，老师就此修改。然后学生对照标准自评，感觉不满意的再写一个）

师：刚才我们认识了小刺猬和小獾，今天它们带来了许多生字宝宝，课前预习时它们跟大家见过面，看看谁还记得它们。

出示：板凳　粗糙　但是　泄气

　　　瞧见　椅子　傍晚　留下

（1）齐读。

（2）去掉拼音找生读，指"粗糙"齐读，出示句子，再读，说说粗糙的意思，看图片说说哪个是粗糙的，摸摸自己的板凳正面和背面，说说哪面是粗糙的。理解"粗糙"的意思。

师：看来大家的预习作业完成得不错。

（二）读文感知，了解友好相处的方法，通过角色体验，进行语言训练

师：同学们，小刺猬最喜欢吃果子，一天它去森林里采果子，发现一棵高大的苹果树上，结满了红红的大苹果，可是它摘不到，你们愿意帮忙吗？

出示课件苹果树。

师：看，如果你读对了上面的字，苹果就会自己掉下来，谁来摘？（开火车摘果子）

真是人多力量大，一会儿工夫我们就把果子摘完了，还等什么呢？赶快告诉小刺猬来采果子吧！谁来告诉它？（找一生）小刺猬听了你的呼唤，清晨，就出发了，它走到小路边看到了小獾，接下来会发生什么样的故事呢？请大家打开课文自由地放声朗读课文。

1.学生自由放声朗读课文。

2.找生交流，随学生交流引出相互称赞的句子。

师：谁能用上课题"称赞"这个词儿，来说说，它们俩发生了什么？（学生交流），也就是说小刺猬和小獾互相称赞，看来你们都是一些会读书的孩子，下面请同学们再去读读课文，找一找它们互相称赞的句子，找到后用横线画出来。我们一会儿交流。

找生交流找到的句子。

出示：小刺猬走到小獾身边，拿起板凳仔细地看了看。他对小獾说："你真能干，小板凳做得一个比一个好！"

（1）读句子。

（2）看图，指导读好"一个比一个好"。

（3）再读句子生1读（师：你的朗读不但让小獾感受到自己的进步，还能感受到你观察得很仔细）；生2读（师：从你朗读的语气和神态能让小獾感受到你是在发自内心地称赞它）。

（4）齐读，发自内心地称赞。看，小獾听了它怎么说？谁来读；师：大家说小刺猬的称赞给小獾带来了什么？（板书：快乐）

3.句式训练："考考你"一个比一个好，一棵比一棵壮。（师：大家看，这里的"个"和"棵"它们有一个共同的名字，你知道叫什么吗？叫量词，"一个、一棵"这样跟前面的数字连起来就叫数量词）

（1）学生试着说几个：一__比一__；一__比一

（2）联系生活再说几个。老师可以现场示范引导：例如，我发现同学们的坐姿一个比一个端正。这个同学的朗读一次比一次有进步……（引导学生运用不同的量词练习说话）

师：同学们说得太好了，课后请大家继续观察积累，我们后面园地中要用到。

4. 分角色读6、7段。

师：通过刚才这个小练习，让老师见识了大家的聪明才智，今天能跟大家一起合作学习我感到很荣幸！

下面我们接着交流。傍晚，当小刺猬采完果子再次经过这里的时候，你们看小獾要干什么？它们之间又会说些什么？请大家打开课本72页，赶快找找看哪些自然段告诉了我们。（学生看书找出6、7段）师生分角色朗读这一部分。重点指导学生有感情地朗读小獾的最后一句话：这是我的一点儿心意，收下吧。

师：小刺猬有什么表示？指一生：你来接着读。

小刺猬把自己采的大苹果送给小獾，看看小獾是怎样称赞的。

5. 出示：小獾接过苹果闻了闻，说："你的苹果香极了，我从来没有见过这么好的苹果。"

（1）读句子。（师：从来没见过的苹果到底有多香？谁再来读一读）

（2）找生加动作读。

（3）师生合作表演读，学生做动作读小獾的话。

师：小刺猬听了有什么表现？

出示：小刺猬也高兴极了，他对小獾说："谢谢你，你的称赞消除了我一天的疲劳！"找生读。

师：看来小獾的称赞也给小刺猬带来了什么？（指板书）

师：小刺猬和小獾能友好相处是因为它们懂得"称赞"，不仅如此，它们还把自己最喜欢的东西送给对方，这就叫分享。（板书：分享）其实，朋友之间友好相处的秘诀很多很多（板书：……）在今后的学习中，还需要大家用心去体会、去发现。

同学们，你们想不想跟伙伴友好相处？那我们就学学小刺猬和小獾那样，来夸一夸。

6. 同学之间相互称赞，感受称赞的快乐：

出示：夸一夸，想想看，最近你的同桌、好朋友，他们哪些方面进步了？真诚地称赞一下。

（1）先找两生在班上相互称赞。

（2）同桌相互称赞。

7. 小结。

师：看到同学们个个脸上洋溢着微笑，得到别人的称赞，高兴吗？

那老师送给大家一句话：我们在享受别人称赞的同时别忘了称赞别人，因为称赞能使同伴之间增进友谊，友好相处。

（三）拓展延伸

1. 拓展自读课本《小猫盖的新房子》。

师：可是，有一只小花猫它不懂得该怎样与朋友相处。有一次，它要盖新房子，大象、山羊、小花狗好多朋友都来帮忙，汗水湿透了朋友们的衣衫，可是大家都没有叫苦叫累，就这样，在大家齐心协力下，新房子盖好了，出示图片，大家看，漂亮吗？这房子不但外观漂亮，屋内的装饰更漂亮。（出示文字）大家赶快自己读一读。

（1）学生自由练习读。（2）师生合作读。（3）找生读。

师：如果你是小猫，朋友帮你盖起了这么漂亮的新房子，你会怎样做？（学生交流）

故事中的小猫是怎样做的呢？请大家打开自读课本101页，快读读《小猫盖的新房子》。

大家可以小声读，也可以默读。学生自由读书。

2. 出示：学以致用，请选择下面的词语填空。（略）

师：老师先检查一下，大家是不是用心读书了，出示：学以致用。

大家都做对了，看来你们都是会用心读书的孩子。同学们，朋友们这么卖力帮小猫盖房子，小猫是怎样做的？谁能用自己的话简单地说一说。学生交流。

师：这么漂亮舒适的新房子，却没有朋友跟它一起分享，多可惜啊！最后老师有两句谚语想送给小花猫，同时也送给大家。

3. 课件出示

（1）一个篱笆三个桩，一个好汉三个帮。（2）鱼不能离水，雁不能离群。

赶快试着背下来。

（四）布置作业

推荐书目

伴随着本单元的学习，老师要给大家推荐一本非常有趣的童话故事，它的名字叫《城里最漂亮的巨人》，读了这个题目你想知道什么？好，你们就带着这些问题下节课和邹老师一起去学习。

板书设计： 18.称赞

刺猬图片 友好相处 小獾图片

快 乐 分 享

三、修改说明

在一次次的研讨、一次次的反思中，就目标确定已近于完善，本次修改就课程设计的第二个环节的结束语让人听起来偏向人文化，我把原来的"读到这里，你们觉得小刺猬和小獾它们俩相处得怎样？那它们俩友好相处（指着板书）的秘诀是什么？（学生交流）师：它们俩互相称赞让对方都感到了快乐，这是友好相处的第一个秘诀；它们俩互相赠送礼物，把自己最喜爱的东西跟对方一起分享（板书：分享）这是它们友好相处的第二个秘诀。"修改为"小刺猬和小獾能友好相处是因为它们懂得'称赞'，不仅如此，它们还把自己最喜欢的东西送给对方，这就叫分享。（板书：分享）其实，朋友之间友好相处的秘诀有很多很多，板书：……在今后的学习中，还需要大家用心去体会、去发现。"这样简明扼要既节省了时间，又点明了主题，还为学生今后的学习指明了方向。

课例三 略读拓展课：《小蚂蚁赶路》三研整合设计

一、目标确定

1. 能正确、流利地朗读课文，借助已有经验自主识记"隆、瞥、避、钻"等12个生字，理解生词的意思。

2. 通过有感情地朗读几位热心朋友的话，简单复述小蚂蚁"赶路"的经过，想象说话。进一步体会"赶"的含义。

3. 拓展阅读，积累文章中的优美语句，进一步感受互帮互助的人间真情。

目标确定的根源与理由：

1. 课标分析："语文是实践性很强的课程，应着重培养学生的语文实践能力，而培养这种能力的主要途径也应是语文实践。"本文是一篇略读课文，因此没有需要指导书写的生字，《语文课程标准》明确指出，"说话训练要贯穿在语文教学的各个环节之中"，"训练方式力求多样"。我将本节课的重点放在复述和积累两个方面，让学生进行多种形式的朗读和复述，这也正迎合了新课标中的要注重"语言文字运用"这一要求。

2. 文本解读：《小蚂蚁赶路》是一个情景交融的童话故事。这个故事讲述了一只小蚂蚁在下着滂沱大雨的天气里，急匆匆赶路的过程中，不断遇到热心的朋友帮助他的事，让孩子们感受到帮助别人能给他人带来温暖和快乐，同时自己也会非常快乐。课文以生动的语言、拟人的手法，讲述了这个令孩子们深受启发，懂得在别人需要时，要热情帮助的小故事。

3. 学情透视：二年级的学生对童话故事已经不陌生了，他们能通过朗读来理解故事中的内容，并对感兴趣的人物和事件有自己的感受和想法，并乐于与同学们交流。阅读教学时通过师生合作读、同桌配合读、小组读、师生我问你答等不同形式的读层层推进，加强语感，深入感悟、体验，朗读课文时能正确、流利，努力不指读。通过学习课文，学生也能说出一些自己读文的感受。

二、课程设计

课前交流：同学们，听着这音乐，你的心情怎样呢？老师希望同学们这节课，也能脸上带着笑容，心中洋溢着欢乐，和老师一起轻松、愉快地渡过，好吗？

（一）理解题意，导入课题

1. 师：出示梅子涵的名言（他把自己的漂亮都送给了别人。——梅子涵），请大家齐读，同学们，还记得梅子涵先生的这句话是称赞谁的吗？（乔治）对，绘本故事中那位《城里最漂亮的巨人》给我们留下了深刻的印象。好故事就是一位好老师、好朋友，今天，老师要和大家一起学习一个非常感人的童话故事，请同学们和老师一起板书课题。

师：请一位同学读题目，（谁来读题目？）"师：从题目我们就可以知道故事的主人公是谁？""生：小蚂蚁。""干什么？""生：赶路"。所以，朗读时要注意节奏，指生再读题目。

2. 师：请大家想一想，如果把"赶"字换一换，你觉得换成哪个字，与它的意思差不多？说一说"走路"与"赶路"有什么不同？指生读，带着这种心情再来读题目。

3. 师：小蚂蚁赶路的途中发生了什么事呢？想知道吗？

（二）自读课文、积累运用

下面就请同学们根据阅读提示，自己去朗读课文。

1.请同学们自由朗读课文，遇到生字和难读的词句反复多读几遍。

2.小蚂蚁回家的途中，都有谁帮助了他？请你画出这几位朋友说的话，并用心地读一读。

开始自由阅读吧！阅读提示中的问题，你都解决了吗？有什么疑问可以和同桌讨论一下。

师：刚才，老师发现同学们都在根据阅读提示中的要求用心地读书，相信你一定有了不小的收获。现在咱们就请几位同学展示一下他们的朗读，其他同学可要认真倾听，会倾听可是最好的学习方式。

1.师：谁想第一个读给大家听？

这段话中有两个词语她读得不太准确（读得非常准确），谁能再来读一读（隆隆、噼噼啪啪）指生读，谁再来读一遍，老师告诉你，当隆隆单独待在一起时要读作二声，当和轰连在一起就要读一声了。轰隆隆。我们一起来准确地读一读吧。

师：同学们想一想，隆隆的雷声震碎了满天乌云，那该是多么震耳欲聋的声音啊，你能读出这样的感觉吗，指生读，请大家齐读，伴着闪电……哎呀，老师仿佛听到了那隆隆的雷声。咦！这两个短语离开了队伍，看来是希望引起大家的注意，请你再来读一读吧。

隆隆的雷声　　噼噼啪啪的雨点声

（　　）的风声　（　　）的树叶声

（　　）的（　　）（　　）的（　　）

师：在大自然中，还有许多美妙的声音，相信你一定都听到过，是什么样的风声？什么样的树叶声？还有呢？（生自由发挥两个）咱们同学可真是生活中的有心人！积累了这么多描写声音的词语。

2.谁来接着读这一段？出示"匆匆、淹没"指词语齐读两遍，生活中你也有匆匆忙忙的时候吗？谁来用"匆匆"说一句话？你知道"没"的另一个读音吗？（出示"没"的两个读音）你能正确读出这些词语吗？非常好，看来难不住大家。

师：同学们，用心地朗读，认真地思考，我们的收获也越来越多了，谁来接着读？带着拼音齐读两遍后，问学生"什么叫囫囵话？"生回答后，将句子展示出来指导朗读，来帮助学生理解"囫囵话"。

3.师：同学们，我们来交流一下，刚才阅读提示中的问题，你知道都有谁帮助小蚂蚁了吗？（图片出示：蒲公英、鹅先生、花生壳儿、大石头）谁来读一读蒲公英帮助小蚂蚁时说的话？大石头又是怎么做的？

4.同学们，在小蚂蚁遇到困难时，幸亏这几位热心朋友的帮助，尤其是他们温暖的话语，是多么让人感动啊！

（三）品味朗读、讲述故事

课件出示：蒲公英朝小蚂蚁喊道："你快钻到我的叶子下避避雨吧！"

师：请同学们赶快再读一读，看看从他们说的话中你有没有发现什么相同的地方？

师：你发现这几句话相同的地方了吗？每句话中都有"快"和"！"，从这个"快"我们可以感受到几位朋友在小蚂蚁遇到危险时，他们的心情是怎样的？——着急、关心，咱们同学能不能用你的朗读表达出朋友们这种急切的心情？先来读一读第一句，指生读，注意喊，谁想来当蒲公英、大石头……四名同学赛读，同学们读得真好，老师都被感动了！

师：其实乐于助人，团结友爱的朋友还有很多，你瞧，是谁来了？

课件动画出示：天已经黑了，小蚂蚁觉得害怕极了，萤火虫飞来了，他对小蚂蚁说："快——！"小蚂蚁感动地说："　　"。指生交流，说得多好啊！还有谁想说？

赶了一天的路，小蚂蚁又累又饿，这时，路边的玫瑰花展开美丽的花瓣说：快——

看！只要你展开丰富的想象，大胆的表达（板书），同学们自己也能写童话了！

师：一路上，在这么多热心朋友的帮助下，小蚂蚁终于安全回到了家，家里的亲人们都想知道他究竟是怎么回到家的，你能代替小蚂蚁给大家讲讲这段历险记吗？（课件出示）

师：请你根据提示，和你的同桌一起互相讲讲小蚂蚁的这段历险记。指生讲。

我在——赶路，天——了，下起了——。——让我钻到他的叶子下避雨。雨越下越大，大石头又让我——。雨水眼瞅着就要漫过大石头了，——赶紧让我爬到他的壳里。后来，我冷得——，——就让我钻进他白白的——。幸亏这些朋友的——，我才安全——。

师：他们讲的好吗，掌声鼓励一下，同学们，只要抓住故事的主要人物，顺着主要的情节，就可以把故事简单地讲给大家听了。

（四）课外阅读，积累语言

师：同学们，告别了小蚂蚁，我们再来认识一位新朋友，他就是小蜗牛皮皮，赶快读一读他的故事吧，读完后完成课后的第二题，学以致用。（学生自由朗读）

快乐　欢乐　自私　后悔

1. 清晨，小鸟在树林里＿＿＿＿地唱歌。

2. ＿＿＿＿的蜗牛，听到小动物们的笑声，心里＿＿＿＿极了。

3. 同学们在操场上＿＿＿＿地做游戏。

师：同学们，学习语文贵在积累，在文章中，藏着许多优美的词句，我们一起来读一读吧。

词语：

金色的屋顶　　漂亮的房子　　快乐的笑声

高兴极了　　后悔极了

句子：

一会儿，雨停了，太阳出来了，天空架起了一座漂亮的彩虹桥。

师：同学们，我们一起来交流一下，读了这个故事，你喜欢故事中的谁，不喜欢谁，为什么？

总结：同学们，看来大家都喜欢关心他人、乐于助人的朋友，是啊，真诚的帮助会让我们收获朋友的友谊，感受到真正的快乐！就像课文中的小蚂蚁，虽然赶路的途中又冷又累，但是朋友的帮助却让小蚂蚁的心一直觉得热乎乎的，最后，让我们带着心中的这份感动再来齐读课题——小蚂蚁赶路！

（五）布置作业

1. 背诵《香香鸟》诗文诵读里的两首古诗。

2. 阅读《香香鸟》中的《两只棉手套》。

三、修改说明

精讲多练是略读课教学的特点，我在本课的时间分配上就给自己提出了明确的要求，即课内的文本讲解训练占30分钟，课外拓展的内容最少要占10分钟。所以，对拓展的这篇文章我也要煞费苦心，让课堂的所有时间都争取有效，最好是高效！因为，一开始对课内文本的处理总是不到位，所以，我对课外拓展的《自私的蜗牛》一文始终处于保守态度，觉得不用讲更不用练，让学生充分地读一读，然后让学生"说说喜欢故事中的谁，不喜欢谁，为什么？"就行了，毕竟是篇自读课本中的拓展文章，总怕出现喧宾夺主的嫌疑。后来，发现只是让学生读读似乎对拓展只是走了过场，于是，又贯穿课内文本的语言训练，在《自私的蜗牛》一文中接着让学生想象说话，但是，效果也不太理想，因为同样的训练反复出现学生就显得厌烦、没有兴趣，而且训练上根本就没有了进步。后来又试着进行分角色朗读，效果也不尽人意！真不知道该怎样处理这篇拓展的小文章！

正在我苦恼的时候，教研室王主任对我们参赛老师进行听评课，在谈到拓展文章的处理上他建议将文章后面的学以致用及日积月累提到课堂上来完成。这真是一语惊醒梦中人啊！将课后练习拿到课上，不光体现语言文字的训练，而且将课后练习课上完成也减轻了学生的课后学习负担，这是对学生最大的关怀！在经过一次又一次反复的试讲、研讨、再试讲，自己对教材的研读更透彻，思路也更清晰，因而这节课比开始时有了很大的进步！通过这次讲课，我更深刻地感受到团队的力量是巨大的，大家在一起有沟通、有协调、有合作、眼界越来越宽、课堂才会越来越精彩！

课例四　读书分享课：《城里最漂亮的巨人》三研整合设计

一、目标确定

1. 激发孩子阅读绘本的兴趣。

2. 仔细观察画面，通过朗读和复述，了解故事内容，感受乔治乐于助人的美好情感。

3. 展开大胆想象，通过表演和仿说，体验乔治帮助他人的过程。

目标确定的根源与理由：

1. 课标分析：语文课程标准针对低学段学生提出的阅读目标中指出：喜欢阅读 / 感受阅读的乐趣。借助读物中的图画阅读。结合上下文和生活实际了解课文中词句的意思，在阅读中积累词语。阅读浅近的童话、寓言、故事，向往美好的情境，关心自然和生命，对感兴趣的人物和事件有自己的感受和想法，并乐于与人交流。

2. 文本解读：《城里最漂亮的巨人》是一本绘本故事。故事的主要内容是巨人乔治为了帮助别人把自己新买的漂亮衣服送给了——长颈鹿、山羊……表现了乔治乐于助人的优秀品质，所以说本课的情感内容和本单元的人文主题是非常契合的。绘本中出现的数量词语与本单元语言训练点一致，达到了工具性的契合。

3. 学情透视：二年级的学生以具体形象思维为主，他们喜欢图画，绘本故事带给他们阅读的乐趣。绘本故事的语言浅显适合低年级孩子阅读，故事中有节奏感的语言、重复出现的语句、有趣的情节、夸张的画面给了学生充分的想象空间，吸引学生不断地阅读，踊跃地表达。

二、课程设计

（一）谈话导入，感知封面

1. 导入课题：同学们喜欢绘本故事吗？给大家说说以前读过的绘本故事的名字？（生交流）上节课武老师给大家推荐了一本书，还记得叫什么名字吗？（板书课题）再一起读读书的题目（齐读课题）这可不是一般的故事书，台湾儿童文学研究博士李茵茵评价它是一本具有文学性、音乐性和艺术性的绘本故事。今天我们就一起来读一读这本文图兼美，还会唱歌的书，好吗？

2. 感知封面：大家看过这么多书，当你拿到一本书的时候，首先看到它的什么部分？（生：封面）

快到封面上寻找他吧！看谁第一个发现漂亮的巨人。（生交流）你是个细心观察的孩子，一下子就从画面上找到了巨人。读绘本的时候就是要有一双善于观察的眼睛（板书：观察）。一双人脚就让我们看出这是一位巨人了，画面都装不下他了，多聪明的画家啊！这双大脚的主人就是故事的主人公乔治先生。和他打个招呼吧。

看他脚上穿着乌黑锃亮的皮鞋，腿上穿着笔挺的西裤，可惜我们看不到乔治身上其他的装扮，闭上眼睛，你能想象出漂亮的巨人从头到脚会是什么样的打扮？（生交流）你们的想象真丰富，把画家没有画出来的都想象出来了，读绘本就要善于想象。（板书：想象）

乔治这么漂亮，很多小动物都在羡慕地仰头看着他呢，看看都有谁。（生交流）刚才大家在封面上找到的小动物可要记住了，他们在后面的故事中还会神秘地出现。大家想象的乔治这么漂亮，想看看他的真面目吗？那就打开封面和老师一起走进故事吧。

（二）导读故事，认识乔治

1.邋遢的乔治。

（1）师讲述：在很远很远的地方有一座古老的城市，城里的居民有小人也有巨人，不管谁都穿得整整齐齐，打扮得漂漂亮亮，就连猫咪也身穿西装，脚蹬皮靴，头戴礼帽。就在这样文明漂亮的城市里，我们的主人公巨人乔治登场了。（出示图1）他和你想象中一样漂亮吗？哪里不漂亮？（生交流）

（2）朗读：爱读书的同学都知道，读书的时候可不能光看图，还要——生：读文，你们真有经验。（板书：朗读）图文对照才能读得更好。对照画面，自己先试着读一读关于乔治的介绍吧。请一位同学读一读，向大家介绍一下乔治吧。（生读）

理解"邋遢"：

就像刚才大家看到的那样，乔治穿得不讲究不整齐不漂亮，破破烂烂，用书上一个词说就是邋遢（板书：邋遢）。这个词挺难写，多读几遍。大家和乔治相比怎么样？（生交流）大家都是整洁漂亮的孩子，没有一个像乔治这样邋遢。以后大家在阅读的时候也可以像我们刚才一样图文结合，认识更多的字，理解更多的词。

（3）观察：乔治不想当邋遢的巨人了，大家顺着乔治的视线，仔细观察画面的细节，猜猜他要去做什么了？怎么知道的？（生交流）你们猜对了！乔治真的来到一家巨人服装专卖店（出示图2），你们都是神探小柯南，有一双火眼金睛。原来画面还会说话，仔细观察，就能发现故事的线索。

2.漂亮的乔治。

乔治来到店里挑了好多衣服，自己读一读，看看你能有什么发现。

（1）交流：说说自己的发现吧。

A、发现一：漂亮重复。可见乔治挑的每一件衣物都是那么漂亮。（板书：漂亮）

发现二：数量词。这就是上节课武老师教给大家的数量词。

B、把这些漂亮衣服齐读一遍。

C、考考你：去掉数量词，这样你能读吗？你们真棒，一下子就记住了这么多数量词。有时候朗读会给我们意想不到的收获。

（2）对比朗读：

A、夸奖乔治：经过各种漂亮衣服的打扮，邋遢的乔治终于变样了，武老师的课堂上大家学会了互相夸奖，你也来夸夸乔治吧！（生交流）

B、朗读：打扮漂亮了，心情也不一样了！谁来读出乔治不一样的心情？指2个学生分别读。

（3）对应封面：乔治把各种漂亮衣服都穿戴好，打扮得十分完美了，才走出服装店。（出示图3）

（4）刚要回家，只见人行道上站着一头长颈鹿，正呼哧呼哧地喘着粗气，咦？这头长颈鹿刚才在哪儿见过吗？（生交流）封面上果真藏着大秘密呢！

（三）自主阅读，理解帮助

1.方法回顾：刚才我们目睹了乔治从邋遢到漂亮的转变，运用了哪些方法？（生交流）乔治和长颈鹿之间发生了什么故事呢？下面我们用刚才学到的方法自己去书中探险，看看谁能出色地完成这些任务。师读自读提示。

2.自读交流：

（1）通过看图，你知道发生了什么事情？（生交流）原来乔治把漂亮的领带送给了长颈鹿。（板书：送给长颈鹿）

（2）配音朗读。

A、尝试配音。我知道大家都喜欢看动画片，动画片里面的人物说的话其实都是演员配的音，刚才我听到同学们分角色朗读得绘声绘色，老师也来让画面动起来，咱们也过把演员的瘾，试着给角色配音好不好？

B、配音欣赏。大家第一次学配音就这么出色，很了不起，可是离专业水平还差那么一点，要不我们听一听老师请来的演员配音效果好吗？你们听听有什么不一样。（播放）

C、交流不同：你听出什么地方不一样？（生交流）

你听出他们不同的心情了吗？（生交流）

D、练习提高。老师再放一遍画面，同桌之间合作模仿乔治和长颈鹿的语气，体会她们的心情再练习一遍。

哪一组再来展示？（生读）

大家的配音一次比一次有进步！你们个个都是绘声绘色的小演员。

E、采访乔治。采访一下乔治先生，我刚刚听到同学们夸奖您穿着各种漂亮的衣服，搭配得特别完美，为什么您对长颈鹿说自己的漂亮领带和漂亮袜子看上去不相配了呢？（生交流）

原来您为了用自己的漂亮领带帮助别人，找了一个借口而已（板书帮助），掌声再次送给您这位善良的巨人，也送给你们这些善解人意的孩子们。

（3）想象唱歌。我们不光可以想象画面，还可以想象声音。谁能把想象中乔治的歌唱给大家听？（生试唱）

你们真有才，我可没有你们的天赋，不过老师也想试一试用说唱的形式，想听一听吗？感兴趣的同学可以跟着我一起来。（师示范，生模仿）

你们的节奏感真好，唱的比老师好，怪不得李博士说这是一本会唱歌的图画书。其实有很多经典文学作品也可以吟唱，大家可以在阅读中试着唱一唱。最后一起来！我的巨人朋友们，你们开心吗？为什么？（生交流）原来帮助别人是一件快乐的事。

（四）猜想激趣，布置作业

1. 观察变化：乔治告别了长颈鹿接着往家走，走啊走，咦？发生了什么变化？（生交流）你们观察得真仔细，数量词用得也很准确。

2. 质疑：乔治的衣服一件比一件少，最后变成了这副模样，你有什么疑问吗？（生交流）

3. 想象：乔治又把哪件漂亮的衣服送给了谁当作什么呢？（板书：？）同桌两个商量着猜一猜，试着把自己的猜想编成乔治的歌，可以联想到封面看到的小动物，也可以自己想象出其他的小动物。（生交流猜想）

4. 升华：原来漂亮的乔治人人都喜欢，现在乔治身上的各种漂亮衣服都不见了，这样的乔治你们还喜欢吗？（生交流）

小结：你们的看法和著名的儿童作家梅子涵爷爷一样！他也是这样评价乔治的，我们一起读一下：他把自己的漂亮都送给了别人。

5. 作业：你们的猜想和作者写的一样吗？故事的结尾，把自己的漂亮都送给别人的乔治得到了一个金冠，这又是怎么回事呢？老师把这本书送给大家，课后就让我们走进这本会唱歌的图画书，用今天学到的方法继续阅读《城里最漂亮的巨人》，唱唱乔治其他的歌。这本书是聪明豆绘本系列中的一本，这只可爱的小熊就是聪明豆绘本的标志。这套书由英国作家唐纳森和德国画家舍弗勒合作完成的，他俩的组合被称为图画书梦之队，这套书是我国作家任溶溶翻译的，曾多次获得国际文学大奖，感兴趣的同学可以找来读一读。另外预习课文《小蚂蚁赶路》和自读课本中的《自私的蜗牛》，把字音读准，句子读通，为下节课的学习做好准备。

三、修改说明

上次试教之后，我查找了关于这本书的所有相关的文章，发现了中国台湾儿童文学研究博士李茵茵和我国著名儿童文学家梅子涵的书评，从中找到了很有价值的内容帮助我深入理解文本。其中李茵茵对这本书的评价是："这是一本具有文学性、艺术性、音乐性和趣味性的图画书，值得品味再三。"而梅子涵对于书中的主人公乔治有一句这样的评价："他把自己的漂亮都送给了别人。"所以我根据这两处书评进行了修改。

1. 会唱歌的图画书。

音乐性是这本书一大特色，读绘本故事不仅可以想象画面，还可以想象声音，让学生边读边想象乔治哼唱的歌，体会他帮助别人的快乐，就应该是这堂课一大亮点吧。实际执教过程中，孩子们不拘泥于曲调，随心所欲地大声唱着乔治的歌，张扬着自己的个性，表现出不一样的阅读兴趣。

2. 给角色配音。

怎样调动学生朗读的积极性，激发他们的表现力和表演欲望呢？我知道孩子们喜欢动画片，所以我就尝试让画面动起来，配上字幕，与同桌合作给乔治和长颈鹿配音，这样既激发了朗读的兴趣，又进行了角色的情感体验，使学生身临其境，朗读效果明显进步。

3. 漂亮——内涵线索。

梅子涵先生对乔治的评价既浅显，又恰切。文中的乔治由邋遢变成漂亮，然后一次又一次地用自己的漂亮去帮助别人，虽然随后自己的漂亮都没有了，但是他还是孩子们心中最漂亮的巨人。抓住"漂亮"这条主线，就会整合课堂结构，使课堂结构不再零散。

4. 少问题，多活动。

经过修改，课堂上提问式引导明显减少，变成了学生活动的要求，课堂上教师的语言也多了商量式的口吻，少了命令式的指令，与学生的距离拉近了许多。

课例五 综合学习课：《第五单元语文园地》三研整合设计

一、目标确定

1.让学生会读15个词语，读出词语的节奏和韵律，并积累词语。正确、流利地朗读儿歌，在熟读的基础上练习背诵。

2.应用偏旁归类的方法，识记生字，引导发现偏旁与字义的关系，让学生积累识字的方法。

3.养成留心观察周围事物的习惯，准确使用数量词，培养团结合作的精神。

目标确定的根源与理由：

1.课标分析：课程标准指出对于低年级的学生要喜欢学习汉字，有主动识字的愿望。掌握汉字的基本笔画和常用的偏旁部首，能按笔顺规则用硬笔写字，注意间架结构。初步感受汉字的形体美。诵读儿歌、童谣和浅近的古诗，展开想象，获得初步的情感体验，感受语言的优美。积累自己喜欢的成语和格言警句。

2.文本解读：园地课是对一个单元所学习知识点的梳理和提升的过程。本组教材是围绕友好相处、团结合作这一专题编排的。从识字五到课文，到语文园地，从团结起来力量大到相互称赞，学会欣赏别人，到互相帮助、和谐相处、尊重别人的生活方式，处处体现着浓郁的时代气息和现代意识。

"我的发现"是让学生自主发现汉字具有偏旁表义的特点，第一行字都有金字旁，与金属有关；第二行字都有衣字旁，与服装、被子有关；第三行字都有病字旁，与病痛有关；第四行字都有三点水旁，与水、水流、水滴有关。由于在前面学习课文的过程中有所接触，这里就是对偏旁表义这个知识点的发现、整理、归纳和积累。12个要求会认的字，在字形上以整体认记为主，可通过组词来巩固字形和字义。在认识这12个字的基础上，可引导学生加以扩展，为每组再找几个同偏旁的字，也可以再举几个看到偏旁就知道字义的字。

"日积月累"包含了数量词运用、积累词语、读背儿歌三项内容。

"我会填"是给数量词填上相应事物名称。允许并提倡学生填出不同的答案，只要符合搭配习惯就行。

"我会读"的词语里包含了许多本组新学的生字。读这些词语，一方面要巩固生字，另一方面要通过读记积累词语。教学时，可先让学生自己读一读，看看有没有不会读的词语,然后教师指导学生把词语读正确,读好。并让学生再补充几个词语写在书上。

"读读背背"要求读背一首有趣的绕口令形式的儿歌。要以学生自主朗读为主,放手让他们读背,看谁读得好,背得快。

3. 学情透视:升入二年级以来,部分学生已经养成了自觉学习的习惯,比如,认真书写的习惯、自觉的阅读习惯、一定的积累习惯、大声的朗读习惯,有一定的阅读、写话能力。学生能够课前做好准备,课堂气氛活跃,大部分学生能够积极发言、思考,声音响亮。学生能够主动学习,并在课堂上积极主动地参与小组讨论。对于不理解、不明白的知识点,大家养成了当场质疑的好习惯,同学们互相帮助、共同解决。课后还能认真独立完成作业,但书写时字迹及卷面仍需下大力度。

我们低年级单元整体教学研究的对象是二年级的学生,孩子们大多好动爱玩,思维以形象思维为主,所以,相对正规的学习常常令他们不知所措甚至厌倦。在低年级孩子的观察和想象中,客观世界是拟人化的世界,大至一片森林,小至一个苹果,在他们看来,都成了有情感有智慧、能说会道的精灵。

二、课程设计

(一)交流展示,故事导入

师:本单元我们学习的主题是团结合作,相信同学们一定收集积累了许多有关团结合作的词语和谚语,谁能说一说。

交流有关团结合作的词语和谚语。

师:真是团结起来力量大,经过刚才大家的交流相信你们积累的词语和谚语更多了,为了鼓励大家,今天老师带来一个小故事。

故事导入。故事的大意:在蔚蓝的大海里生活着一群可爱的小海豚,它们整天在大海里无忧无虑地玩耍、嬉戏,生活得可开心了,可是有一天海上刮起了大风,掀起了巨浪,一只最小的海豚在这次风暴中受伤了。它离开了妈妈,被巨浪冲到了沙滩上。这时有一个小朋友来到了它的身边,小海豚会说些什么呢?

引导学生说出,小海豚会希望大家来帮助它。

要想帮助小海豚需要闯过四道难关,快快来闯关吧!

(二)勇闯难关

第一关:生字林(为了让我们顺利地闯过难关,小海豚送来了第一个锦

囊：读读认认，我能发现）

1. 出示四组生字，要求读一读，认一认。

钅　钢　铜　铁　钉

衤　被　裙　裤　袄

疒　病　疼　痛　疯

氵　洪　沾　洲　沟

2. 观察，你发现了什么？交流发现：每一行的字都有一个相同的偏旁。（在字的前面点击偏旁）

3. 接着发现，每个偏旁与什么有关？（第一行都有"钅"字旁，金字旁与金属有关；第二行字都有"衤"字旁，衣字旁与服装、被子等有关；第三行字都有"疒"字旁与疾病有关；第四行的"氵"与水有关。）

板书：偏旁与字义有关。

4. 学以致用：回忆还有哪些字一看到偏旁就知道字义了。

5. 认读生字。

第二关：数量词之家。

1. 小海豚托我们带一封信给小鱼。（出示书信，其中包括刚认读的生字和数量词）

亲爱的小鱼：

你好！

前几天，受一股冷空气的影响，海上刮起了一阵大风。一块铁片弄伤了我的尾巴，巨浪把我冲到了沙滩上，现在有一位同学陪伴在我的身边，他给我穿上棉袄，疼痛也减轻了。请你捎信给我妈妈，请她不用担心，我现在正等待着同学们的搭救呢。

你的朋友：小海豚

2. 小海豚的第二个锦囊：一根筷子容易折，一把筷子难折断。

3. 从18课《称赞》中找一找带有数量词的短语，用笔划出来。

4. 我会填。

5. 找找身边的数量词。

第三关：词语林。

1. 先来读小海豚的第三个锦囊。"同学们，在你们的团结合作、共同努力下已经闯过了第二关，离我也越来越近了，快快来闯第三关吧！"

2. 先找一生读词语。

3. 师泛读，读出词语的节奏和停顿。

4. 练习读。

5. 交流 AABB 式词语。

6. 积累 ABCC 式的词语。

小心翼翼　秋风习习　得意扬扬

烈日炎炎　大雪纷纷　硕果累累

第四关：儿歌广场。

1. 小海豚唱着歌来了："团结就是力量，团结就是力量，这力量是铁，这力量是钢，比铁还硬，比钢还强。"

2. 自由读。

3. 从哪些语句可以看出小动物们团结一心，互相帮助走山路。

4. 指导朗读，重点指导。

秋风婆婆来帮助，

呼——呼——

一下子吹散满天雾。

5. 师：小海豚这样团结互助，我们也不要示弱呀，看我们人类是怎样送别友人的。

送朱大入秦

（唐）孟浩然

游人五陵去，

宝剑值千金。

分手托相赠，

平生一片心。

读出古诗的韵味，试着背诵。

师：小海豚回到了妈妈的怀抱，发出了这样的感慨：

若不团结，任何力量都是弱小的。

——拉封丹

（三）布置作业

1. 回忆和别人合作过的事情，练习把过程说一说。

2. 读读背背《香香鸟》第五单元的成语接龙。

三、修改说明

1. 我中有你，你中有我，真正实现单元整合。

在我执教的语文园地五的教学中，"我的发现"和"数量词"的运用是难点，上了这么多次，总感觉学生接受得不是很理想，在我们老师看来非常简单的东西对学生来说却是很抽象的东西。我们商议决定从冯老师的识字课开始就设计这样的一个环节"移"字的来历，从而拓展出几个带有禾木旁的字，让学生认识一种新的识字方法，字的偏旁与字的意思有关。对于"数量词"从武老师的精读导向课就开始渗透数量词，并且在后面邹老师的经典导读课中也有涉及，这样体现了单元整体教学思路，对于知识的学习减小了坡度，真正实现了单元整合。

2. 课后作业的布置更加地实用。

在课后作业的布置上，尽量为下节课服务，作业的设计重视实用性。每位老师的课都要承接上一位老师布置的作业，或是在课的开始，或是在课中，或是穿插在整个课堂中。对于课后作业的布置上以前多是对本节课知识的巩固和拓展，极少考虑到和下节课知识的衔接，更不要说为后面的课堂做准备了，本次对单元整合教学系统的研究真正实现了知识的整合，做到了相互衔接，层层铺垫。

课例六　习话课：口语交际《合作》三研整合设计

一、目标确定

1. 能学会把与别人合作过的事情说具体，有条理地讲出来；做到态度自然，讲究礼仪。规范语言，养成良好的口语交际习惯。

2. 学会倾听，及时评判，通过插话和提问等形式去合理评价别人。

3. 现场合作，在交流中分享合作给自己和他人带来的快乐。

目标确定的根源与理由：

1. **课标分析：**语文新课标对第一学段的口语交际提出了以下要求：能简

要讲述自己感兴趣的见闻；能认真听别人讲话，听清讲话内容；与别人交谈，态度自然大方，有礼貌；有表达的自信心，积极参加讨论，敢于发表自己的意见。从课标所提出的要求来看，低段的口语交际既要让学生抓住要点讲述、交流，更要注意讲话时的仪态，要努力做到自然大方，有礼貌，有十足的表达自信心。这就要求教师在课堂上善于营造氛围，激发学生想要表达的欲望。针对课标的要求，我对本次口语交际课，在教学目标的确定上增加了这些内容："把与别人合作做成过的事情说具体并当众大方地讲出来，会在倾听时插话和提问，合理评价别人，并做到态度自然，讲究礼仪。"

2. 文本解读：本单元的主题是"团结合作，友好相处。"课本选取了四篇童话故事，让学生展开阅读，目的就是让学生通过生动的故事，加深对"团结合作、友好相处"意义的认识，体会到"团结合作、友好相处"所产生巨大的力量，能给自己、给别人带去快乐。本次口语交际的内容主题确定为谈"合作"，就是让学生通过真实的生活中实践，去进一步体验合作带给自己的快乐，同时培养学生的观察力，练习讲述生活见闻的能力，在相互的交流中提高当众表达能力。同时培养、提高学生的倾听能力，学会在听讲中捕捉要点，学会分析、提问。

3. 学情透视：二年级的学生记忆能力强，他们在前面的学习中背诵了大量的有关"团结合作、友好相处"的词语、谚语、名言警句。可是不会实际运用。此外，口语表达缺少一定的顺序和逻辑、没有一定的条理。倾听能力不强，不善于发现别人言语中的长处和问题，容易忽视生活中的一些现象。针对以上特点，我在本节口语交际课的目标中增加了以下内容："在交流中分享合作给人们带来的快乐。在表达的过程中，通过点评、提问等方法去规范自己的口头语言，现场合作，进一步体验合作带来的乐趣。"

二、课程设计

前奏：同学们，大家好，我是一位来自莱州市虎头崖镇的大朋友，名字写在大屏幕上，大家齐声说一遍。今天认识大家很高兴，希望今天我们能合作愉快。看看哪位同学能够像老师这样来介绍自己。（提高简单的课前交流，拉近师生之间的关系，调动起他们说话、交流、提问的积极性。）

（一）师生交流，揭示话题

师：同学们，本单元我们积累有关团结合作的词语、谚语，读了一些有关团结合作的故事，这节课，老师和大家一起来说说合作。（板书：合作）

1.能说说合作的意思吗？

2.今天老师给大家带来一点见面礼，想知道吗？大屏幕出示词语，说说看看，老师为什么要送给大家这些词语？"风雨同舟、精诚团结、万众一心、齐心合力"教师示范读一遍，学生练习有节奏地朗读、背诵。

（二）合作体验，尝试交流

同学们，团结合作，会让我们获得成功和快乐，下面我们就来一个合作小游戏，体验一下。

1.小组合作游戏："过目不忘"。

要求：老师快速出示图片，看看哪个小组记下的多。

2.师：要想记得多，就要依靠小组集体的智慧和力量。

3.下面我们在小组内分一下工。（这可是个秘密，可不要让其他小组听见）面朝前坐端正了，老师就知道你们已经分好了。

4.老师宣布游戏开始，请仔细看图片：教师用较快的速度更换图片，学生快速合作记忆。

5.两分钟的时间，快速写下小组内记下的图片。因为每个小组的秘密，为了结果的公平，大家可要静悄悄地进行，不要让其他组听见。对获胜小组发放小奖状。谁能向他们表示自己的祝贺。老师现在是记者，进行采访：请问，你们获胜的秘诀是什么？

6.刚才我们合作了一次，相信每个小组的经历、每个人的感受、每个人的收获都是多姿多彩的。我们一起说一说，共同分享一下，怎么样？课前，老师自制了几种小奖状，专门送给那些能说会听、遵守纪律、敢于提问的同学，大家想不想争取呀？那就努力吧。）

（1）谁能用一句话说一说我们刚才合作完成了一个什么小游戏？（如果能加上刚才背的成语就更好了。

（2）增加点难度，加上"时间、地点、人物"说一说。

（3）再增加点难度，加上"游戏过程"说一说。

（4）让大家更明白，加上"结果和心情"试一试。（由易到难，让学生练习说话。）

7.谁能按照要求，完整地把刚才合作完成的事情说一说。先试着说一说，然后在班里交流。

8.同桌按照上述要求说一说、听一听、提一提。

（三）回忆生活，畅谈合作

1. 老师在生活中看见了一些有关同学们合作的事情，今天把图片带来了。能说说他们在做什么吗？你有过类似这样的经历吗？说说看。

2. 下面，我们就把自己合作的经历说给大家听。口语交际时要做到两"会"，知道吗？其一是会说，怎么说呢？请看大屏幕。出示说的要求。（说：时间、地点、人物、过程、结果、心情。并做到声音洪亮，吐字清楚，面带微笑，自然大方）只要按照上面的要求去说，就能把合作事情说清楚了。板书：说清楚。

3. 其二就是会听，大家知道别人说话，自己应该怎样去听吗？交流一下。交流结束，出示"听"的要求。听：要先发现对方的优点，然后再提问，提提建议，说说别人合作得怎么样。板书：听明白。

4. 在小组内按照要求讲一讲自己与别人合作的经历。选取讲得好的同学到前台讲一讲。

5. 自告奋勇到前台交流，台下同学对照上述要求进行提问。

6. 说的同学自然大方，提问的同学才思敏捷，相信每个同学现在都会有一种跃跃欲试的感觉，那下面，同桌两个人，一个说，一个听，一个问，一个答，好不好？

（四）总结提升，课外延伸

1. 播放《团结就是力量》：同学们，还记得前面老师在语文园地中老师让你读的那几句歌词吗？想不想听？老师把它带来了，送给大家。

2. 一首振奋人心的歌曲告诉了我们：团结就是力量。衷心祝愿同学们通过本单元的学习，学会合作，善于合作，在集体的大摇篮里快乐地、健康地成长。最后送给同学一条谚语来宣告本单元学习的结束。齐读，试着背诵。

附板书：

合作

说：清楚

听：明白

三、修改说明

1. 增加了课前积累。

让他们背记四个有关团结合作的成语。这样有效呼应了前段教学，注重了课堂上的语言积累，让我们单元整体教学延伸到最后一刻，把积累运用扎实地放在实处。

2.教学组织形式的顺序调整。

二、三两个环节进行了调换，把先前的游戏压缩成一个，保留"过目不忘'小游戏在组织合作游戏上，也适当地压缩了时间，由原来的十张改成八张。为学生提供统计表，统计时限定时间，淡化结果。提醒学生要保持安静，学会保守自己的秘密。这些举措，大大节省了游戏时间。把几个不恰当的要求变换了一下，如"怎样合作"改成"游戏过程"，"想法"改成"心情"。这样，通俗易懂，更加适合学生表述、交流。组织学生活动完成后，试着讲一讲活动的过程，把说话的要求分布渗透到其中，逐渐增加难度，让学生直至熟练。

看图片回忆生活调节到游戏之后，这样，更加直观地调动起学生的生活回忆，前后衔接更加自然。

3.重视讲述、倾听的习惯培养。

为了激励学生交流的欲望，培养学生倾听、提问的习惯，我特意设计三种小喜报："交流小明星、倾听小明星、提问小明星。"随时送给表现好的学生。用这些激励措施，激发学生表达的欲望。

4.压缩整合学习活动要求。

我把零散、烦琐的要求渗透到说、听的要求中，让学生带着要求在小组里练习。在集中指导后，又注重全员参与，及时反馈，让学生自己说，同桌交流等。

5.用直观有效的手段感受"团结合作"的力量。

学生对直观的东西比较感兴趣，于是我又在本次修改过程中增加了《团结就是力量》的视频，借助激昂、澎湃的歌曲，激发学生团结向上的欲望。同时，又丰富了课堂教学内容和形式。

6.深化主题，强化积累。

在课堂的最后。我选择了最有代表性的一句谚语，及时积累、背诵，既深化了主题，又加深了学生的印象，起到了一举三得的作用。

第二节　主题单元德融课程

一、主题单元德融课程形态简述

党的十八大报告指出，教育的核心任务是立德树人。2014年教育部发布

《关于全面深化课程改革落实立德树人根本任务的意见》，2015年山东省教育厅研制了《山东省中小学德育课程一体化实施指导纲要（试行）》。都明确昭示"育人之本，在于立德铸魂"。立德树人的基本路径还是在课堂，这需要我们以课程视野理解立德树人的基本内涵与操作。

母语在立德树人功能上具有得天独厚的优势，从传统文以载道到今天的母语人文性特征，充分证明母语课程践行"立德树人"是本有之义。基于新时代背景下的母语"立德树人"内涵应该立足传统，走向世界，架构起以中华传统美德为基础的，更为宽泛的多元、包容、开放的立德树人新体系。

我们在践行立德树人课程理念时，提出了基于母语教育的德育本位、最大限度地释放母语课程的德育价值的德融课程的概念。在内容架构上，德融课程可以分为几类：一类是正式的语文课，着力于国家课程的优质化建设，核心在于德育的常态性；一类是书法、传统文化课，着力于地方课程的系统化建设，核心在于德育的文化性；一类是开发的母语课程，着力于本课程、校本课程的特色化建设，核心在于德育的本土化。

在实践操作上，可以分为：目标确立的首要性，着眼于适切，直指核心素养中的必备品格，主要依据学科课程标准、学科指导纲要、《山东省德育课程一体化实施指导纲要》中相关要求在本课的适切分解、落地；课堂程式的实践性，着眼于学，从学的视角规划学生的德育实践方式，一直关注并调适过程中德育目标达成的走向及再实践；课程成果的有效性，着眼于评价，课堂育人目标落地成效的自我反思和课程育人价值的展望性判断，旨在发现并解读课程的育人价值亮点，并对该课程的育人价值的走向做出理性建议。

二、主题单元德融课程示例

（一）国家课程

课例一　中华传统美德：哀哀父母，生我劬劳

——《地震中的父与子》德育课例

执教心语：

育人为本，德育为先。自从教以来，我一直在语文课堂上践行"随风潜入夜，润物细无声"的德育教育，力图实现师、生、文本的和谐统一，师、

生围绕文本建立平等、互助的合作关系，使文本获得新的生命力，使师生得到品德锤炼。这一追求，在《地震中的父与子》一课的备课、讲课中得以体现：先是在与联谊校授课中实现了教师对文本的深情解读与重新建构，让文本作为生命体与学生进行了情感互动；后又在多次优质课评选中，师、生、文本各自作为独立的生命体实现了一定程度上的交融，父爱融入课堂，课堂有了生命。

一、教学内容

义务教育课程标准实验教科书鲁教版五四制小学语文四年级下册第三组第一篇精读课文。

二、目标确立

（一）课程目标及分析

《义务教育语文课程标准（2011版）》对第二学段（3～4年级）阅读有这样的要求：

1.用普通话正确、流利、有感情地朗读课文。

2.能联系上下文，理解词句的意思，体会课文中关键词句表达情意的作用。

3.能初步把握文章的主要内容，体会文章表达的思想感情。

4.能复述叙事性作品的大意，初步感受作品中生动的形象和优美的语言，关心作品中人物的命运和喜怒哀乐，与他人交流自己的阅读感受。

《山东省中小学德育课程一体化实施指导纲要》一书中的《中小学语文学科德育实施指导纲要（试行）》，在"德育范畴"中对"（五）中华传统美德"要求：阅读古代优秀诗文，了解中华文化的源远流长和博大精深，提高对中华优秀文化的理性认识，深切感悟中华优秀传统文化的精神内涵，增强对中华优秀传统文化的自信心，培养热爱祖国优秀传统文化的情感，弘扬中华传统美德：尊老爱幼，正直善良，关爱他人，助人为乐；热爱劳动，热爱人民，自强自立；珍视亲情，关注友情，待人真诚；遵纪守法，诚实守信，艰苦朴素，勤奋好学，团结协作；爱憎分明，公正无私。

遵循上述要求，分析本课例，《义务教育语文课程标准（2011版）》（以下简称《课标》）中的要求均得到很好体现，弘扬中华传统美德教育也得以落实：

首先，课例展现的是父爱如山。体会到没有？不仅要说出来，更要读出来，这自然体现了《课标》"有感情地朗读课文""能初步把握文章的主要内容，体会文章表达的思想感情""关心作品中人物的命运和喜怒哀乐，与他人交流自己的阅读感受"等要求。同时,"珍视亲情""关爱他人"等德育元素也渗透其中。其次是感受文本生命力,并赋予文本新的生命,必然要体味重点词句、感悟文中画面,这就必然体现《课标》中"能联系上下文,理解词句的意思,体会课义中关键词句表达情意的作用"等要求。此外,因课例中《诗经·小雅·蓼莪》的学习,"阅读古代优秀诗文,……深切感悟中华优秀传统文化的精神内涵,……弘扬中华传统美德",这一德育范畴有了切入点,并在随后的德育渗透中,让中华传统美德渐渐在学生心中扎根。

（二）教材分析

本组教材以"父母之爱"为专题,培养的正是中华传统美德核心之一的"孝"。编排的四篇课文:精读课文《地震中的父与子》《"精彩极了"和"糟糕透了"》,略读课文《慈母情深》《学会看病》,各有侧重、各具代表。《地震中的父与子》作为其中父爱最突出的课文,讲述了地震时,一位父亲冒着危险,抱着坚定信念,不顾劝阻,历尽艰辛,经过38小时的挖掘,终于在废墟中救出儿子和同学的传奇故事。这篇课文,描写具体、情感真挚,歌颂了伟大的父爱,赞扬了深厚的父子之情。选编这篇课文的目的,一是让学生感受父爱的伟大力量,受到中华传统美德教育;二是引导学生通过对人物的描写,体会文章表达的思想感情,提高阅读能力。所以在本节教学中,要紧扣"父爱"主题,重点引导学生从课文直接描写中,感受父爱的伟大,并联系生活实际再现情境、深化体验,提高学生的阅读能力。

（三）学情分析

好的教学设计,离不开对学情的研究。为完成基于学情的教学设计,在选定授课内容后,我都会对授课年级的学生进行相关的学情调研,这次也不例外。在备课前,我对四年级学生围绕"读懂了什么?""哪部分最让你感动?"和"哪儿有不懂的问题?"等问题展开调查。

通过调查发现:学生都能读懂父爱,有一多半学生说"父亲的坚持不懈"让他感动,还有个别学生将关注点放在了父子间的互相信任上。在感动之处的选择上,多数学生觉得"挖废墟救孩子"最令人感动,也有少数几个学生紧接着补充"阿凡达让同学先出去"让人感动。至于不懂的问题,有一半学生质疑"其他家长为什么不救自己的孩子?"近1/3的学生不明白"为什么要坚持自己挖,请武警帮助不行吗?"还有学生问"这个父亲精神到底失常了没有。"此外，虽然学生都感受到父爱，但与其交流时发现：说起母爱的滔滔不绝，可谈起父爱，往往会思虑良久，然后提出些无关痛痒的父子间小事，甚至有些学生言语中还含有对父亲的抱怨。

基于学情调查，我觉得教学不能仅停留在浅显地感受父爱上，应借助这篇课文引导学生真切感受父爱的伟大，避免简单的课文串讲。在教学时，要让父爱更丰满、更感人，让学生对爱的体验更完善，从而使中华传统美德教育落到实处。

（四）自我背景性经验剖析

26年了，由"以贤为师"到"被师于人"，在语文课堂教学实践中，路越走越宽，教学风格也在一次次备课、改课中逐渐发生着变化。但总体上看，不变的是以生为本，以文为根，重视效率，关注德育。以备本课为例，刚开始备课，学习的是于永正老师《番茄太阳》中的"读书就像看风景"——突出阅读的真实：真实读课题，读出自己的感觉；真实读课文，说出自己的真心话；解析感动画面，通过朗读表达真情实感。可在实践中发现，与主题不符，德育渗透不足。因此，我融入了"课文不过是个例子"——主题阅读品真情：上课之初先交流预习成果，然后围绕课文令人感动的语段指导学生进行朗读训练，最后拓展阅读与本课主题相关的三篇文章。但由于拓展内容过多，环节繁复，学生应接不暇，导致课堂效率低下。于是，我又借鉴了于永正老师的"简简单单教语文"——突出环节的简单：先解析课题说内容，再画面解析练朗读，最后拓展阅读学表达。可惜环节少了，课堂引领却多了。于是"课堂的主人是学生"就成了下一个选择——突出学生的主体。老师的话少了，学生的话多了，课堂的语文味足了。可从效果看，优生在流泪，后进生在漠然。为了让更多的学生受到德育熏陶，"师生共创高效课堂"成了第五个思路。在这个思路指导下，教师不仅是指导者、组织者，更成了参与者，许多学生体悟不足的地方，教师会及时点拨。这堂课在人文方面很成功，但暴露了工具性上的不足，于是产生了最后一个思路"师生共享语文魅力"——突出文本个性解读与真情表达。回顾这6个思路，有继承、有发展、有突破，随着点滴改变，师生文三者关系逐渐和谐，传统美德教育也融入了课堂。

（五）课时教学目标确定

基于以上分析，为实现师、生、文本间思维碰撞，形成真诚的心灵沟通，生成以下教学目标：

1. 捕捉课文核心句段，学习作者通过人物外貌、语言、动作描写，表现人物品格的方法，体会父爱的伟大，渗透中华传统美德教育。

2. 有感情地朗读课文，体会文中出现的"8小时、12小时……"等直接描写与"没人再来阻挡他"等间接描写所产生的表达效果。

三、教学流程及设计意图

第一环节：国学导入，预习反馈

首先，以体现"父母的爱"主题的国学经典片段（"父兮生我，母兮鞠我。拊我畜我，长我育我。顾我复我，出入腹我。"）导入，积累国学名句，明确本课主题——以《地震中的父与子》为例，体味父爱。

然后，请学生汇报预习收获：这对父与子之间发生了一件什么事？

最后，学生对本文展现的三个主要画面——"挖""让""抱"进行取舍。

【设计意图：国学经典，饱含深情。在诵读过程中学生不仅仅感受到字里行间的父母之爱，更能领悟到中华传统美德的源远流长，这就为德育之花盛开在语文课堂这一沃土上而奠定了基础。在汇报预习收获时，学生自然会将古今相融，让中外相较，三个感人画面也自然映现眼前。但语文课堂，时效为先，"挖""让""抱"不能均作为重点体悟，这样佛经故事中的"弱水三千只取一瓢"便成了唯一选择。】

第二环节：品味画面，感受父爱

首先，让学生在批注中静静体味字里行间所蕴含的父爱，通过写写、画画、读读，让学生走进文本，来到地震现场。

然后，抓住"满脸、布满、破烂不堪、到处"句和"8小时，12小时，24小时，36小时"句，分别进行交流。师生共同以读促悟，以悟深情，读悟交融，感受父爱伟大。

最后，抓住"没人再来阻挡他"，引出地震中其他人的言行，借此体会"直接描写"与"间接描写"的异同，并得出结论：不同的方法，伟大的父爱。

【设计意图："文以载道"，德在文中。空洞的说教，绝不如真实画面的震撼人心。教师只需给文本与学生牵线搭桥，让学生通过感悟文本，想象父亲外貌的凄惨、长时间挖的不易，在头脑中形成渐读渐清晰的画面，以此来感受父爱如山。在情深意切时，"直接描写"与"间接描写"的学习，让本环节自然实现了语文的工具性与人文性和谐统一。】

第三环节：方法指导，拓展阅读

首先，让学生闭目聆听教师范读"挖"段，让读悟产生的感动喷薄而出，向文中父亲倾诉。

然后，拓展阅读朱自清先生的《背影》，请学生通过感悟直接描写与间接描写句，感受朱父那深沉的父爱。

最后，以视频再现方式，将文中隐蕴的父爱，通过感人画面、动情朗诵完全展现在学生眼前，引起他们对父爱的无限感动。

【设计意图："课文只是个例子。"语文课堂不能离开课文文本，但又不能仅围绕课文文本。为了实现本课的工具、人文（德育）目标，《地震中的父与子》在预设目标达成后，需要更典型的可以体现父爱与直接、间接描写的文本范例，朱自清先生的《背影》就成了不二选择。但《背影》一文父爱隐藏较深，即使只选择最突出的买橘子、爬站台段，学生在理解、感悟时也是困难重重。因此，用情景再现的方式，将文字化为直观感人的视频影像，学生就会被朱父那深沉的爱深深感动了。】

第四环节：以文引文，父爱永在

首先是教师出示并讲述父亲关爱自己的真实事例，在感人的配乐声中，引领学生由文本进入自己内心，回忆自己经历的父爱。

然后由文引文，让学生讲述身边的父爱，感受父爱永相伴。

最后由爱入孝，引领学生在家践行自己孝的承诺。

【设计意图：课文与名篇当然感人，但距离学生还是遥远。因此，当教师以亲身事例来讲述时，处处模仿老师的学生自然会产生联想：我的父亲怎样爱我的？我要怎样爱父亲？由文及身，由言及行，本课的工具目标与人文（德育）目标也就水到渠成般完成了。】

四、精彩片段

片段一：品味画面，感受父爱，总结方法

情由心生，心因事动。如何让学生真切感受到《地震中的父与子》中的父爱？这首先需要学生进入文本，了解事情的前因后果，找到令自己心动的地方细细体悟。教师先让学生批注"挖"段，再以"用心才会动心，请谈谈让你动心的收获。"来要求学生自己拨动内心那根爱之弦。学生的发言也就自然由心而发，情随话生了。无论是"满脸、布满、破烂不堪、到处"句，还是"8

小时，12小时，24小时，36小时"句，学生都能准确地感受到父亲的凄惨与不易，并体会到父爱感人。

但只是谈、说，文本的价值不会真正显现，父爱感悟也只能蜻蜓点水。故而，在体味"满脸、布满、破烂不堪、到处"句，教师引领学生读出感动，读出感觉：一位疲惫受伤的父亲——读得慢些，一位深爱孩子的父亲——读出爱来（声音颤抖），一位坚强不放弃的父亲——关键词要重读。朗读的"一咏三叹"，让画面清、父爱深。在体味"8小时，12小时，24小时，36小时"句时，让学生比较原句与只留"36小时"一词后的句子，体会挖的艰难。然后让学生展开想象：每过一段时间，父亲会是什么样子？最终，教师以配乐自编诗（8小时，手破了，身伤了，天黑了，孩子你在哪？12小时，腹空了，身乏了，星星啊，我的孩子呢？24小时，站不住了，眼睛花了，太阳啊，给我点力气吧！36小时，通道深了，教室近了，孩子啊，爸爸来了！）将父亲不畏艰难不放弃、深爱孩子的形象树立起来。

在一次次朗读中，学生的声音由字正腔圆到富含深情，从面带微笑到眼圈渐湿，这一切不正说明父爱在渐入学生内心吗？不正说明文本的描写在发挥作用吗？此时，教师以"我们被直接写父亲的句子所感动，可这几个不直接写父亲的词（没人再来阻挡他）也不简单啊！"引出间接描写与直接描写的对比，体会两种方法的异同。

在这里，德育因素因文本原因而渗透于教学各环节中——父爱无句不含，无字不在，只要感悟就必有，只要朗读就必深，只要交流就必说。而作为工具之一的描写手法，也因"没人再来阻挡他"让文章其他人物言行与本段有了密切关联，从而形成一段中直接描写与间接描写同时并存的局面。"犬与不取，反受其咎；时至不行，反受其殃。"描写手法的总结与学习就自然出现，从而形成了工具性与人文性在此环节的和谐统一。

片段二：述心声，拓展读，说父爱

在方法总结后，请学生闭上眼睛，听老师范读"挖"段，体会两种写法的妙处。在范读完后，以"可他还是在挖啊、挖啊！同学们，你想对他说些什么？"让学生将听后内心的激荡倾诉出来。有学生说："爸爸，别挖了，再挖你就会累坏的。你已经有36小时没有休息了！休息会吧！"也有学生说；"爸爸，我们不会放弃的，让我们一起加油！您说过'不论发生什么，您总会跟我在一起！'我们不会放弃的！"还有学生说："爸爸，我为你而骄傲！"……不管学生说什么，父爱已经在他们心中由隐至显，不再是地下奔流，而成了与母爱同辉的伟大亲情！

当然，《地震中的父与子》虽令人感动，但它展示的是非常态的父爱，而且还是异国（美国）的父爱，对学生们而言，可能还会有些心理距离。因此，让父爱就在学生身边，让他们感受到平时的父爱是什么样子，就成了下一环节教学的重点，于是，父爱名篇《背影》，自然就成了拓展阅读的首选。

《背影》是中学语文课本中的一篇文章，其父爱之深，令人刻骨铭心。但由于年代太过久远（20世纪初），加之朱自清先生文笔非常含蕴，想让小学生们读懂并理解字里行间的挚爱真情，就成了难点。因此，在进行文本选择时，只选取了情感表达相对明显的"买橘子、爬站台"片段，并在对文本教学时，遵循读中悟、悟促读的策略，让学生先"从文中，找到感动的句子，读一读，体会一下两种写法的好处。"在批注后，再让学生谈感动的句子，并引导学生再次一咏三叹地读，展示心中的父爱：肥胖、艰难的父亲——慢，喘；爱儿子的父亲——重，用力……

与《地震中的父与子》只针对文本展开教学不同的是，《背影》片段感悟后，教师以"想看看这位父亲吗？"引发学生观看欲望，将《背景》父亲买橘子爬站台视频展示在学生面前。这就使原文中较含蕴的描写变得更形象，父爱更显突出，也更利于小学生对文本的情感体悟。看着视频中作者的拭泪动作，借原文一句"我的眼泪又来了"，问学生：你呢？你想说点什么？引发学生对父爱更深层次的理解。

感悟他人的父爱，其实是为了引发自己的父爱。两篇范文，《地震中的父与子》让人感到父爱如火，《背影》让人感到父爱如山！那我们自己真切感受到的父爱呢？

学生可能无法如两文作者一般从自己的生活中找到真切的令人震撼的父爱，但一定会讲出看似平淡但却回味无穷的父爱小事——雨中为了打伞而被雨淋、肩头负子看景而不觉累……

这一桩桩身旁小事，让父爱更丰满，也使中华传统美德教育更深入。

五、自我反思

（一）定文本，引发心灵对话

理想中的课堂是什么样的？我觉得应该是在教师的精心帮助下，作者与学生进行无障碍的心灵对话。因此，我十分重视文本的选择与编排，力求文本本身能打动学生，让他们想学、乐学。

为什么选择《地震中的父与子》作为德育课例？原因有二：一是曾经多次以本文为课例讲过优质课、公开课，对这篇课文有一定研究，觉得本文非常适合中华传统美德教育；二是《地震中的父与子》是现阶段小学语文课文中最能展现父爱的文章，虽然本文也有先人后已的奉献精神在闪烁人性光辉（阿曼达在废墟中安慰同学，并在得救时让同学们先走），但父爱是全文主线，且是本文编入本单元的重要原因。

此外，对学生进行品德教育，孤证难立，独木不林。只有多个典型事例共同发力，课堂上才会形成德育合力。因此，在备课时，我花费了很长时间，广泛地搜集古今中外各种父爱故事。令人遗憾的是，母爱故事比比皆是，父爱回忆却凤毛麟角。但这更坚定了我选父爱作为德育主题的决心，并从不多的父爱故事中遴选了《背影》《台湾父亲与女儿的通信》《天堂对话》等感人至深的文章，并在课堂上一一进行了尝试。

结果发现：《背影》最突出，但其文太长，情太深，四年级学生理解有难度，体验不深入，所以就节选了比较突出且便于学生体悟的买橘子片段，并以视频再现情景，使父爱显化。而且《背影》又恰好与《地震中的父与子》分写生活和危难中的父爱，让父爱展现更全面。于是《背影》片段就成了最终结果。《台湾父亲与女儿的通信》在德育教育方面很突出，临逝父爱感人至深，女儿回信荡气回肠，十分符合我对自己情感课堂的定位，但在工具性上与《地震中的父与子》没有共通之处，因此只能忍痛舍弃。其他的文章也是因为德育因素重复或工具性体现不足等原因而被一一舍弃。

（二）取舍间，打通心灵隧道

选择好课程文本，只是第一步，接下来就是对文本的挖掘与处理。先说《地震中的父与子》，只要熟悉这篇文章的人，都会觉得这篇文章有点假，不符合情理，所以在解读教材时，就将不合情理的地方进行了淡化处理，而核心段则进行了故事化渲染突出，不纠结于真假，只感悟父爱。其实，现在回想起曾经用过、搜集过的许多有关父爱母爱的故事，好多经不起推敲，但那又怎样？我们读后，都会被其感动，都想去感恩父母。这也算艺术的真实吧。

再说《背影》片段，其实这段话内涵十分丰富，比如那句对衣着的描写，每次读到那，我都鼻子发酸，但这是建立在我对整篇文章的把握上，学生是不可能理解那么深的。他们只能对动作与身材的描写有所感触，因为课堂要植根于学生，那么爬站台也就成了重点。

当然，在处理文本时，有时还会觉得文本感染力达不到想要的效果，这时，教师就要发挥自身的课程资源优势，或找或编或写，弥补这一缺失。这堂课中出现的那首关于挖掘的诗，是我有感而发，不求合辙押韵，只求能触动学生的内心。从效果看，自编诗还是发挥了效果，学生对文本的理解更深了。

这堂课就是以《地震中的父与子》为例文，定基调、明主题、炼方法、树标杆；为了效率只抓重点句段感悟，为了和谐直指父爱不究其他；当目标达成，由父爱入父爱，由写法导写法，用学法引学法，《背影》被自然带入课堂，深化主题、明确写法、运用学法。最后以师生互动，畅谈身边（或所知）父爱。反思这堂课，做到了"简简单单教语文"这一要求，实现了课初目标。

（三）反思中，关注德行养成

缺乏德育渗透，智育必将苍白。为此，我又对照课标反思这堂课。在新课程的基本理念中，"语文课程还应重视提高学生的品德修养和审美情趣，使他们逐步形成良好的个性和健全的人格，促进德、智、体、美的和谐发展。"这句话与古时追求的"文以载道""文道结合"何其相似！因此，在课堂上实现德育目标是非常重要的！落实到本课，就是让学生真切感受父爱之伟大，为中国传统美德教育奠定情感基础。从课堂效果看，这一目标达到了，学生在与文本、同学、老师的交流中，一次次接受父爱洗礼，一次次被父爱感动，中华传统美德在学生心中生根发芽。

六、专业点评

倡简、务本、求实、有度，是语文新课程标准颁布后，对教材和语文教学的基本概述。这堂课，能够基于学情把握，紧扣"父爱"主题，创编课程，简化环节，让学生在课堂中绽放生命活力。这种简约而不简单的课堂值得我们探讨和深思。

这节课，带给我们的启示主要有两点：

启示一：课文是有生命的。

有人说："每一个文字都是有生命的。"的确，对于用心写作的人来说，他所写的文字，思想、情感孕育其中，学识、智慧闪现其间，文字背后是他的灵魂在呐喊！而我们的每一篇课文都是由这样的文字组成，所以说，课文都是有生命的。但课文的生命，想在课堂上恢复活力，还需师生们的共同努力。

这堂课，就让《地震中的父与子》《背影》携手展示出了其旺盛的生命力——父爱如山。学生通过对文本的个性化解读，感受到这种生命力，并通过自己人生体验，赋予了课文生命新活力——父爱走进每个学生心中。

这一切是怎么形成的？

首先来自文本解读。《地震中的父与子》有多种解读方式，各有其理，但尊重文本并力图在课堂展现文本生命活力的，不多。多数教师是从工具性入手，重在语言文字训练；部分教师不走寻常路，认为父爱之上还有"责任"，抓住了"不论发生什么，我总会跟你在一起。"作为突破口。这种种解读方式都可从课标中找到依据，但都没有把课文当作一个完整的生命体！从单元主题分析，再到文本选编意图感悟，这篇课文的生命活力就在"父爱如山"！文本解读成功，生命之火才会点燃！

其次来自精心呵护。文本自身再富有生命力，没有合适的水分、土壤，也不可能在课堂焕发活力。于是，老师用诗、用事、用视频、用朗读，让文本变得更贴近学生、更有吸引力，使学生主动参与到生命的营建中，课堂生命才会鲜活。

最后来自师生平等关系的建立。课文有生命，而学生更是鲜活的生命个体。课堂上谁是主体？当然是学生。可课堂上他们真的当家做主了吗？不能当家做主，他们还能赋予课文生命力吗？达者为师，别的不敢说，在感悟父爱上，学生都可称为达者！因此，这堂课你会有一种感觉：这是一位年龄大点的老师在和一群年龄小点的老师研讨父爱。生命生而平等，平等才有真生命。

启示二：取舍之中显智慧。

大家都知道："舍得舍得，不舍怎么得？"语文教师都有一个困惑：教什么？是啊，教什么——课文处处皆精妙，要讲得太多了！可真要全讲，又怎么可能！于是，如何取舍就成了教师解读文本时必须面对的难题。

在这堂课中，老师如同高明的园艺师，在对课文深入解读后对文本进行了大胆取舍，将最富生命力的"挖"段从文中取出，移植到学生心里，为其生根发芽创造了条件。在其成活后，又将精心选取的最有生命力的《背影》

片段嫁接到课堂上，让父爱之花得以绚烂开放。而《地震中的父与子》中其他内容，《背影》中更多画面，都因主题需要而被舍弃。

此外，直接描写与间接描写的学习、"挖"段改编诗的朗读、"爬站台"段的视频选用，都体现了这种取舍之道。

当然，整堂课也存在一些不足，比如教师虽然在追求课堂的平等，但文本的选编、课堂节奏与师生研讨内容的把控都在教师手中，这导致课堂上学生仍是在老师预设的路上走，课中质疑、思维拓展、自主活动空间等生成性的东西相对来说就显得不足了。

课例二　家国情怀：让语言文字走进学生的心灵

执教心语：

阅读教学中，我一直在努力探寻和践行儿童本位的生本课堂：时刻从儿童生活实际出发，从儿童言语发展出发，从儿童思想需求出发；用儿童的思维理解语文，以儿童的方式运用语文，激发儿童的体验，享受语文。2015年11月参加烟台市语文优质课评选，我执教了一节群文阅读课《记忆乡情》。备课的过程中，得到了市教研室主任和学校领导的悉心指导。在本课例形成的过程中，校领导又为本课例做了专业点评。这堂课的设计旨在体现"以生为本，意言兼得"的教育理念，教学中更加关注学生的情感世界和个性发展，把"传授知识、启迪智慧、健全人格"有机统一起来，充分考虑学生的需要、兴趣和发展，走进学生的生活世界，走进学生的内心世界。

一、教学内容

《记忆乡情》是基于义务教育课程标准实验教科书鲁教版（五四学制）语文四年级上册第六组——"浓浓的乡情"的一节群文阅读课。教学内容为《故乡的芦苇》《乡愁》《奇怪的圣诞包裹》。

二、目标确立

（一）课程目标及分析

《语文课程标准》对第三学段阅读有这样的要求：

1.能用普通话正确、流利、有感情地朗读课文。

2.能联系上下文和自己的积累，推想课文中有关词句的意思，辨别词语的感情色彩，体会其表达效果。

3. 在阅读中体会作者的思想感情，初步领悟文章基本的表达方法。在交流和讨论中，敢于提出自己的看法，做出自己的判断。

4. 阅读叙事性作品，了解事件梗概，能简单描述自己印象最深的场景、人物、细节，说出自己的喜欢、憎恶、崇敬、向往、同情等感受。阅读诗歌，大体把握诗意，想象诗歌描述的情境，体会诗人的情感。受到优秀作品的感染和激励，向往和追求美好的理想。

5. 诵读优秀诗文，注意通过诗文的声调、节奏等体味作品的内容和情感。

标准的要求在本节课中得到很好的体现。学习《故乡的芦苇》时，学生在阅读之后交流最感兴趣的部分；学习《奇怪的圣诞包裹》时，学生对比阅读体会到久居海外的叔公对祖国的眷恋，都是落实《课标》中"阅读叙事性作品，了解事件梗概，能简单描述自己印象最深的场景、人物、细节，说出自己的喜欢、憎恶、崇敬、向往、同情等感受"的要求。学习《乡愁》时，学生结合资料理解诗意之后用一个词概括诗人余光中对故乡的感情，落实《课标》中"阅读诗歌，大体把握诗意，想象诗歌描述的情境，体会诗人的情感"的要求；播放《乡愁》朗诵视频，学生抓住关键词语"小小的邮票　窄窄的船票"进行诵读，深入体会诗人情感，落实了《课标》中"诵读优秀诗文，注意通过诗文的声调、节奏等体味作品的内容和情感"的要求。三篇文章阅读之后，学生填写对比阅读记录表，体会到文章表达的情感及表达情感的方法，落实了《课标》中"在阅读中体会作者的思想感情，初步领悟文章基本的表达方法。在交流和讨论中，敢于提出自己的看法，做出自己的判断"的要求。三篇文章的阅读中，均引导学生抓住关键词语交流感悟，通过朗读表达感悟，落实了《课标》中"能联系上下文和自己的积累，推想课文中有关词句的意思，辨别词语的感情色彩，体会其表达效果"及"能用普通话正确、流利、有感情地朗读课文"的要求。

《山东省中小学德育课程一体化实施指导纲要》中，关于语文学科的德育范畴有这样的表述："（三）家国情怀，培养热爱祖国、热爱家乡的情感。弘扬以爱国主义为核心的民族精神和以改革创新为核心的时代精神。培养为建设祖国而无私奉献的优秀品质。了解祖国灿烂的历史和辉煌的成就，激发和增强民族自豪感。"三篇课文，均通过有感情地朗读，创设情境，营造氛围，让学生与作者产生情感共鸣，引领学生加深对文章主题的认识，激发学生热爱故乡、爱国爱家的情感。

（二）教材分析

《故乡的芦苇》描写了故乡朴实无华的芦苇多而美的特点，叙说了儿时与芦苇有关的趣事——吹芦叶哨、折芦叶船、芦苇丛中捉纺织娘，抒发了作者对童年生活、对家乡的怀念和热爱之情。《乡愁》是海外游子深情而美的恋歌，表达了诗人余光中内心深处浓烈的思乡情感和对祖国的绵绵怀念。《奇怪的圣诞包裹》借佳明一家送给叔公的圣诞礼物——叔公故乡的泥土和一些名菊花种，反映了叔公对祖国的深深眷恋。

三篇文章皆围绕"浓浓的乡情"这一主题，每一篇都在表达对故乡的热爱与思念，但三篇文章记忆乡情的方式各有不同：《故乡的芦苇》是回忆家乡给予自己的快乐，书写的是一份童年乡情，《乡愁》表达的是一种离别家乡离别亲人离开祖国大陆的哀愁，倾诉的是一生的乡情，《奇怪的圣诞包裹》是借圣诞礼物表达久居海外的叔公对祖国的眷恋，这记忆的是异国节日的乡情。三篇文章是对"浓浓的乡情"这一单元主题的深化与补充，通过阅读激发学生热爱家乡的情感，丰富学生的情感世界，提升学生阅读素养。

（三）学情分析

四年级的学生，渐渐摆脱天真幼稚，开始喜欢独立思考、判断，但是由于年龄特点和生活阅历所限，特别是他们大多一直生活在父母身边，对于外边的世界反而充满向往和好奇，对于家乡的概念、对家乡的情感可能理解感悟并不深。通过课内文本的学习，学生已经初步体会到作者对家乡思恋、挚爱的思想感情，也已初步领悟到作者的感情是通过一些景物或事情表达出来的。这节以"记忆乡情"为主题的群文阅读，可以让学生更深入地走近乡思乡情，通过对比阅读深入领悟作者表达乡思乡情的方法。同时，通过阅读，品味语言，丰富学生的语言积累。

（四）自我背景性经验剖析

从教22年，我一直与学生徜徉在语言文字的海洋，致力于学生听说读写素养的提升。当我走进"浓浓的乡情"这一单元时，深深地被教材中灵动的文字、美妙的意境、浓郁的情感陶醉了。古往今来，许多诗词、散文都是游子们思乡怀乡的绝唱。课余我阅读了大量描写思乡的诗词："海上生明月，天涯共此时""露从今夜白,月是故乡明""落叶他乡树,寒灯独夜人""举杯邀明月,对影成三人"……名家思乡作品:季羡林的《月是故乡明》、余光中和席慕蓉的《乡愁》、樊发稼的《故乡的芦苇》……款款思乡情、浓浓恋乡意,如香茗愈品愈醇香。如何让学生也全身心融入这乡思乡情呢?我认真地学习了《语文课程标准》,对第三学段的阅读要求做了细致地解读;观看了全国著名特级教师张祖庆老师的教学视频和蒋军晶老师的群文阅读教学实录,吸取了他们"丰富语文实践,关注学生需求,让学于学生"的教学理念;细细研读了杭州师范大学倪文锦教授的《群文阅读:阅读方式的革新》一文及崔峦老师在第三届儿童阅读与语文创意教学观摩研讨活动中关于群文阅读的讲话。我深深地感受到,群文阅读不是单纯的数量求多,也不是单纯的形式求丰,或是泛泛的多读,要关注群文的语言和表达,一定要把阅读的主动权交给学生,把表达的发言权还给学生,努力培养学生的兴趣和自信,让每个学生都体验到成功的喜悦。

(五)课时教学目标确定

基于以上分析,结合本学段学生心理特点和已有素养储备,确立以下教学目标:

1.通过批注、朗读等方法,引导学生阅读三篇文章,品味语言、积累语言,走进乡情记忆中,感受到文章所表达的思乡之情,增强热爱家乡的情感。

2.通过群文对比阅读,领悟几篇文章的表达方法,学习乡情记忆的不同表达方式。

三、教学流程及设计意图

第一环节:经典诵读,走近乡情

首先,课前播放中央电视台纪录片《记住乡愁》片头,将学生自然带入到思乡的情感主题。

然后,出示《诗经》思乡名句:"昔我往矣,杨柳依依;今我来思,雨雪霏霏"让学生自己试读。

最后,教师指导朗读并总结:抓住"依依""霏霏"这样的关键词,可以让朗读变得有声有色,让思乡情感表达得更强烈。

【设计意图:视频播放、经典诵读,拉近了学生与"乡情"这一教学主题的距离。"依依""霏霏"这些叠音词的朗读指导,在让学生初步感受古代游

子的思乡之情的同时，为下面朗读感悟乡情、学习记忆乡情奠定基础。】

第二环节：实践体验，感悟乡情

（一）批注，感悟"童年乡情"

首先，请学生快速浏览课前对《故乡的芦苇》这篇文章进行的批注，准备交流阅读收获。

然后，学生结合批注交流自己最感兴趣的部分。学生抓住关键词语谈体会，并抓住"亮晶晶、碧青青"等关键词语读出心中感悟。

最后，教师引导学生展开丰富的想象，进行补白训练："当＿＿＿＿＿时，他们会吹出＿＿＿＿＿的乐音，好像要＿＿＿＿＿"。

【设计意图：《故乡的芦苇》语言优美，生动活泼，感情真挚，读起来朗朗上口，是学生学习语言、培养语感的好材料。交流汇报所作批注时引导学生读中感悟，抓住"亮晶晶、碧青青"等叠音词进行朗读指导，这也是继第一环节"霏霏""依依"叠音词的朗读深化练习。想象哨音的补白训练，激活学生的语言积累与运用。学生在朗读、补白的实践中体味到作者的童年之乐及对家乡的热爱思念之情。】

（二）朗读，感悟"一生乡情"

首先，出示中国台湾诗人余光中的《乡愁》，学生练习读通读顺。

然后，请学生试读《乡愁》，出示资料帮助学生理解读诗。呈现古时思乡诗词与这首诗交融理解，请学生用一个词语概括诗人余光中对故乡的感情。

最后，播放《乡愁》朗诵视频，学生练习朗读，指导学生抓住"小小的邮票""窄窄的船票""矮矮的坟墓""浅浅的海峡"这些关键词语去朗读。学生配乐朗读，背诵《乡愁》，积累语言。

【设计意图：学习《乡愁》时，注重通过朗读的方式感悟文章所表达的乡情。朗读方式有：学生自己练习读、借助资料读、跟视频读、配乐练读。通过资料的补充引领学生走近诗人走近写作背景，听朗诵视频更触动了学生的内心。必要的朗读指导，特别是"小小的邮票、窄窄的船票、矮矮的坟墓、浅浅的海峡"的指导，引领学生感悟到诗人一生哀愁的乡情。】

（三）对比，感悟"节日乡情"

首先，学生阅读《奇怪的圣诞包裹》，结合课前批注进行二次批注。

然后，学生思考这篇文章和前两篇文章有什么相同点和不同点，并完成对比阅读记录表。

　　最后，学生交流汇报三篇文章的异同点，教师总结:《故乡的芦苇》是回忆家乡给予自己的快乐，书写的是一份童年乡情;《乡愁》表达的是一种离别家乡离别亲人离开祖国大陆的哀愁，倾诉的是一生的乡情;《奇怪的圣诞包裹》是借圣诞礼物表达久居海外的叔公对祖国的眷恋，这记忆的是异国节日的乡情。相同的思乡记忆，可以有不同的表达方式。同一主题下，表达同一类情感主题的文章，却可以通过不同的方式来表达。同时告诉学生：对比阅读是群文阅读的方法之一，阅读一组文章的时候，要善于运用对比阅读的方法，加深自己的理解和感悟。

　　【设计意图：群文阅读本质上属于比较阅读。《奇怪的圣诞包裹》一文的学习，着重通过比较阅读的方法。通过学生自主学习、小组合作、对比发现，引导学生感受到三篇思乡文章内容与表达上的异同点。对比感悟中，孩子们深刻地认识到表达乡情记忆的不同方法，同时，在他们内心深处，一颗爱家乡爱祖国的种子也正在发芽、开花……】

　　第三环节：总结延伸，布置作业

　　出示教师即兴诗作，总结本课：

　　精巧的芦叶哨，可爱的芦叶船，快乐乡情记心间。
　　邮票也好，海峡也罢，总有哀伤乡愁荡心头。
　　故乡土，中国菊，剪不断的故国情。

　　我们在批注中品味乡情，
　　我们在朗读中感悟乡情，
　　我们在群文阅读中学习记忆乡情……

　　课后布置学生运用本节课的阅读方法阅读《月是故乡明》，继续走进乡思乡情，学习记忆乡情。

　　【设计意图：教师以诗的形式总结本节学习内容，有文章内容的回顾，也有学习方法的指导，既增强了学生的学习乐趣，也激发了学生群文阅读的兴趣，将本节课学到的阅读方法延伸至课外，继续群文阅读，继续阅读更多的

表达乡思乡情的文章，继续学习记忆乡情的方法。】

四、精彩片段

片段一：关注需求 读中悟情 以情促读

学生才十岁，对《乡愁》这样的离愁别绪并没有一种痛入心扉的感受。因此，学生初读之后，课件出示资料帮助学生理解读诗。学生读资料，每读完一句，我都适时补充渲染：

生：（课件出示）余光中在少年时，只身到四川求学4年，很渴望母子团聚。

师：作者是多么想念母亲，只能依托船票报个平安哪！所以作者说——

生齐："小时候 乡愁是一枚小小的邮票 我在这头 母亲在那头"

生：（课件出示）他在成婚后两年，就到美国讲学，从此生活在异国他乡。

师：成家了，妻子多么希望他能陪在身边，可是路途遥远，每次相见，都离不开那张船票！所以作者说——

生齐："长大后 乡愁是一张窄窄的船票 我在这头 新娘在那头"

生：（课件出示）30岁那年，他的母亲就永远离开了他。

师：树欲静，而风不止，子欲养而亲不待，他连母亲的最后一面都没见上。此时，乡愁是——

生齐："后来呀 乡愁是一方矮矮的坟墓 我在外头 母亲在里头"

师：1949年，诗人离开大陆到台湾，直到1992年才得以回乡探亲。此时，乡愁是——

生齐："乡愁是一湾浅浅的海峡 我在这头 大陆在那头"

师：此时此刻，如果请你用一个词语概括诗人余光中对故乡的感情，你想用哪个词语来概括？

生：哀伤

生：忧愁

生：思念

生：怀念

……

接下来，播放《乡愁》朗诵视频："千般思万般愁！余光中说过：一首诗，如果不加以朗诵，就体会不到隐含在其中的深意。就让我们通过朗读把这种哀愁表达出来吧。现在就让我们跟随视频再来走进余光中的《乡愁》。"

随后又及时跟进朗读指导:"故乡是作者一生的怀念啊,是作者一生的绝唱啊!这绵绵不绝的哀愁就在这小小的'邮票'、窄窄的'船票'中,这生离死别的哀情就在这矮矮的'坟墓'、浅浅的'海峡'中。抓住这些关键词语去朗读,那么我们也会走进那份哀愁。"

孩子们依照方法充分练习朗读。配乐朗读时,孩子们那缓慢的语速、低沉的语调、哀伤的神情,充分证明这《乡愁》已走进了孩子们心里。

片段二:让学于生　群文比对　同中求异

阅读《奇怪的圣诞包裹》时,让学生与前两篇文章进行对比,小组合作学习,完成《对比阅读记录表》。

《奇怪的圣诞包裹》《故乡的芦苇》《乡愁》对比阅读记录表

课　题	表达了＿＿的情感	借助＿＿表达情感
《奇怪的圣诞包裹》		
《故乡的芦苇》		
《乡愁》		

有了前面阅读时的实践体验,学生很快便发现了三篇文章的异同点:

生:相同点是三篇文章都表达思乡。

生:都借助事物来抒发思乡之情。

生:它们借助的事物不同:《乡愁》是借助邮票、船票、坟墓、海峡表达思乡;《故乡的芦苇》是借助故乡的芦苇来表达;《奇怪的圣诞包裹》将乡情寄托在乡土、花种上。

生:我认为三篇文章的思乡情感略有不同。《故乡的芦苇》是回忆家乡给予自己的快乐,是一份"乐";《乡愁》表达的是一种离别家乡离别亲人离开祖国大陆的哀愁,是一种"愁";《奇怪的圣诞包裹》是久居海外的叔公对祖国的眷恋,是一种"恋"。

生:我认为三位作者表达的是不同时段的思乡情感:《故乡的芦苇》书写的是一份童年乡情;《乡愁》倾诉的是诗人一生思念家乡的愁绪,是一生的乡情记忆;《奇怪的圣诞包裹》是一种身处异国由节日引发的乡情。

孩子们深刻的思考、独到的见解,来源于对三篇文章的阅读感悟。让学于生，将阅读的主动权交于学生，将话语的表达权还于学生，在充分的语言实践和情感体验后，孩子们已经与文本融为一体，文章所表达的浓浓的思乡情感与表达情感的方式孩子们已了然于心。

五、自我反思

这节群文阅读课，我主要引领学生做了两件事：体味文章情感、领悟文章表达方法。课堂上通过"自主、合作、探究"的学习方式，让每一个学生都参与到学习中，以生为本，构建积极、快乐、高效的课堂。

（一）读为主线，以读悟情

《语文课程标准》指出："阅读是学生个性化的行为，不应以教师的分析代替学生的阅读实践。阅读教学要以读为本，让学生在读中感悟，在读中培养语感，在读中受到情感的熏陶。"三篇文章的学习我以"读"为主线，注重"读中感悟，以读生情，以情促读"。

抓关键词语朗读是贯穿课堂的一条朗读线。开课伊始的经典诵读，在引领学生走近祖国传统文化的同时，通过"依依""霏霏"这些叠音词的朗读，让学生初步感受到古代游子的思乡之情，为下面朗读感悟乡情、学习记忆乡情奠定了基础。《故乡的芦苇》交流所作批注时，引导学生在畅谈感悟的同时通过朗读表达心中感悟，继续抓住关键词语"亮晶晶、碧青青"等叠音词进行朗读，领悟到作者怀念童年思念家乡的快乐情感。《乡愁》的阅读中，通过学生自己试读、借助资料读，跟朗诵视频练读，学生带着内心的触动抓住关键词"小小的邮票、窄窄的船票"等叠音词组进行朗读，更深入地感悟到诗人一生哀愁的乡情。《奇怪的圣诞包裹》中，学生二次批注之后感悟叔公对祖国的眷恋，并通过读好关键词语表达对叔公情感的理解。一次又一次关键词语的朗读中，孩子们一次比一次有进步，对文章情感的把握也越来越深刻，热爱家乡、热爱祖国的情感在孩子们心中越来越强烈。

（二）丰富实践，领悟表达

"语文课程应注重引导学生多读书、多积累，重视语言文字运用的实践，在实践中领悟内涵和语文运用规律"。不管何种形式的语文课，阅读、积累与表达都应是离不开的本原诉求。作为群文阅读教学的课堂，更应如此。

《故乡的芦苇》中想象哨音的补白练习，还有《乡愁》学习时的已学思乡诗句的积累再现及学生当堂背诵《乡愁》，都体现了学生语言文字的积累与运用。三篇文章的对比阅读时，学生小组合作学习，填写对比阅读记录表，感受到三篇文章内容与表达上的异同点，从中领悟到记忆乡情的不同方法。课末，教师以诗的形式总结本节学习内容，有文章内容的回顾，有学习方法的点拨，召唤着学生兴味盎然走近语言文字的学习，用语言文字和有趣的诗行表达内心感受……

六、专业点评

生活阅历、背景的差异，语言的跳跃，构篇的独特，为这节课的学习增加了困难。但恰恰是在突破难点的过程中，该教师带领学生以思促情，以情养德，在渐次深入的融情对话过程中完成了自我提升，实现了学生对生命的感悟。

（一）找准支点，践行德育

阅读是语文学习的核心，实践是能力增长的基础。该教师的课堂阅读真情、到位，训练真实、细腻。教学中，巧妙选取"记忆乡情"作为思维支点，一方面，引领学生在经历读通、读懂、读透的过程中，逐步体悟"童年乡情""一生乡情""节日乡情"的无限深意，帮助学生找出乡情的"记忆点"；另一方面，指导学生在品味文字中对比写作特点，结合已有生活与积累，进行语言实践，在读写结合中建构"乡情图谱"。

在支点的建构上，教师从两个角度切入：一是环节设计上将课堂内外相关信息和语言实践链接起来，相互走进，互相融合，一气呵成，增加了学生的思维活动量；二是情感培养上始终以学生的个性体验为主线，让学生在抓住关键词语、品读批注和对话交流中走进作者的内心世界，感受作者思乡之乐、思乡之愁和思国之恋的情真意切，感悟作者一样的思念，不一样的印记，认知与情意地有机融合，提高了学生的思维质量。同时，在共鸣于他人情意的过程，也使学生走进了具有自我个性的阅读生活，这也是我们所追求的语文课程德育价值的所在。

（二）深度对话，情意交融

本节课的核心是让学生学会怎样记忆乡情。本节课的中心是依托文本走近作者，对比阅读发现不同，利用课程的开放性为学生心里埋下持续学习的种子。而贯穿中心、直抵核心的路径便是"走进、感悟、表达"，这是群文阅读的方法，也是语文学习的良策。教师善于挖掘情感因素，张扬情感氛围。

如，国学诵读中的"依依""霏霏"就恰切地引导学生发现这种叠字表达形式更能抒发出塞外将领那种出发、归来时的心情。课堂上既有朗读的指导，又有朗读的变化。如此，在后面的文章学习中学生才会发现运用这种朗读方法，继续抓住关键词语"亮晶晶、碧青青""小小的邮票、窄窄的船票"等叠音词组进行朗读。让学生在具体的情景中运用，从而找出读的发展点来，只有这样的朗读指导，才能够读出情感的变化，才能够读出学生的进步。理解"乡愁"时，教师通过课外资料补充进行文本的创造性建构，让学生感受到"邮票、船票、坟墓、海峡"这些事物之间有着怎样的逻辑关系。然后再通过情感渲染的引领和余光中前面写的"小时候、长大了、后来，现在"对应，多种形式朗读的同时，给予学生一条层层深入感受到"愁"的线索。情感的互动推进了思维的发展，赋予课堂浓厚的生命气息，师生内心的情感也在变化中完成了各自与自我的对话。

如果我们稍做留意，就会发现，该教师的课堂设计匠心独具，一直似有一明一暗两条线索贯穿其中。"明"是从认知上说，在"读"与"写"的语文实践中感悟字里行间透露着对家乡的怀念，对祖国的眷恋；"暗"是从情感上说，环环相扣凸显出乡情都有印痕可记和记忆的不同表达方式。反复品味与感悟中渗透留心生活、多元表达的学习品质；渗透热爱家乡、不忘根本的德育要素。从认知到情感的变化，到认知与情感的一体交融，有意识地贯穿于学生的学习活动，推进学生在认知过程中获得情意因素的发展与提升，真正做到情思一体，多维对话，水到渠成地实现了课堂上生命的共同进步、共同成长。

（二）地方课程

课例一　审美鉴赏与创造：汉字的姿态美

执教心语：

从事语文教学多年，总感觉培养学生写一手好字非常重要。这不仅是中华文化的传承，也是语文学习的起始，更是学生终生学习与发展的一种必备技能。因此，在语文教学中，我把写字教学当作重点，无时无刻不在渗透着汉字形态美的教育。在课堂上我指导学生观察、寻找、揣摩汉字的笔画规律，和他们一起认识汉字、欣赏汉字、书写汉字，让汉字之美渗透于语文教学的点点滴滴。2015年10月，我参加了烟台市小学语文优质课比赛，讲授的课型是书法课。在上级领导的悉心指导下，我将本节课的主旨锁定在"在书写中体会汉字的美感"上，课上不光有对具体笔画的指导，更重要的是让学生通过观察"装、苍、走"这三种类型字的姿态，感受到汉字不单单是简单笔画组合的图像，它是富有美感的，每一个字都是一幅美丽的图画，在观察揣摩中初步掌握汉字的书写规则。

一、教学内容

山东美术出版社《书法》教材四年级上册第二单元《汉字的基本字形》。

二、目标确立

（一）课程目标及分析

《中小学书法教育指导纲要》中指出"书法教育既要重视培养学生汉字书写的实用能力，还要渗透美感教育，发展学生的审美能力。""感受汉字和书法的魅力，陶冶性情，提高审美能力和文化品位。"《小学语文课程标准》对中高年级的书写有这样的要求"硬笔书写楷书，行款整齐，力求美观，有一定的速度。""在书写中体会汉字的优美。"《中小学语文德育指导纲要》中也明确指出"在识字写字的过程中，感受祖国语言文字丰富的内涵和汉字的形体美，认识到祖国汉字历史的悠久，激发学习汉字的兴趣。"可见，感受汉字的美并写好汉字是小学语文教学重要的目标之一，是一项重要的语文基本功。

在本单元"汉字的基本字形"这一基础上，我创造性地选用了"装、苍、走"三字，引领学生通过这三个例字的学习，掌握"束腰式""展翼式""挺足式"三种姿态字的特点。使《指导纲要》与《课程标准》的要求在本课中得到很好的体现。课堂上，播放汉字的演变视频、将所学习的例字变成图画，这体现了《德育指导纲要》中的"在识字写字的过程中，感受祖国语言文字丰富的内涵和汉字的形体美，认识祖国汉字历史的悠久，激发学习汉字的兴趣。"利用汉字与图画相结合的方式，让学生在观察揣摩中感悟到汉字的姿态美，并在不断的观察与想象中明确"束腰""展翼""挺足"这三种类型字的姿态。体现了《指导纲要》中"书法教育既要重视培养学生汉字书写的实用能力，还要渗透美感教育，发展学生的审美能力"。学生三次书写、三次评价、练写书签，体现了《课程标准》中"硬笔书写楷书，行款整齐，力求美观，有一定的速度""在书写中体会汉字的优美"的要求。

（二）教材分析

山东美术出版社《书法》教材四年级上册第二单元"汉字的基本字形"主要是让学生掌握例字的结构特点及书写方法，进一步体会汉字结构造型的艺术美感，激发学生学习书法的兴趣。我结合本学段学生心理特点和实际水平，创造性地使用教材，确定了本课的教学内容——感悟汉字的姿态美。选取"装、苍、走"三个例字进行讲解。通过字与画的结合，让学生观察这些字所呈现出的不仅仅是韵律美，更是一幅幅流动的画面。学生在充分的观察想象后进行书写，仿佛看到细腰的女子翩翩起舞、凶猛的老鹰展翅欲飞、威武的军人挺起长足。这种字与画的结合教学不仅让学生牢牢地掌握了这个字，更感受到了这个字的形体美，更深刻的体悟到汉字的字形特点，受到汉字美的熏陶。

（三）学情分析

本节课所执教的年级为四年级，由于学生的年龄特点，接受能力较强，可以通过在课堂上集体演示与个别指导相结合的方法，能够达到书写的理想效果。但据不完全统计，小学阶段中高年级学生在书写上存在这样一些问题：写字习惯差、写字时的坐姿和执笔方法不够准确。很多学生的家庭作业字迹潦草、行款不整齐、卷面不整洁。观察单个字的书写，有的点画僵硬毫无规范，有的任笔为体，粗制滥造，撇捺不够伸展。笔画的衔接也不够严谨，各部分的位置安排不合理。这些问题影响着学生硬笔书写的美观度和速度。但值得肯定的是，汉字虽然难写，但大多数学生还是喜欢写字，并愿意通过自己的努力把字写好。众所周知，练字的最初要经过一段比较枯燥、比较艰苦的阶段，这段时间往往是最简单的基本笔画练习。因此，培养学生练字的兴趣尤为重要。当学生能够亲手写好第一个潇洒美观的字，便会逐渐对书法产生浓厚的兴趣。因此，课堂上，我重点培养学生对中国汉字的兴趣，引导学生用特有的审美视角去观察、欣赏、评价汉字文化的博大精深，培养他们的审美意识和审美情趣。

（四）自我背景性经验剖析

"汉字是世界上最美的文字。"这是我开始学习写字时聆听过的教诲。而今，我已经从事小学语文教学超过20个年头，20年来，编教案、写板书、评作业、撰材料、练书法……每天我都会和汉字亲密接触，也时常会因为某个字的音形意而突然停笔沉思。执教时间愈久，我对"世界上最美的文字"的爱愈加无法割舍，对它的理解也由美变成了美育，甚至德育。我希望我不仅仅能做到《小学书法课程标准》中对于硬笔、毛笔书写的规定，更要像《爱国主义教育实施纲要》中强调的那样，潜移默化地以书法"进行中华民族优秀传统文化教育"，使广大青少年深刻了解中华民族悠久历史，优秀文化。

所以我在写字教学的同时，认真观摩了中国古代名家的毛笔字帖，特别是对于楷书有着极高造诣的楷书四大家，研读他们的书法理论，诸如《传授诀》《用笔论》《八诀》《三十六法》等；搜集他们的轶事典故，以备授课时激发学生的学习兴趣；通过网络、刊物等渠道搜集小学生书法作品进行研摩，力求书写教学时，遵循学生的学习发展规律；学习卢中南、田英章等现代书法大师的作品和书法理论。在县、市举办的软笔书法比赛中，我连续三年均获得二等奖。

我也越来越相信，我的学生们也能像我一样，发现汉字的美，感受汉字的美，爱上汉字的美，并且能通过对汉字的学习，爱上我们伟大灿烂的民族文化。

（五）课时教学目标确定

基于以上研究分析，结合本学段学生心理特点和已有素养储备，确定如下目标：

1. 通过练写"装、苍、走"三个字，初步了解汉字的"束腰式、展翼式、挺足式"三种姿态，感受到汉字悦目的形美、感人的意美。

2. 通过观察"装、苍、走"三个字的姿态，初步掌握汉字姿态美的规则。在汉字的结构中感受情感意蕴，获得特定的审美感受，从而培养和提高学生欣赏美、鉴赏美的能力。

3. 通过本节课的学习，能把这三种姿态的字写得有收有展、收展分明。进一步培养学生的书法兴趣和素养。

三、教学流程及设计意图

第一环节：创设情境，欣赏美

首先，课前欣赏历代书法名家的作品，使学生受到美的熏陶。

然后，教师引领学生观看一段汉字演变的小视频，引导学生发现字如画，画即字，字画同源。接着，教师用毛笔挥洒书写"舞"字，使学生初步感受到汉字的姿态美，明确本节课的学习任务。

【设计意图：为防止枯燥乏味的练习而导致学生厌学情绪的产生，开课伊始，教师播放了一段汉字的演变视频。学生通过观看汉字的演变历史，了解到我国书法艺术是在长期的历史过程中发展演化而来的，书法中凝聚着中华民族的哲学思想、民族智慧、美学追求。更为关键的是孩子们能从这段视频中感受到字如画，画即字，一字一画，从而为本节课的顺利进行奠定了基础。而教师毛笔挥洒书写"舞"字，不但拉近了教师与学生的距离，更让学生将书写姿态之美与画面事物之美紧密地结合起来。这一环节的设计，一方面激发了学生的练字兴趣，另一方面让学生潜移默化地接受美育熏陶，培养学生的审美情感，充分体现了书法写字教育既是美育，也是情育，更是心育的理念。】

第二环节：火眼金睛，发现美

首先，教师通过三句诗"看银装素裹，分外妖娆""明月出天山，苍茫云海间""乌蒙磅礴走泥丸"的出示，让学生第一次书写"装、苍、走"三字。

其次，结合画面感受"装、苍、走"三字的姿态。教师出示图画上婀娜的少女、展翅的老鹰、挺长足的军人这三种姿态，让学生感受到字与画的相同之处，总结出"束腰式""展翼式""挺足式"三种类型字的特点，进一步总结出汉字姿态美的规则：有收有展，收展分明。

再次，学生再次书写这三个字，这一次学生遵循汉字姿态美的规则，在书写中表现出字的收展变化。学生互相评价，感受到撇、捺的写法、位置，学会运用辅助线定位的方法。接着第三次书写，学生强烈地感受到所写的字由刚开始的僵硬呆板变得灵动生姿。

最后，教师讲书法家王羲之《书成换白鹅》的故事，使学生感受到书法家对汉字的痴迷，学习他坚持不懈、善于观察的良好品质。并从中找出束腰、展翼、挺足这三种姿态的其他字—"是""答""紧"，进一步巩固对这三种类型字的感知。

【设计意图：鲁迅先生有言："中国文字有三美：意美以感心，一也；音美以感耳，二也；形美以感目，三也。"汉字是诗意的文字，蕴涵着图景思维特质。在这一环节，我创造性地使用教材，合理地运用PPT直观手段，丰满学生对汉字姿态美的认知。在指导学生写好"装""苍""走"三字时，我将汉字与相应的图景结合起来。一开始，采用教师引领的方式，引导学生发现"装"字的结字特点以及与图景的相同之处。然后逐步放手，让学生展开想象观察，自己来说发现了什么？此时学生越想越生动，越说越有趣。这时的汉字，已经与生动的图画紧密地结合在了一起。这样设计，不但丰富了学生的美感，而且培养了学生的审美和鉴赏能力。然后学生在教师评、同桌评、自评的基础上进行第二次、第三次书写。在互动评价中，学生学会互评互赏的方法。在学生们互相借鉴、互相提醒中，他们的字写得越来越灵动、洒脱。倾听书法家的故事培养了学生沉着冷静，做事有始有终的良好品质，达到了立德树人的目的。】

第三环节：大显身手，展示美

首先学生拿出课前老师发放的书签，书签上不但印有精美的图案，还有诗人李白的一句诗"荒城虚照碧山月，古木尽入苍梧云。"书签上只有前半句，学生看着屏幕，运用汉字的收展规则，将后一句诗"古木尽入苍梧云"补充上。

然后学生展示自己的作品，教师随机指出：我们在写一幅作品时，不能光把单个字写好，还要兼顾全局，字里行间要有呼应、顾盼，要协调通畅富有整体感。

【设计意图：书法创作是学生手脑并用的思维实践过程。书写书签再一次让学生展示了一种书写的行款之美。此时，学生情动笔发，这时再写出的字就有收有展。教师适时地强调整幅作品的书写要行款整齐，字里行间要有呼应顾盼，使学生对书法之美有了更深的感悟和体会。在一幅作品的线条、结构中感受情感意蕴，获得特定的审美感受，从而进一步培养和提高了学生欣赏美、鉴赏美和创造美的能力。】

第四环节：课堂小结，拓展姿态

中国的汉字是世界上最美的文字。它不光美在束腰、美在展翼、美在挺足。它的姿态还有很多很多。拓展天覆式、地载式、堆垒式、横担式等字的形态。

【设计意图：汉字的结字方式多种多样，拓展其他姿态的字使课堂有了深度与广度。这不但是课堂内容的延续，也是学生写字兴趣的延续，更是探索、创新书法文化的延续。】

四、精彩片段

片段一：观察姿态，初探规则

1.学习"装"字。

师：我们先来欣赏第一个字。老师在写"装"字时，心里不光想着这个字，还想着一幅图。　图示：

师：我把"装"字想成一个婀娜多姿的少女。装的上部像少女随风飘扬的长发，非常舒展，下面像少女蓬松的长裙，关键是中间的一点一横就如同少女纤细的腰肢。因此，这个字要写的上面舒展，中间收紧，下面也要舒展。这样，这个字就有了动态美。（教师边说边板书。）谁来读一读它的特点？（出示特点：头尾伸展、腰束紧。）

师：这种姿态的字中间收紧，所以属于束腰式。（师随机板书：束腰式）

2.学习"苍"字。

师："装"可以想象成婀娜多姿的少女，那"苍"字可以想象成什么呢？（出示图）

图示：

生1：老鹰伸展着双翅，苍的一撇一捺也伸展开。

生2：老鹰的头小，苍的草字头也小一些。

生3：竖弯钩像老鹰的尾巴，要收起来。

师：你们不但善于观察，而且善于想象。我们一起来读一读苍的特点：头尾收紧，展双翅。你觉得"苍"应该是什么式？（学生讨论，教师随机板书：展翼式）

3.学习"走"字

师："走"字可以想象成什么？为什么？同桌之间互相交流一下。

图示：

生："走"可以想象成抬头挺胸、精神抖擞、挺起长足的军人。（板书）

师：只要你心里充满着对中国汉字、中国军人的热爱，你会把这个字写得器宇轩昂。一起来看它的特点。谁给这种姿态的字起个名字？

生讨论后说出：挺足式。

（师随机板书，并与学生一起总结出挺足式字的特点）

片段二：互相评价，三次书写

师：刚才同学们写得很认真，现在请把笔轻轻放下，我们来看看这几个同学写的字。这是刚上课时写的，这是刚才写的，有没有变化？谁能从汉字的收展这一角度来评一评他的字？

（一）撇捺的写法及位置

生："苍"的撇捺很舒展。

师：对，向左右两边舒展开了，可是撇捺除了要写得舒展，还要注意什么？（出示辅助线）

生：捺的位置不能比左边的撇低。

师：对，利用辅助线定位是个好办法，我们明显看到捺的位置比左边的撇稍高。

师：那在"装"和"走"字中，这舒展的一撇一捺呈什么位置呢？

生1：在"装"字中，撇和捺基本在一水平线上。

生2："走"字撇轻捺重。

（二）主笔

生：我觉得"走"字整体写得还不错，如果"走"最后一横再长点就更好了。

师：这一横是平衡这个字的关键之笔，也是这个字的主笔。横呈左低右高、上下俯视的形态。

师：同学们，古人说"察之者尚精，拟之者贵似"。意思是说读帖的时候越精细越好，临写的时候越像越好。下面请同学们再认真观察这三个字，然后在作业纸上再写两个。

师：请同桌之间交换作业纸，互相评价对方写的字。（出示评价提示：哪个字写得收展分明？哪个字收展不明显，如何改进？）此时，学生们一起分享、评价，他们充分体会到了成功的喜悦，看到自己写的字由一开始的呆板僵硬变得潇洒灵动、撇捺舒展，孩子们都非常的欣喜，纷纷对自己、对同伴伸出了赞赏的大拇指。

五、自我反思

本节课我充分发掘书法教学中蕴含的丰富的美，引领孩子们欣赏美、发现美、展示美，让"美"激发孩子写字的兴趣，让兴趣点燃孩子心中乐于书写的火苗，实现快乐写字的最佳状态。从学生的书写变化来看，达到了预期的效果。

（一）展开合理想象，由文字到图画

"书画同源"。的确，当我们撇开汉字的功用，用欣赏的眼光去观察它时，我们会发现，汉字的每一笔、每一画都流畅、自然、充满神韵，每个字似乎都是一件艺术珍品。本课的重点是讲授"束腰式""展翼式""挺足式"三种姿态字的特点。在这一环节中，采用了教师引领——半扶半放——完全放手三种方式，逐步放手、层层递进。在突破重点的方式上，采用了动画演示，汉字变成图画，这本身就给学生一种视觉上的冲击，使平面的文字马上充满了立体感，非常形象生动。在这一环节的范字讲解中，教师积极调动学生的多种感官参与，通过"眼看""脑思""口说"等方式，力求揭示汉字中所隐藏的文化含义，努力让学生把写字延伸为发现美和创造美的过程。通过一系列循序可行的思维加工，学生在仔细观察、认真思考的基础上，发现汉字姿态美的规则——有收有展，收展分明。这一环节的设计把字与实物紧密结合起来，学生写字时，脑海中有画面，胸中有规则，这样大大提升了学生对书法文化的认识，书写质量有了大幅度的提高。久而久之，学生在教师有意识的引导和渗透中，就会养成按照汉字结构归类的习惯，进而感受到汉字不同的形体美。

（二）拓展名人轶事，由智育到德育

书法界中强调书品与人品的统一，要学书法先学做人。古代许多著名书法家不但书艺精湛而且人品高洁。在他们身上体现着中华民族的传统美德。课中教师讲王羲之《书成换白鹅》的故事，激发培养学生正确的人生观，不断提高道德修养，塑造美好的心灵。影响学生在书法练习过程中，不知不觉地沉着冷静，坚持习字，克服心浮气躁的毛病。培养了学生做事有始有终、勤动脑、善观察的良好品质，从而达到立德树人的目的。

（三）多维互动评改，由规范到灵动

课堂上重视了评价指导，这是写字指导的延续和提高。先是老师出示评价要求，引导学生了解评价的内容和标准，从而让学生学会自评、互评，提高学生的鉴别能力、分析能力和表达能力。再让学生对照自己存在的问题，进行第二次、第三次书写。写字的乐趣在学生的自评、互评、师评中得到释放，师生关系在评价中得到了促进，得到了和谐发展。但在评价作品时，学生更多地肯定了自己的优点，而较少发现别人的优点，如果能让学生静下心来多思考每件作品的优点，更有利于培养学生互相尊重、互相欣赏的道德品质。

六、专业点评

本课设计上最大的特色就是教师创造性地使用教材、合理的运用 PPT 直观手段，创造出一个图文并茂、有声有色、生动逼真的教学环境，丰满学生对汉字姿态美的认知，使德育教育润物细无声地渗透于整堂课。课前：播放汉字的演变视频，迅速激发学生书写兴趣和欲望；课中：教师毛笔书写"舞"字、播放汉字变成图画的视频，使学生感官接受刺激，对学生的主动探究、理解感悟都起到了辅助、铺垫作用。初步养成了好观察、好探究的心理倾向，逐步形成了在观察探究中获取新知的心理素质。本节课以美为主线，贯穿整个教学过程，教学设计共分三大环节：欣赏美、发现美、展示美。

（一）选择德育教育点，激发兴趣欣赏美

古人说"字如其人"，无论是一点一画，一撇一捺，字里行间往往透露出书写者的精神面貌和志趣性格。为了让学生对汉字文化有一个初步的认识，课前，教师带领学生先观看了汉字的演变历史，感受到书法是凝聚着中华民族的哲学思想、民族智慧、美学追求。更为关键的是孩子们从这段视频中欣赏到字如画，画即字，字的姿态之美来源于自然界中事物之美，从而为下一步学生发现美奠定了基础。当孩子们还沉浸在汉字字形神奇的演变之中时，教师手持毛笔挥洒书写"舞"字，孩子们马上把这个字同一人在伸展双臂、脚尖点地、翩翩起舞联系起来。一个"舞"字，书写姿态之美与画面事物之美的紧密结合，让学生对这节书法课的学习充满兴趣，激发起书写的欲望。

（二）强化德育教育点，观察感悟发现美

本课中，选取了三个比较有代表性的字："装、苍、走"，让孩子观察三个字与生活中实物之间的联系，从而由这三个字的姿态引申出汉字的收展之美是这一环节的教学重点。汉字的笔画形态来自图画又美于图画。对于初学钢笔字的三年级孩子来说，认识汉字的基本姿态，也就是在他们的心中播下了"汉字是最美的文字"的种子。本课中，教师充分发挥这个年龄段孩子丰富的想象能力，让他们观察汉字、想象汉字，让汉字"活"起来，生动起来。当将"装""苍""走"三字与舞者、老鹰、军人的形象重合在一起时，学生们立刻情绪高涨，在他们眼里，这三个字不再是生硬的笔画组合，而是一幅幅灵动美丽的图画。在如此美妙的想象之中，每一个笔画都不再枯燥和单调。学生们在写字过程中呈现出的每个笔画，都是他脑海中那一个他所喜爱的美丽形象，倾注的是一份最美的情感。

（三）升华德育教育点，学以致用展示美

学生对审美有了一定的认识，书写时就获得了求美的巨大内驱力，在求美中才能获得写好字的强大推动力，接下来的书写与评价就显得水到渠成。学生整个书写过程真正做到眼到、心到、手到，每练一遍都能追求一个更高的标准。硬笔书法的韵味、美感喷薄而出。

展示美的环节主要是孩子们相互评价自己书写的作品，教师做进一步的指导点评，它是写字指导的延续和提高。对于孩子们的书写作品，教师先做了示范点评，重点引导学生从汉字是否收展这一特征给同伴进行评价，在此基础上，再关注字在田字格中的位置是否合适。学生们在自评、互评中自然提高了鉴别能力、分析能力和表达能力。写字的乐趣在展示美这一环节中得到了全面释放。为了拓展孩子们的审美情趣，更多地展示孩子们的书写之美，教师又安排了学生倾听书法家的故事和书写书签这两个小环节。地倾听完书法家的故事后，孩子们学习书法的浓厚兴趣再次达到了高潮，紧接着趁热打铁出示故事中藏着的三个字：是、答、紧。让学生分辨三个字的不同姿态，进一步巩固了学生对三种姿态字的认识。此环节学生的兴趣达到高潮。

书写书签，再一次让学生展示了一种书写行款之美、此时，学生情动笔发，再写出的字就有收有展。此时，教师适时地强调整幅作品的书写要行款整齐，字里行间有呼应顾盼，学生对书法有了更深的感悟和体会。最后拓展其他姿态的字，使这堂课既有了深度，又向宽度、广度进行了延伸。

郭沫若曾经说过："培养学生写好字，能够使人细心，容易集中意志，善于体贴人，对于正处在成长期的少年儿童来说，练习书法可以锻炼他们的意志力，提升他们自身的道德修养和知识水平。"书法是一门博大精深的艺术，书法课更是一个需要不断探索的科学艺术，希望这门玄妙的艺术能够以更加科学而艺术的方式走入我们的课堂，落在学生的笔端。

课例二　中华传统美德：一波三折——捺的写法

执教心语：

习近平总书记在十九大报告中强调：文化是一个国家、一个民族的灵魂。文化兴国运兴，文化强民族强。同时他还指出：要全面贯彻党的教育方针，实现立德树人根本任务。这是对我国教育提出的至高要求。

软笔书法作为中国传统文化代表内容之一，它是世界艺术瑰宝中一朵绚丽奇葩。小学是人生思想与行为的奠基阶段，实施书法教育，既能够培养孩子们良好的书写姿势、认真的书写习惯，而且能引领学生逐渐了解书法与文学、与绘画、与社会、与自然的关系。

如何在小学阶段就对孩子们做好软笔书法的启蒙教育，这是摆在我们教育者面前一个崭新而又迫切的课题。作为民族传统文化的一部分，软笔书法教学不仅肩负着传承的责任，同时，也是进行中华传统美德教育的重要阵地，在这一思想的引领指导下，我在本课例形成过程中，注重体现学生主体性发展理念，充分肯定孩子的主体价值，最大限度地激发孩子们内在的学习潜力和动力，点燃孩子们热爱并学习软笔书法的热情，在积极向上的学习氛围中，把"教学写字，启迪心灵，健全人格"有机统一起来，将德育融汇到教育的每一个细节，让本节课教学既达到文化传承之目的，又实现立德树人之责任。

一、教学内容

教育部审定青岛出版社出版的义务教育三至五年级（五四学制）书法练习指导三年级上册第五课《捺的写法》，供三年级学生使用。

二、目标确立

（一）课程目标分析

《小学软笔书法课程标准》中这样强调：书法之于教育，首先是素质培养的需要。十八大以来，社会对人才的选择更具综合型、外向型、多规格、多层次等高素质标准，教学改革也随之不断深化。素质之根本是在于对孩子们良好个性的培养，中国书法教育自古以来都被认为是培养良好行为的绝佳途径。古有"身正才能心正，心正才能字正""腹有诗书气自华，笔墨到处自生花"，足见书法对人格的影响。成就书法需要有知难而进的精神。书法训练可以让孩子养成沉着、稳健、认真的个性和克服困难、勤奋耐心、积极向上的人格特征。书法教育对学生个性品质和中华传统美德的培养，具有十分重要的意义。

《山东省中小学德育课程一体化实施指导纲要》中也指出：软笔书法活动不仅能使学生深入了解并研习中国传统文化汉字的造型方法，感受中国汉字艺术的独特魅力，而且能增强孩子们对中华优秀传统文化的认同与理解，树立民族自信心与自豪感，促使其形成高尚的人文素养，热爱祖国的优秀品质。

（二）教材分析

《捺的写法》是教育部审定青岛出版社出版的《书法练习指导》中的第五课。本课包括斜捺、平捺、点捺的特点和写法指导。我将本教学内容划分成两课时，即第一课时：斜捺和平捺的写法指导，第二课时：点捺的写法指导。斜捺和平捺运笔方法基本一致，只是捺的斜度有所变化。在教授本课时，我注意引领学生通过观察、示范、练习等形式进行书写指导，认真解读捺笔画所肩负的德育任务，适时对学生进行中华传统美德教育，实现书法教育立德的目的。例如，捺画在人字中肩负支撑挺立作用，象征在社会中做人要树立正直善良、团结协作的道德品质，捺画有一波三折之说，预示做人要在曲折变化中做生活的强者等，达到道德教育与捺画教学相得益彰。

（三）学情分析

书法是中国传统文化的重要组成部分。中国书法中凝聚了中华民族历史进程中形成的审美意识，是中华传统艺术的根。但在过去一段时间里，软笔书法教育由于种种原因长期处于被忽视的状态，导致现在很少有人能拿起毛笔写软笔字，更别说写漂亮的软笔字。近几年，教育部多次提出关于加强青少年软笔书法教育的提案和意见，软笔书法教学逐渐被重视，我市也迅速行动，将软笔书法列入小学生语文必修课之内，软笔书法教学在摸索中前进。

本课的教学对象是小学三年级学生，三年级是软笔书法教学的起始阶段，在此之前，大部分学生没有接触过毛笔，通过前面几节课的学习，孩子们的审美能力和简单的书写技巧有了一定基础。学习书法本身是一件枯燥的事情，需要静气凝神，对初学毛笔字的三年级来说，开始会有畏难情绪，但他们对一切新奇事物又都充满了好奇，且有较强的求知欲，所以，只要进行得法的指导，学生可塑性是很强的。

（四）自我背景性经验剖析

我兼职执教书法学科，出于对软笔书法的热爱，以及自己日常练习书法的经验，在教学中，我以培养孩子们软笔书法兴趣为主要教学目的，结合软笔书法很强的动手操作性，我采用讲解、引导、直接示范、指导临摹、放手练习的方法，指导孩子们从简单的笔画练起，引导他们逐渐感悟中华博大精深的传统书法文化。自己平时练习颜体字，在选帖上，我以颜体字为范例，从气势特点，表现魅力寻找德育训练点。

（五）课时教学目标确定

结合《学科标准》《课程纲要》精神，深入剖析教学内容，立足学生的认知水平和学习实际，我将本课德育目标确定为：

1. 通过颜体"捺"画写法指导，培养学生正确的写字姿势和认真书写的习惯。

2. 通过指导写颜体字，激发学生浓烈的写字兴趣，及对祖国传统书法艺术的热爱。

3. 从写颜体捺及写带捺的字延伸到做人，巧妙渗透做人的道理。

三、教学流程及设计意图

课前交流：同学们，写毛笔字讲究头正、肩平、臂开、足踏实。挺直小腰板，让老师看看你们的精气神儿！

【德育意图：头正、肩平、臂开、足踏实是写毛笔字应养成的一种正确的写字习惯，也是孩子们在日常生活中，展示自信与精气神儿的重要方式，一以贯之的要求，对于培育孩子们特有的民族自信与民族气节，具有重要意义。】

第一环节：欣赏作品，导出课题

欣赏毛笔字。老师昨晚练了一幅字，这几个字中哪个笔画出现最多？是"捺"。"捺"是软笔书法中变化最丰富也是最难写的笔画之一。这节课我们就来学习"捺的写法"。板书：捺的写法

第二环节：引领观察，反复练习

1. 学习斜捺。

（1）区分斜捺和平捺。引导观察书法作品两行字中捺的区别，介绍比较

直的捺叫斜捺，比较平的捺叫平捺。（板书：斜捺，平捺）

（2）观察斜捺。引导观察斜捺像什么？（多媒体展示斜捺）总结：斜捺就像在天上展翅翱翔的大雁，它的身姿舒展而美丽。（板书"斜捺"）

（3）教写斜捺。

①引导回想横的写法：逆峰入笔，中锋行笔，回锋收笔。

②猜想捺的写法：根据横的写法，猜想一下，斜捺又应该怎样运笔?

结论：逆锋入笔，中锋行笔，慢慢抬笔。

学生按照总结要点试写斜捺。

③将试写的斜捺与范例对比。

教师范写斜捺并总结：先逆锋入笔，再向右下中锋行笔，然后慢慢按笔，按到一定位置向右转慢慢抬笔。

板书：逆锋入笔，（中锋）右下按笔，右转提笔（出锋）。

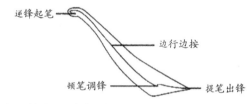

师生一起读出运笔方法并与同学书空。

④再写斜捺再对比。

用总结的运笔方法再指导学生写一个斜捺。

学生练习。

指生将自己写的斜捺与老师写的做对比，看还有什么不同?

⑤展示资料找窍门。（小资料多媒体展示）

根据视频内容交流：写斜捺其实有很多小秘密。总结：笔锋逐渐下行，要像头碾骨头一样，用力铺毫，然后右转调至中锋并抬笔出锋。

⑥再写斜捺并评价。带着自己的理解，每人练习写几个斜捺。

学生写斜捺，教师巡视。

（展示一位学生的作品。）引导用刚才写捺的方法评价。

2.学写平捺。

（1）认识平捺：在有些字里，因为特殊需要，斜捺角度与形态发生了变化。像这样的捺我们叫它平捺（板书：平捺）。大家想一想，它的运笔方法又应该是怎样的?

请同学们先看一段老师写平捺的视频。

学生观看。

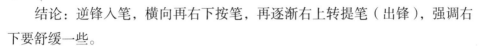

（2）总结写法：谁总结一下应该怎样运笔?

结论：逆锋入笔，横向再右下按笔，再逐渐右上转提笔（出锋），强调右下要舒缓一些。

（3）临摹平捺：(写毛笔字贵在用心，我们用心观察，用心揣摩)知道了平捺的写法，我们来临摹两个平捺。

学生练习，教师巡视。

【德育意图：结合教学内容及时穿插中华传统美德教育：坚持不懈是做好事情的优秀品质，端正的写字姿势告诫我们要做顶天立地、堂堂正正的中国人。写字贵在用心，要用心观察、用心揣摩等，通过结合教学内容进行德育教育，真正达到德育教育润物无声的效果。】

3. 再品两捺。

刚才我们学写了斜捺和平捺，能说说斜捺和平捺在写法上有什么相同点，有什么不同? 捺也叫波。(课件播放)每个捺都要经历一波三折的过程。(贴纸)说说从写一波三折的捺，你有什么做人的感受?

结论：生活也像写捺，曲折多变，只要我们从容面对，坚强自信，我们都会变成生活的强者。

【德育意图：斜捺与平捺运笔方法做一对比，得出两种捺在运笔方向上的不同。同时，也引出捺一波三折的特点。根据一波三折，发散孩子们的思维，让孩子们结合生活经验谈自己的认识，既达到了感悟做人的目的，也实现了做人理念的共享。】

第三环节：走近颜体，感悟特点

1. 认识颜体：今天，我们学习的是著名书法家颜真卿创立的颜体，这是他的颜体字真品。(多媒体展示一部分颜真卿字帖并简要介绍颜真卿事迹)能说说颜体字给你的印象吗?

生交流。

颜体字以其雄浑遒劲而闻名于世，其中捺最有特色。正因为颜真卿有高尚的品德，才创作出圆润浑厚的颜体。带着自己的理解，我们再来书写

"人之初，性本善"中的捺，来感受捺在字中的玄妙。

【德育意图：介绍颜真卿的生平与了解颜体字的特点相互结合，在其中融入对颜真卿优秀品质的赞美，一方面引导孩子们感悟中华传统文化的源远流长和博大精深，另一方面也培养他们勤奋好学、不屈不挠、勇于探索、刚正不阿的中华传统美德，这是对孩子们的一种默默熏陶。】

2. 填捺组字：老师写"人，之"，指导学生填捺组字，并同桌互相评价。

小结：同学们，一撇一捺组成了"人"，横捺穿插组成了"之"。这两个字蕴含着很多道德哲理，做人要脚踏实地，互相帮助互相谦让，才能让我们享受到和谐之美。这也是我们中国书法"字如其人，立品为先"的深刻寓意。老师相信大家今后一定能够把写字和做人联系到一起，做一个顶天立地，有才有德的中国人。

【德育意图：本课最后定位在将写字与做人联系到一起，立德树人与书法教育巧妙融合。鼓励孩子们做一个顶天立地，有才有德的中国人。同时，在本部分中，我安排读经典、写经典的环节，目的是让孩子们对中华文化的丰富与深邃更加肃然起敬。】

第四环节：总结收获 升华思想

这节课马上就要结束，告诉老师你的收获是什么。掌握了方法，滴水穿石，多练才能品味其中的奥妙，请大家在课下练习斜捺和平捺，让我们在《中国书法》的歌曲声中结束本节课的学习。

板书设计：

一波三折——捺的写法

斜捺　　　　逆峰入笔，右下按笔，右转提笔

平捺　　　　逆锋入笔，横向再右下按笔，右上转提笔

四、精彩片段

片段一：精讲细练，往复循环

指导学生写软笔字，教师要完成由扶到放的过程，本节学写捺的部分，我

同样通过扶放结合，精讲细练，往复循环，达到孩子们写捺水平的不断提升。在学写部分，我采用的是"猜想写法——探索实践——观摩对比——总结方法——再写对比——抓住要点——再练再比"这样一个循环往复的过程。

　　首先引导孩子们大胆猜想，让他们实现旧知识与新知识的巧妙过渡。当有了猜想答案，根据其心理特点，孩子们往往急于动手实践，来验证自己的猜想，顺应孩子们这一特点，在孩子们自主实践中，让孩子们发现写捺的困难，此时教师再有效示范，实现帮扶，孩子们听得认真，学得扎实，记得牢固。根据示范，孩子们反复对比，寻找方法，这些方法是孩子们自己发现所得，是孩子们主动探究的结果，自主探索，自我收获，孩子们幸福满满。有了方法，孩子们再自主练习，教师逐渐放手，孩子们不断巩固写捺要领，完成学写便水到渠成。

　　课堂实录如下：

　　1. 回想写横　新旧衔接 。

　　师：同学们，大家回想一下前面我们学到的横的写法。

　　生：逆锋入笔，中锋行笔，回锋收笔。

　　2. 猜想写法　探索实践。

　　师：那么，根据横的写法，你猜想一下，我们的斜捺又应该怎样运笔呢？

　　生一：逆锋入笔，中锋行笔，慢慢抬笔。

　　生二：逆锋入笔，向右下行笔，然后再抬笔。

　　师：好，既然咱们同学都有了答案，那大家就按照猜想的方法写写试试。

　　生：试着写捺，教师巡视。

　　师：同学们，注意写字姿势，头正，肩平，足踏实，端正的写字姿势告诫我们要做堂堂正正的中国人。大家面露难色。看来，写捺还真不是那么简单。

　　3. 观摩对比　总结方法。

　　师：斜捺到底应该怎样运笔呢？请大家看老师范写斜捺。

　　师：范写。

　　师：你们有新发现吗？

　　生：先逆锋入笔，再向右下中锋行笔，然后慢慢按笔，按到一定位置向右转慢慢抬笔。

　　师：说得太详细了。在老师和同学的共同努力下，我们知道了写斜捺的方法，简单总结成：逆锋入笔，（中锋）右下按笔，右转提笔（出锋）（板书）。让我们一齐读出斜捺运笔方法。同学们，一些细微的运笔我们要牢牢记在心里。（与老师一起书空）

4.再写对比 抓住要点。

师：孩子们，用我们总结的运笔方法再写一个斜捺。

生：练习写斜捺。

师：大家看，这位同学的斜捺与老师写的做对比，看还有什么不同？

生：他写得不够丰满……

师：同学们，雄浑丰满是颜体捺最大的特点。

展示资料找窍门。（小资料多媒体展示）

师：写斜捺其实有很多小秘密。你知道有什么小秘密吗？请大家看一段视频。

生一：必须要逐渐铺毫。

生二：再往右下写的时候必须要用力。

生三：它的笔势方向是在变化的。

……

师：是的，逐渐下行，要像头碾骨头一样，用力铺毫，然后右转调至中锋并抬笔出锋。

5.再写再比 不断提升。

师：带着自己的理解，每人再练习写几个斜捺。

生：学生写斜捺。

师：（拿一个学生写的作品实物展示）孩子们，谁能用刚才我教给你们写斜捺的方法评价一下。

生：评价。

师：同学们，同桌交换过来用刚才的评判方法，在写的优秀的捺上画上红圈。得到一个红圈的举手，两个的举手，真棒，你们都可能成为未来的小书法家。

师：同学们，坚持不懈是做好事情的优秀品质，通过我们共同坚持不懈的努力，我们知道了怎样写斜捺。

……

片段二：渗透巧妙，融德于教

捺画是软笔书法中最有特点也是最难写的笔画之一，根据其笔势特点，我实时加入中华传统美德教育，学生们不仅感受到我们祖先创造软笔书法的深邃内涵，也让这种德育教育融汇到了孩子们的心中。一波三折是对捺笔势特点的描述，写的时候，我引导孩子思考一波三折蕴含怎样做人的道理？孩子边练习边感悟，他们的感悟来自生活，来自实践，深刻而令人感动。一个小小捺画的分析与体悟，让孩子们感受到我们汉字所担负的核心主义价值内涵。

课堂上，我这样问孩子们："刚才我们学写了斜捺和平捺，谁能说说斜捺和平捺在写法上有什么相同点，有什么不同点？"孩子们因为有了写两种捺的经验，纷纷发表自己的看法："平捺和斜捺用笔的方法基本一样，但运笔的方向不同。"紧跟孩子们的回答，我顺势引出"波"的说法，"捺也叫波，（课件播放）每个捺都要经历一波三折的过程。"板书：一波三折，"孩子们，根据你们刚才写捺的感受，你觉得对自己做人有什么启发？"单纯就这个问题看有点深奥，但当我用事例谈了自己的感受后，孩子们的话匣子一下子打开："我觉得我们的生活也是曲折的，我们要勇敢面对生活。""我的感悟是取得胜利的道路不是一帆风顺的，需要我们克服困难，不断努力。""从一波三折我想到了我在家里帮妈妈干家务活，一开始我总也干不好，妈妈手把手地教我，经过几次失败我终于学会了"。

……

听着孩子们发自肺腑的感悟与思考，我频频点头，告诉孩子们："生活也像写捺，曲折多变，只要我们从容面对，坚强自信，我们都会变成生活的强者。"

一个小小的捺画，孩子们不仅学会了写，更重要的是在写的过程中品味到了怎样做人，这样的教学让学生收获到的知识更厚实广博。

五、自我反思

《山东省中小学德育课程一体化实施指导纲要》中强调：丰富多彩的课内外、校内外实践活动，是中小学拓展德育空间、创新德育方法、丰富德育形式、强化德育实践、增强德育体验，提高德育实效的重要途径和载体。小学书法教学是课内教学的实践补充内容，由于它本身所具有的传统文化内涵，让书法教学展示出中华传统美德教育独特的价值与魅力。为能达到德育效果，教学中，我充分发掘德育资源，通过两大领域的引领与渗透达到德育教育的最佳效果。

（一）习惯入手，兴趣弥漫

五千年文化积淀孕育了令人迷恋的中国书法艺术，古人曾有"要写好字，先要做好人"的说法，它主要传递的是我们在日常生活中要有良好的道德习惯，结合这一理念，整堂课我都将培育学生良好的道德习惯放在首要位置，做到时时关注，刻刻指导。课堂中主要体现在以下方面：

开课前，我的交流语是：同学们，身体坐端正，人显得特别精神，写软笔字讲究头正、肩平、臂开、足踏实，把你的小腰板挺直让老师看看你们的精气神儿。交流的目的是让孩子们知道做人要有一股精神劲儿，这股精神劲儿就要从我们一言一行中体现，即头正、肩平、臂开、足踏实。老师的话语刚落，孩子们都挺直了小腰板，将德育思想融汇交流语中，很好地开启了本节书法课的教学。

整个教学过程，我时刻提醒孩子做到"头正、肩平、臂开、足踏实"，其实这是对德育习惯的一种重复与强调。指导孩子们写捺时，我采用"猜想写法——探索实践——观摩对比——总结方法——再写对比——抓住要点——再练再比"这样一个循环往复的过程。这一过程不仅是初写书法必然要经历的一个过程，同时，我也将其作为培育孩子们坚韧节操的良好素材，孩子们遇到困难，我鼓励他们不要气馁，孩子们出现懈怠，我鼓励孩子们坚持住，学写完毕，与孩子们一起总结品味收获后的幸福，孩子们不知不觉就感受到了坚持不懈的价值与魅力。期间，我还注意与课堂内容相结合，反复告诫孩子们要做顶天立地、堂堂正正的中国人，写字贵在用心，要用心观察、用心揣摩等，这些都是中华传统美德教育的内容，通过以书法教学为载体进行传统美德教育，达到了润物无声的效果。

从孩子们的表现不难看出，本节书法课，我实现了预期的道德目标，例如，一个孩子在写完字自评时这样感慨：写毛笔字真不容易，我开始写的时候真想把笔甩了，如果坚持不下来，我就写不出这样漂亮的毛笔字了，我太高兴了！像这样潜移默化地培养出孩子们道德品质的内容还有很多，孩子们真诚的话语中，我感受到了道德与教学绝不是对立或割裂开的，融入中华传统美德教育的书法实践内涵变得更加厚实。

（二）延伸拓展，感悟做人

我在向孩子们介绍颜真卿事迹时巧妙渗透中华传统美德教育。颜体是著名唐代书法家颜真卿创造的字体，是流传至今的四大名体之一，颜真卿自幼勤奋，中年在朝廷做官，后被奸人所害，但颜真卿仍大义凛然，至死不屈。

这些精神无疑是现在孩子所应该学习与锤炼的，勤奋的孩子才能铸就不凡的人生。学写捺的过程，我穿插对颜真卿的介绍，并将其精神与颜体字特点结合一起，让孩子们为颜体字的苍劲所陶醉，也让孩子们体会到未来自己应该做一个怎样的人。文道相合，不牵强不唐突。实录如下：

师：孩子们，老师看出大家都是用心的好孩子。今天，我们学习的是著名书法家颜真卿创立的颜体，颜真卿出生在唐代。

多媒体显示：

> 他从小勤奋好学，因为家境贫寒，他用碗当砚台，刷子当笔，水当墨，墙做纸，年复一年，不仅练成了一代书法家，而且还自己创立了新的笔体——颜体。

大家看，这是他的颜体字真品——颜真卿的真迹多宝塔碑和颜勤礼碑。（多媒体展示一部分颜真卿字帖）

师：同学们，说说颜体字给你的印象吧！

生一：字写得胖胖的，捺写得很粗很壮。

生二：颜体字很端庄大方。

生三：颜体字看起来很精神。

师：是，颜体字以其雄浑遒劲而闻名于世，其中捺最有特色。正因为颜真卿有高尚的品德，才创作出了圆润浑厚的颜体。

拓展部分，我安排让孩子们填写空白"人之初，性本善"中"人、之"中的捺画，安排这一教学环节肩负两大德育目的：一是引导孩子将论语"人之初，性本善"这一经典名句熟记于心；二是引入让孩子们补充写"人和之"中的捺，让孩子们感受两字结构特点及其中蕴含的做人的道理。教学与德育有机融合，孩子们知识掌握了，中华传统美德的种子也深深植入了孩子们的心中。实录如下：

师：同学们，让我们带着自己的理解，书写"人之初，性本善"中的捺，来感受捺在字中的玄妙。

学生练习书写。

师：老师也来写"人，之"，能给老师评价一下吗？

生：评价略。

师：请大家按这样的方法评价本小组同学的作品，每组推选一名优秀同学拿作品上讲台，发放小小书法家纪念章。同学们，通过评选，我们班六位同学获得了本节课小书法家称号，掌声在哪里？

生：鼓掌。

师：同学们，一撇一捺组成了人，横捺穿插组成了之。这两个字蕴含着很多道德哲理，做人要脚踏实地、互相帮助、互相谦让，这样才能让我们享受到和谐之美。这也是我们中国书法"字如其人，立品为先"的深刻寓意。老师相信大家今后一定能够把写字和做人联系到一起，做一个顶天立地，有才有德的中国人。

说完这些话，我看到了孩子们眼睛中闪烁到的灵光，我知道他们已然接收到了我潜移默化进行的道德教育。

六、专业点评

小学三年级是孩子们刚接触软笔书法的阶段，教师所教授的内容是对孩子们软笔书法的启蒙教育。这种启蒙，就像一粒粒种子，播撒到孩子们的心田，既激发了孩子们对我国以软笔书法为代表的传统文化的热爱，也传承了我们五千年的中华文明，纵观该老师这节书法课，总结有如下特点：

1.循序渐进，训练扎实

三年级孩子刚接触软笔书法，对执笔，用墨技巧都需要慢慢培养并逐渐巩固，因此教学速度切记要慢，要从培养习惯开始。该老师在课堂上，自始至终将关注学生习惯放在首位，诸如：强调写字习惯，整理执笔姿势，指导用墨方法，等等。反复讲，以身示范，用心指导，这便是一种良好文化的引领。孩子们有了扎实的基本功做基础，才能完成后续文化的传承。

应该说，捺画在软笔书法中是比较难写的笔画之一，尤其是颜体书法，捺画有其独特的运笔方法和韵味。该老师对教材细致把握，从三年级孩子的学情出发，将捺画教学难点逐层分解，从猜想出发，引领孩子自主探究，反复实践，直至找到写捺画的运笔方法。同时，她又将怎样能更好地写出颜体捺画特点以视频讲解的形式告知孩子们，这样层层剥茧式教学，将孩子们软笔书写基本功训练得更加巩固牢实。

2.以生为本，文道结合

本节书法课，该老师时刻注意进行中华传统美德教育的根本宗旨，在每一个环节都巧妙渗透德育教育，包括刚刚提到的从习惯入手，这也是对孩子高尚节操潜移默化的引领。同时，老师还将德育与捺画运笔特点相结合，诸如：捺画强调的是"一波三折"，"波"便指的是捺画，三折是在运笔过程中向三个方向的转换。老师结合自己生活的具体事例，来告知孩子们做一件事情往往不是一帆风顺的，需要重新调整重新出发，坚持不懈才会取得成功。老师的话语引发了孩子们进一步的思考，尽管他们的话语比较稚嫩，但他们都能根据一波三折联想到自己生活中的具体事例。这样的启发与指导，不仅培养了孩子们的发散思维，也培育了他们思考生活，运用启迪的能力，从教学内容出发，与中华美德教育有机结合，达到了教育上的文道统一。

3. 文化熏陶，思想传承

软笔书法是中华民族宝贵的文化瑰宝，软笔书法教学肩负着完成他的传承与发展的历史责任。该老师在本节书法课上，并不是单纯地为教笔画而教笔画，而是注意将书法与民族文化融合到一起，从软笔书法四大书体引入颜真卿创作的颜体，让孩子们在古朴的书体中感悟软笔书法的博大精深，感受中华传统文化的源远流长，感受其中所包含的民族精神与民族气节。

拓展部分，该老师设计了让孩子们填写"人之初，性本善"中的捺画，又将《论语》思想引入本课，这也是对中国古文化的一种熏陶与引领。尽管孩子们写的是字，但与写字相随的是古文言与文言其哲理的魅力。这些文化的点滴渗透，在每一节软笔书法课上坚持一贯，就会融汇成孩子们对民族传统文化的迷恋与追随，实现中华美德思想传承之目的！

（三）校本课程

课例一　多元文化：无字绘本，开启一场不可思议的旅程

执教心语：

对于绘本教学，只能算是一个初探者。被绘本吸引是因为它带着各国风情的精炼、优美、深邃的文字，是因为它拥有世界级绘画大师独特风格的画面，更是因为每次阅读时总有新的思绪在心中翻涌。如何让我的学生去认识它，走近它，是我一直努力的方向。2011年11月，在烟台市语文优质课的评选中，我执教的经典导读课《失落的一角》（绘本）进行了现场教学展示。这堂课是我对绘本教学的一次初探，它带给我更多的是思考。2015年10月，我再次参加烟台语文优质课的评选，同样选择了绘本教学，不过这次执教的是无字绘本《不可思议的旅程》。看过很多为绘本下的定义，都把它定位在语言与文字的结合体上。无字绘本这个一次也没涉及的领域该怎样去教？我知道这是在自己为自己设计难题。不过这也激发了我的斗志。在反复研读文本，查阅资料，调查学情的基础上，我的教学设计也是一次次地琢磨成稿，又一次次地被推翻重来。这期间我校的校长和教导主任多次听我讲设计、谈想法，和我共同研磨。市教研员的点评更是让我大有醍醐灌顶之感。几经打磨修改后，我把这节课的教学主旨确定为：以学生的观察、发现、想象为线索，让每个孩子都成为这场阅读的主人公。立足文本，熏陶渐染，把多元文化、启迪智慧、健全思想有机统一起来，激发学生无限的想象力，建构精神，培养多元智能。

一、教学内容

五年级整本书导读课　　无字绘本《不可思议的旅程》

二、目标确立

（一）课程目标及分析

《小学语文新课程标准》中对阅读教学提出如下建议：

1.阅读是学生的个性化行为，应引导学生钻研文本，在主动积极的思维和情感活动中，加深理解和体验，有所感悟和思考，受到情感熏陶，获得思想启迪，享受审美乐趣。

2.要珍视学生独特的感受、体验和理解。不应完全以教师的分析来代替学生的阅读实践，也要防止用集体讨论代替个人阅读，或远离文本过度发挥。

3.要逐步培养学生探究性阅读和创造性阅读的能力，提倡多角度的、有创意的阅读，利用阅读期待、阅读反思和批判等环节，拓展思维空间，提高阅读质量。

本节绘本导读课以学生的观察发现、情感体验为主线，很好地体现了《课准》中关于阅读教学的相关要求。一是观察画面，展开想象，讲述故事。因为无字绘本的图画就是它的语言，读图是读无字绘本的基础。这一点体现了《课标》中"阅读叙事性作品，能简单描述自己印象最深的场景、人物、细节，说出自己的喜欢、憎恶、崇敬、向往、同情等感受"的要求；二是边读边猜，走进画面，大胆想象。因为想象是绘本的生命，绘本是想象的起点。这一点体现了《课标》中"体验情感，展开想象，领悟内容，在交流和讨论中，敢于提出自己的看法，做出自己的判断"的要求；三是反复阅读，发现总结无字绘本的特点，从多元文化中汲取营养。我们有责任让我们的学生成为立足于本土文化又具有国际视野的人。这一点体现了《课标》中"培养学生探究性阅读和创造性阅读的能力，提倡多角度的、有创意的阅读"的要求。

在《山东省中小学德育课程一体化实施指导纲要》中对语文学科的德育特点进行了全面总结，指出语文学科实施德育要通过阅读与鉴赏、表达与交流、梳理与探究等学习活动来进行，侧重于熏陶渐染、潜移默化。所以在反复研读文本的基础上，我将本课的重点教学任务确定为：立足于文本，让学生自己去观察发现图画中的各种细节，然后带着自己的理解与发现讲述看到的故事、发现的细节。这样在表达与交流中，在与他人的思想碰撞中，他们的能力与思想定会在潜移默化中得到提升。

对于多元文化这一德育范畴，书中提出了如下建议：教学中，可通过阅读感受、主题讨论、表演等形式，使学生开拓视野，感受文化的多姿多彩，培养学生尊重多样文化的情怀。《不可思议的旅程》这个绘本是极易勾起学生共鸣的，一幅幅神奇的画面，带来的是不同国家、不同地域的文化与风情：吉祥鸟、朋克飞船、欧洲风格的古城堡、飞毯……这一切都冲击着学生的大脑，让他们感受到了多国文化的缤纷多彩，接受了一次尊重世界多样文化的教育。

（二）教材分析

一部绘本作品，如果在视觉上给人以惊艳之感，读过之后又回味悠长，那当真是一部上乘之作。《不可思议的旅程》就是这样一本书。它一诞生就获奖无数：第十届国家文津图书奖60种推荐书奖；2014年凯迪克大奖；儿童图书馆协会选书……

整部作品交替使用了冷暖两个色调，既有强烈的对比之感，又对作品主题是个很好的烘托。寂寞的小女孩需要爱与沟通，而她的家里充满了寂寞与冰冷，灰暗阴沉的色调恰恰衬托了这种压抑之感。整体的冷色调中，局部的暖色调尤为突出——那支红色的画笔是一种鲜亮光明的存在，靠着这支笔，小女孩的世界变得天马行空又丰富多彩。小女孩用她无限的想象力为自己打开了一片崭新的天地：从家中来到森林，从森林进入城堡，从城堡飞上天堂，再从天堂陷入笼中，在这些分不清现实与虚幻、真实与想象的空间里，小女孩游历了如梦如幻的世界，却依旧保持着纯真质朴的心灵，秉持着这颗善良纯真的心，她拯救了笼中的鸟儿。最后她被自己拯救过的鸟儿所拯救，这一翻转也让故事的主题得到了升华——女孩儿与飞鸟，女孩儿与男孩儿之间实现了一种相互的救赎，这救赎背后的真正动机则是源于内心的纯净与善良，正所谓"不忘初心，方得始终"。

（三）学情分析

绘本一直是孩子们的最爱，但大部分孩子只是把它当作一本图画书来看，更深层的内容常常被忽视，从而让绘本失去了它的重要价值，对于一本无字绘本来说更容易走进这个误区。针对这个问题，在视频激趣和故事导入后，我便出示书的作者的一段话，让学生从中悟出读无字绘本应慢慢读、细细品、大胆猜，读出每个人心中自己的故事。带着这个读书方法，学生在后面的读书过程中会更快地融入绘本中，读出许多图画背后的更深层的内容。因为想象是绘本的生命，所以读绘本最应该保护和激发的就是学生们的想象力。为了激发学生的想象力，我设计了看预告片想象故事内容、故事转折处停下来，进行大胆的个人猜想等环节，提升学生的想象空间，让学生的想象力尽情驰骋。对于小学高年级段的孩子来说，读一本书还应有对文本结构、思想文化等更深层的发现和挖掘，所以我又让学生反复研读，努力去发现文本特点和不可思议之处都表现在哪些方面，在这个过程中学生会很自然地想到我国的神话故事《神笔马良》，在对比中，他们就在本土文化的基础上吸收到优秀的外来文化，拓宽了文化视野。同时这是一个纯开放阅读过程，老师在课堂上完全是随生而动的，学生的阅读热情极易被激发，这样他们就成了这场阅读的真正的主人。

（四）自我背景性经验剖析

从教27年，一直是语文教学第一线的修行者。不敢言有过什么成绩，因为当回头再看它们时，它们尚肤浅。语文教学的博大精深，让我一直抱着一颗敬畏之心。接触到绘本教学后，我深知这是一片广袤的天地。绘本中高质量的图与文，对培养孩子的认知能力、观察能力、沟通能力、想象力、创造力，还有情感发育等，都有着难以估量的潜移默化的影响。决定要讲《不可思议的旅程》这本无字绘本后，我也深知这是为自己设了一道难关。因为看过很多对绘本下的定义，都说它是一种图文结合的书籍。那这本没有文字，只有图画的《不可思议的旅程》该怎么讲？怎样把它带进孩子们的世界？不知从何处入手的我，开始了大量的资料阅读和整理。我读关于绘本的起源、发展和意义，读众多大家对绘本教学的见解和思考，条分缕析，整理出对自己的教学有启示的内容。我看窦桂梅老师的《我的爸爸叫焦尼》，看台湾李玉贵老师的《100万只猫》，努力从中吸取对自己有用的方式方法。最重要的是，我把《不可思议的旅程》一书放在手边，随时翻看，把每次的新发现，新感触做好记录。同时我把这本书拿给老人、中年人、儿童等各个年龄段的人看，把他们的见解及时整理出来，与自己的备课理念进行融合。因为习惯于夜深人静时思考，所以我的每一稿教学设计都是在下半夜完成。五易其稿，当教学设计基本成型时，我最深的感触就是：课一定要用心去磨。用心打磨出的课才能让自己的教学水平上个台阶，让老师、学生、文本之间产生真正的共鸣与对话。

（五）课时教学目标确定

基于以上分析，结合文本特点和学生已有的能力，确定了本节课的教学目标：

1. 观察图画，了解故事的发展脉络，展开想象，讲述故事。

2. 关注图画中出现的色彩、线索等细节，对观察到的细节和故事的发展进行联结，总结文本特点。

3. 反复研读文本，吸收优秀的外来文化，拓展文化视野。

三、教学流程及设计意图

第一环节：课前谈话，激趣导入

首先，从交流看过的魔幻电影和最想拥有什么魔力入手，激发学生的学习兴趣。

其次，出示书的封面图片，齐读书名，大胆猜想：书中会讲些什么内容?

最后，观看绘本的预告短片，让学生谈谈自己有哪些猜想与作者不谋而合。

【设计意图：三次层层深入的激趣谈话，将学生带入了一个兴奋、想象的空间，对文本产生兴趣，达到用最短的时间进入最佳学习状态的效果。】

第二环节：走进故事　想象讲述。

首先，老师讲述书的前三页内容，把学生带入书中的故事世界。

前三页内容：在一座居民楼的台阶上坐着一个孤单的小女孩，身旁是她红色的滑板车。她为什么看上去这么孤独？因为妈妈边做饭，边忙着打电话，根本顾不上她。爸爸面对电脑，沉浸其中，对她不闻不问。姐姐躺在沙发上摆弄着游戏机，根本无视她的存在。小女孩只好沮丧地坐在卧室的床上，床前地上一只小花猫正在睡懒觉。小花猫睡醒了，站起身走出了房间，在它刚才趴过的地方居然有一只红色的画笔。小女孩立刻跳下床，捡起画笔，在卧室的墙上画出一扇红色的大门，轻轻一推，门开了，小女孩跑了出去……

然后，提出问题：门外会是个什么样的世界？我们要怎样把这个只有图画，没有文字的故事读下去呢？出示对这本书的评价和作者的自述，让学生明确读无字绘本的方法就是：慢慢读、细细品、大胆猜，读出每个人心中自己的故事。

最后，让学生用学到的方法接着读故事、讲故事。具体要求：

1.读到有红色插页纸的地方停下来，想一想故事会怎样向下发展。明白读到故事的转折点、关键处，要学着停下来，进行大胆的猜想，并与小组同学交流自己在何处进行了什么样的猜想。

2.故事读完一遍后，师生共同归纳总结出无字绘本的一个特点：它的图画就是文字，它的文字就包蕴在图画中。（板书：图画即文字）

【设计意图：既然是无字绘本，那么就要针对它的这个特点进行充分设计。为了避免学生出现快速读完图的现象，在这里设计了用作者的话来引领学习的环节。对高级的学生来说，学法的引导非常重要。在学法的指导下，学生的读图过程就会变得一波三折，脑洞大开。这个过程中老师在书的关键处、结尾处提前插入红色空白纸，旨在引导学生边读边想，不由自主地把自己变成故事的主人公，与这个不可思议的故事融为一体，此时人与文本间的交流才是真正的自然流畅。同时讲述整个故事，放飞想象的过程也让学生的表达能力和想象力都得到了一次很好的锻炼。】

第三个环节：反复研读，归纳特点

首先，学生静心再读绘本，注意观察画面，从多方面、多角度去发现画面中的一些细节。

其次，学生自由交流自己的发现，这里主要可从画面的色彩，如红色画笔、紫色画笔与其他画面颜色的对比；画面的细节，如气球、床单的图案与主题的呼应等多个方面来谈。

最后，在学生自由表达的基础上，师生一起归纳总结板书：色彩有温度细节会说话。

【设计意图：这个环节是一个完全开放的环节，目的就是让每个孩子都成为这场阅读的主人公。在前面边读边想象，边想象边讲述的过程中，学生对这个故事的兴趣已被充分地点燃了，这就是他们心中的故事。带着对这个故事的兴趣，他们对每个画面的观察也会充满好奇，于是他们对色彩、对细节的观察和发现定会有让人眼前发亮之处，我们大人不会注意到的发光之处，因为成人的思维与孩子的思维永远是有差异的，只有我们把课堂真正放手给学生，让他们成为课堂的主人，我们才会发现一个孩子的真正世界，走进他们的世界。】

第四个环节：范文引领，为图配文

首先，老师选择最喜欢的一页，为图画配上了文字，在音乐中进行感情朗读。然后，学生选择喜欢的图画，写出自己心中的文字。最后，学生进行交流，教师注意及时表扬和点评。

【设计意图：为喜欢的图配上文字，是对学生一节课学习成果的检验，也是对学生语言文字表达能力的训练，让文本的阅读理解得到了一次升华。】

第五个环节：回归中心，推荐阅读

第一：回归中心：这次旅程有哪些不可思议的地方？

第二：推荐阅读：续集《彩虹国度》。

【设计意图：发现旅程的不可思议之处，既是对全文内容的回顾，也是在点明文本的主题。学生在交流故事的不可思议之处时，也是对外来多元文化的一次整理和吸收，如果他们能把这个故事与我们的神话故事《神笔马良》进行对比，那他们的收获定会再上一层次。拓展阅读续集，既是对文本内容的延续，也是对无字绘本阅读方法的再运用。】

四、精彩片段

片段一：什么是真正的生本课堂

最初选择《不可思议的旅程》这个绘本，最大的原因就是因为它的内容充满了童趣，可以让人产生无限的想象，猜想孩子们一定会喜欢。实事也是这样，课堂上孩子们情绪高涨，两只眼睛满是兴奋的光。

如果说前两个环节还带着老师引领的痕迹，那么第三个环节：反复研读，发现文本特点。则是一个彻底以生为主的环节。当初在设计这个环节时也是几经犹疑：敢不敢完全放手给学生，老师只当一个听众？如果学生的回答离题万里，怎样回归到自己想好的两大特点？

带着怀疑的心绪进行了尝试，结果这个环节却成了最出彩的环节，每一次试讲学生都会带给我不同的惊喜。他们一下子就关注到了红色与暗色的对比，而且会准确地说出红色的东西都会给小姑娘带来希望和快乐，而那些暗色调则给她带来悲伤、难过，甚至是灾难。他们还会从美术的角度告诉你，冷色与暖色给人的感觉是不一样的。说到这里，"色彩有温度"这个特点就很自然地水到渠成了。而对于书中的众多细节，他们的观察力更是惊人：从小女孩和小男孩在开头和结尾处都存在于同一个画面中，到小女孩的床单、玩具上的图案都和旅行有关，甚至还有一个孩子发现了，小女孩的房间里挂着一张大大的世界地图说明了去旅行是小女孩心中早有的愿望……

课后自己经常会想：为什么这个环节会很精彩，最主要的一点就是在这个环节中，孩子们是主人，是读文的主人、表达的主人、课堂的主人，他们的能力得到了最大的释放。我这个老师只是个听众，只要用心倾听就会听到真正花开的声音。

片段二：文字抒情，美如诗歌

美丽的图画，还应该用美丽的文字来表达，对于高年级的孩子来说，这应该不成问题，所以我把第四个环节设计为：为自己喜欢的图画配上文字。

在学生表达时，我设计了一个教师引领的步骤。我先在音乐和动画的铺垫下，朗读了一段自己为星空画面配上的文字：

红色的飞毯载着小女孩
飞过沙漠的夜空
蓝色的星空　　一条神秘的长河
红色的飞毯　　长河中神奇的精灵船
在吉祥鸟的召唤下
飞向又一个不可思议的国度

结果，听到孩子们交流他们为图配的文字时，我真的偷偷地汗颜了。
有的这样写：

绿色的森林
如同一个美丽的梦
梦中，一条红色的小船

载我飘向那神奇的世界。

有的选择了第一页：

妈妈，对我笑一笑吧

爸爸，和我讲句话吧

姐姐，我们一起做游戏吧

我们应该是快乐的一家人

……

太多太多的优美文字从他们的笔下涌出，让我真正感受了情到真时方动人！

我告诫自己：今后不再做一个孤单的引领者，而要做一个融入其中的交流者。今后不再讲学生游离在课堂之外的课，而是让他们真正情陷其中，真情如画。我将一生努力！

五、自我反思

这节无字绘本的阅读课，让我反思颇多。课上我以学生的观察、发现、想象为线索，努力让学生融入到课堂和文本中，让每个孩子都成为这场阅读的主人公。我尝试把多元文化、启迪智慧、健全思想有机统一起来，激发学生无限的想象力，建构精神，培养多元智能。

1. 深情导读，激发兴趣。

日本著名的图画书阅读推广者松居直先生说："讲图画书的人能决定图画书的最终价值。要认清图画书不是让孩子自己看的书，而是大人读给孩子听的书。即使孩子已经能够自己看，大人最好还是照样念给他们听。而且读的人对书的了解愈深，共鸣愈强烈，听的孩子愈能深入书中，丰富自己的经验。由此可知，图画书的价值因人而异，价值可大可小，影响可深可浅。"

于是在开课之初，我播放故事的宣传片，配乐为孩子们声情并茂地开始讲故事，我用自己的声音、用自己的语言把这个没有一个字的故事讲出来。我感觉到了，我对故事的开场，给了学生们一次强烈的情感熏陶，语言滋养与畅快的阅读享受，所以他们接讲的故事充满了神奇的想象，讲述起来也是绘声绘色，我相信这种读绘本的体验会永远地留在孩子的记忆当中。

2. 想象看图，学会方法。

绘本一般是用图画与文字共同叙述一个完整的故事，是图文合奏的。在绘本里，图画不再是文字的附庸，而是图书的生命，无字绘本《不可思议的旅程》就是一本这样的书。所以，在绘本阅读教学中，千万不要急着翻页，而是要让孩子们仔仔细细地去看那些图画，引导孩子们在看图中读懂故事、发现细节、感悟内涵。掌握了这个基本方法，相信我们的学生定能读出书中更深层的含义。

好的绘本不仅仅在讲述一个故事，同时也是在帮助孩子提升观察力，丰富他们的想象力，升华他们的精神境界。简明的文字与细腻浪漫的图画能让学生的想象力与创造力得以自由驰骋。所以，在绘本阅读过程中，还要重视学生读图能力与想象能力的培养。可以选择最富想象、最动人的图画引导学生细细地观赏图画中的形象、色彩、细节等，感受画面所流露的情感、所表达的意蕴，遐想文字以外、图画以外的世界。

3. 多元并重，汲取营养。

绘本17世纪诞生于欧洲，20世纪30年代主流传向了美国，绘本图书迎来了黄金时代。五六十年代，绘本开始在韩国、日本兴起，70年代中国台湾也开始了绘本阅读，随后引起绘本阅读的热潮。所以读绘本故事能横跨域界，穿越各种文化背景，透过文字与画面，孩子们可以进入不同的世界，让创造力无限扩大。绘本里还会预留给孩子许多想象的空间，这就是绘本的又一大特点——留白。它可以让孩子根据绘本的整体意境，对故事情节展开丰富的联想，设计书中人物的语言、动作等。

所以我们说读绘本不仅是讲故事，学知识，而且可以全面帮助孩子建构他们多元的文化世界、精神世界，培养他们的多元智能。

六、专业点评

北大教授曹文轩先生说过：一本好绘本的意义，和一部《战争与和平》式的巨著是相等的。社会的进步促进了人们思想观念上的变迁。作为儿童心灵的服务者——教师，该如何敏锐地洞察生活，关注儿童心灵成长？其实，语文即生活！生活中处处是语文，关键是作为语文老师的我们要有一双慧眼，在语文与生活之间架起了一座思想的桥梁，借助课堂这一有效教学主阵地及时地给我们的学生输送生命的养料。这节绘本阅读课，带给我们以下有益的启示：

1. 层层推进，收放自如。

这堂课的设计，给人一种一路登山的感觉。课堂环节的设计步步相扣，层层推进，引领学生很好地完成了对文本的理解、体会、运用过程。整个教学过程，可以说是收放自如，老师对课堂的掌控恰到好处，老师的讲解点到为止，及时收住，然后将课堂放手给学生，但这个放又完全在老师的提前预设中，这样教师便对课堂教学做到了游刃有余。

第二和第三环节的设计密切相连，在学生讲述完自己心中的故事后，老师马上总结：虽然文中没写一个字，但我们却从中读出了一个神奇的故事，这就是绘本书的一个特点——图画即文字。接着引出第三个环节：请你们再读这个故事，看看这个绘本故事还有哪些特点？这样在简单地引导后，放手给了学生，学生在自己的阅读中不断发现、交流、碰撞，建构了一场多元的精神盛宴。

2. 以生为本，玩味课堂。

纵观整个课堂，真正体现了以生为本的理念。一节课下来，不是老师带着学生走过场，而是老师跟着学生的思维，不断调整自己的思路，及时点拨。

正因为学生成了课堂的主体，所以学生在课堂上的表现是可圈可点，精彩纷呈。看图讲故事越讲越精彩；故事会怎样的大胆猜想发展各具特色；找寻画面中的细节总结文本特点时更是让人连连惊叹。更让人欣喜的是对画面的文字表达，如诗般的语言让人由衷赞叹。如果我们在课堂上给孩子们一份惊喜，孩子们就会成倍地回报我们。

可以这样说：课堂上，老师和学生在玩味课堂。因为走进了文本，走进了学生，所以每一个构成课堂的分子都成了主角，他们身处其中，细心感悟，用心体味，让课堂真正属于了自己，融入了师生的生命与活力。

课例二 负责任地表达：行走生活，积淀智慧，让成语生活成为常态
——《走进生活学成语》德育课例

执教心语：

在语文教学探索中，我一直在努力营造一种母语学习的全息生活环境：课堂上引导学生发现母语之美、沐浴母语光辉；课堂外丰富学生的母语实践，延伸学生的母语空间。学生们在生活化的母语实践里积累和运用祖国语言文字，行进间关注并学着分析社会现象，拓宽母语视野，表达自己的主张和见

解，积淀母语素养，培育母语情感。我也在其中体验教学相长的魅力，在与学生的共同学习中，不断提升自己的语文教学境界，做有情怀的母语教师，实现自己的教育信仰。2015年7月，我有幸成为烟台市语文优质课评选的候选人，执教成语课例。整个备课过程历时三个多月，期间得到了教研室领导的专业引领与悉心指导，学校领导和语文教师骨干团队也全程进行听评课指导。本课例形成的过程中，语文教学专家为本课例做了专业点评。这堂课的设计旨在体现"生活即语文"的教育理念，引导学生在行进间发现生活中的母语现象，关注生活中潜移默化的学习，触发学生对母语文化的敏感度，从而继承和发扬优秀文化，为美好人生奠基。

一、教学内容

四年级语文师本课程《走进生活学成语》第一单元第四课《行》。

二、目标确立

（一）课程目标及分析

《语文课程标准》中"课程的基本理念"中指出：语文课程应激发和培育学生热爱祖国语文的思想感情，引导学生丰富语言的积累，培养语感，发展思维，初步掌握学习语文的基本方法，养成良好的学习习惯。语文课程还应通过优秀文化的熏陶感染，提高学生的思想道德修养和审美情趣，使他们逐步形成良好的个性和健全的人格，促进德、智、体、美诸方面的和谐发展。语文又是母语教育课程，学习资源和实践机会无处不在，无时不有。因而，应该让学生更多地直接接触语文材料，在大量的语文实践中体会、掌握运用语文的规律，而不宜刻意追求语文知识的系统和完整。语文课程应该是开放而富有创新活力的。应当密切关注学生的发展和社会现实生活的变化，尽可能满足不同地区、不同学校、不同学生的需求，确立适应时代需要的课程目标，开发与之相适应的课程资源，形成相对稳定而又灵活的实施机制，不断地自我调节、更新发展。

《语文课程标准》的总目标中也明确指出：认识中华文化的丰厚博大，吸收民族文化智慧。关心当代文化生活，尊重多样文化，吸取人类优秀文化的营养，提高文化品位。培植热爱祖国语言文字的情感，增强语文学习的自信心，养成良好的语文学习习惯，初步掌握学习语文的基本方法。能主动进行探究性学习，在实践中学习、运用语文。

第二学段的"阅读"教学目标中指出：积累课文中的优美词语、精彩句段，以及在课外阅读和生活中获得的语言材料。

本套师本课程教材基于语文课程标准，结合四年级的学段特点而开发，引导学生通过成语的积累，培养语感、发展语文思维，养成好的语文学习习惯。这一师本课程的研究与开发，较好地体现了课标中"基本理念"的表述——"应当密切关注学生的发展和社会现实生活的变化，尽可能满足不同地区、不同学校、不同学生的需求，确立适应时代需要的课程目标，开发与之相适应的课程资源，形成相对稳定而又灵活的实施机制，不断地自我调节、更新发展。"

同时，《语文课程标准》的一些目标要求也在本课例中得到了较好的体现。本课例成语学习的第一个关键词是"发现"，目的是让学生体会到成语在生活中无处不在，要善于在社会生活中发现，很好地体现了课程标准中"语文又是母语教育课程，学习资源和实践机会无处不在，无时不有。"成语学习的第二个关键词是"研究"，让学生了解研究成语的基本方法，很好地体现了"在大量的语文实践中体会、掌握运用语文的规律"。成语学习的第三个关键词是"积累"，引导学生主动积累成语，切合课标中"吸取人类优秀文化的营养，提高文化品位"的表述。成语学习的第三个关键词是"运用"，切合课标中"能主动进行探究性学习，在实践中学习、运用语文"的要求。

《山东省中小学德育课程一体化实施指导纲要》中，《中小学语文学科德育实施指导纲要》中指出：语文学科实施德育主要通过阅读与鉴赏、表达与交流、梳理与探究等学习活动来进行，侧重于熏陶渐染、潜移默化。语文课程承载着丰富的文化内涵，具有很强的实践性。应积极利用多种多样的语文课程资源，创设德育情境，挖掘德育素材，使学生在阅读与鉴赏、表达与交流、梳理与探究的活动过程中，培养独立人格、责任意识、探究精神与实践能力，形成健康美好的情感和奋发向上的人生态度，全面提升语文课程的德育价值。在《纲要》"德育范畴"第二条"负责任地表达"中，明确提出：关注社会，关注人生，热爱生活，科学理性地分析社会现象，以负责的态度陈述自己的观点和看法，真实客观地表达内心的思想感情。积极进取、乐观向上，敢于担当。传递社会正能量，唱响时代主旋律。

基于《德育实施指导纲要》理念，本课例中，创设了"在生活中行进"

这一德育情境，学生在情境中学习、研究、积累、运用成语。在这个过程中，自然而然关注社会、热爱生活，并能通过社会现象进行分析，生成自己的思想。这很好地体现了"德育范畴"中"负责任地表达"一条。从课始至课终及作业延伸，生活线贯穿其中，由点及面，路径清晰，学生的社会观察力逐渐增强，社会责任感逐渐被激发，最后实现能以负责任的态度陈述自己的鲜明主张，实践成为学生们的成长语言。

（二）教材分析

师本课程《走进生活学成语》第一单元的内容是"衣食住行"篇，包括《衣》《食》《住》《行》四课内容。在学习本单元的过程中，学生们不但积累了大量有关"衣食住行"过程中的成语，还通过回顾生活、体验生活，对人类生存的基本需求，有了一定感性的重新认知。他们能够感受到生命的可贵、生活的美好，领略到人们生活日新月异的变化，以及成语在人们生活中所担任的重要传承角色。一个个熟悉或陌生的成语从孩子们的生活中飞进课堂，又从孩子们的课堂中走向新的生活，成语让课堂充满了朴实的语文味，也让孩子们每天的生活充满了期待、飞扬着乐趣。本节课是本单元的最后一课，承载着承上启下的桥梁作用。在前三课的基础上，让学生在行进间发现、积累成语，研究、运用成语，给学生文化的熏陶和方法的指导，达到人文性与工具性的双线并行。

（三）学情分析

对于四年级的学生来说，他们正处于低年级到高年级过渡的关键时期，对事物的认识由笼统的印象开始转向具体的分析，并且倾向于对自己感兴趣、喜欢的事物进行分析，个性和自我意识逐渐增强。因此，教学中就要注意引导学生对成语感兴趣、有好感，然后再进行个性化的研究、积累与表达，满足学生的心理期待，激发学生探究和表达欲望。同时四年级的学生是自信心建立的稳定期，学生渴望得到老师的肯定、同学的认可，教师要适时给予学生欣赏与鼓励，让学生不断突破，推进学习进程，从而形成积极向上、轻松愉悦、童心飞扬的课堂氛围。

在本节课中，"发现"是前提，"研究"是基础，"积累"和"运用"是关键。因此，教学中要创设合适的情境，把学生带入到课堂的成语"场"中，带到"生活场"中，真正体验到成语学习的过程，用成语表达生活，传递生活正能量，达到进步与成长。

（四）自我背景性经验剖析

从幼时起，我便喜欢读书，热爱文字。文字记录着岁月流逝，修养温和着我们的德行，我的成长之路和文字息息相关。从教近20年来，我一直从事语文教学，这让我与文字的缘分续了终生。我也愿意，把这份缘分延续到孩子们身上，让他们的生命也从母语芬芳中绽放出明艳的蓓蕾。就这样，我一直在努力践行烟台市"大量读写、双轨运行"课题实验的成功经验，带领学生在丰富的母语实践中执着行走。我欣喜地看到孩子们在实践中积淀语文素养，在生活中学习语文，在语文中畅享生活。我深深体味到了作为一名语文教师的幸福。

"成语"是中华民族文化的结晶，是中华民族智慧的宝藏。为让学生在语文课程中有更丰富的成语积累，对中华文化有更系统的传承与发扬，我们开发了《走进生活学成语》师本课程。课程开发过程中，我购置了很多成语方面的专业书籍，翻阅了几个版本的《成语辞典》，研究了韩兴娥老师的《读论语学成语》《读历史学成语》《韵读成语》《成语儿歌》等教材体系，系统阅读了王立群老师的《王立群智解成语》套书3本，还把时下较为流行的一些《成语大全》《成语接龙》《成语故事》等读物进行了梳理阅读。在广泛的涉猎阅读中，我愈加感受到成语文化的博大精深，感受到中华传统经典的魅力，更感受到作为一名语文教师的任重道远。带着这种使命感和责任感，我在浩如烟海的成语文化长廊里穿行、采撷。成语的民族代表性，强大的表现力和对于文化修养的展示，都让我有高山仰止的感叹。这是一扇阅古通今的窗口，透过这扇窗口，我们能够重温中华民族五千年来的荣辱兴衰、朝代更迭的历史足迹；这是一条路径，通过这条路径，我们能够循到中华民族传统文化几千年来生生不息的奥秘；这更是一部恢宏巨著，阅读她，我们能在传承中弘扬中华优秀文化，真正成为"龙的传人"。

"弱水三千只取一瓢饮"，结合学生的学段特点，我力求选择与学生最能契合的生活为切入点，建构了"走进生活学成语"的生活化语文师本课程，涵盖"衣食住行""喜怒哀乐""春夏秋冬""琴棋书画"等7个章节的生活化学习情境。争取让学生能在自然而然的生活中发现社会现象，感受成语的文化魅力，科学、负责地陈述自己的观点，表达内心的主张，成为继承和发扬成语文化的"传人"。我深信，在这种行进中，孩子们会渐渐将成语之美浸到骨子里、融入血液中，最终将成语学习作为一种文化自觉、文化自信，实现身心统一。传承的力量将彰显在我们生命中的每一天。

（五）课时教学目标确定

基于以上分析，结合本学段学生心理特点和已有素养储备，为实现教学各要素间积极的思维碰撞，真诚的心灵沟通，生成以下教学目标：

1. 通过行进间发现、研究、积累、运用成语，了解成语学习的基本方法；

2. 应用了解的方法进行成语学习，发现生活中的成语，并尝试多种方法研究、积累，并在生活中学着运用和负责任的表达；

3. 在积累、运用成语的过程中感受成语的魅力，了解成语的基本特点：字数不定、有历史渊源、有固定形式等，树立文化自信，升腾起民族自豪感与使命感。

三、教学流程及设计意图

第一环节：谈话导入，拉近距离，初绽生活智慧

首先，教师以"读万卷书，行万里路"开课，因为会场设在蓬莱，所以让学生猜猜一提起蓬莱，大多数人首先想到的成语是什么？学生很容易会猜到"八仙过海 各显神通"。

教师顺势承接"其实，这八位仙人本来也是普通人，他们是在生活的行进中，汲取智慧，得道成仙的。故事虽然是民间传说，却给我们启示：智慧要在生活的行进中积淀。"进而引出课题《走进生活学成语》。

【设计意图：简单的谈话，却达到了两个目标。一是激趣作用，用一个"猜一猜"，一石激起千层浪，激发起学生参与课堂的兴趣，拉近师生距离。同时，用"八仙过海 各显神通"的成语，点出本课程的主旨，在生活的行进间积淀智慧，拉近学生与课程的距离。学生在最短的时间内进入到最佳的学习状态。】

第二环节：行走生活，学习成语，积累生活智慧

首先，第一站——门匾上学成语。以新朋友"成成"的角色创设生活情境，穿越到"成成"的家门口。发现家家户户门匾上的成语，调动起学生的生活体验。"安居乐业""紫气东来""祥门福地"……这些熟悉的成语不再熟视无睹。接着通过学生质疑，研究这些看似平常的成语，了解它们背后的历史渊源，从而明白"研究"的方法和重要性。再通过给新家挂门匾，进行成语运用。整个过程，学用结合、自然而然，就如同我们平日的普通生活。在

这个过程中，学生意识到门匾是中华民族独特的民俗文化。几千年来，它把诗文、书法、建筑艺术融为一体，所有的门匾都饱含着劳动人民最朴素的愿望——家和万事兴。

然后，第二站——文化墙学成语。首先，运用前面学习的方法，"发现"文化墙上"闻鸡起舞"的成语，并探究背后的成语故事，让学生意识到一部分历史故事是成语的重要出处。再通过历史故事成语交流、猜词游戏、生肖成语积累等内容进行内涵建构，引导学生分享积累成语的好方法，运用成语接龙、排序等形式来积累更多的成语。如此一来，让学生关注周围的社会文化现象，并学着去透过现象分析成语、积累成语、运用成语。

最后，第三站——景区学成语。先是在观察中，发现滥用成语做广告的问题，通过甲骨文"成"字的板书，进而学习到"成语是固定的语言形式"这一特点，不能乱改。接着，通过观察景区里的清华大学校徽，发现"自强不息""厚德载物"两个成语，并通过研究了解这两个成语的出处，体会到这是中华民族民族精神的高度概括。再通过观察其他大学的校徽，如厦门大学、同济大学、中国人民大学等，发现"止于至善""同舟共济""三人行必有我师"等成语的内涵。最后，引导学生发现赛课会场上的学校校徽，激发起学生对生活现象的重新观察、发现、思考、分析，在成语的触发下，引发学生积极思维、踊跃表达、真情流露。至此，学生切实体会到成语文化的内涵智慧及在社会生活中的高级运用。

【设计意图：本环节有三个组成部分，三部分步步为营、层层递进、螺旋上升。生活化的情境，拉近学生与成语的距离，让学生始终置身于课程之中。在第一个场景中，从家里出发，让学生从最熟悉的家门口"发现"成语的踪影，引发"研究"的欲望；第二个场景是行进间发现一面司空见惯的文化墙，在这里再一次"发现"成语，并探寻成语背后的历史渊源，在喜闻乐见的"猜猜""比赛"等形式中进行成语积累方法的训练，真正学有所得；第三个场景，在进行成语滥用现象辨析后，了解到成语"固定不变"的特点，并感受成语文化支持下著名高等学府的校徽内涵，深入体会成语的博大精深，再在会场上重新审视学校校徽，触发内心真情，引发成语与切身生活的碰撞，激起学生积极的情感和思维表达，真正在表达中感受到中华文化的源远流长，并在对本校校徽内涵的解说中激发起自己的主人翁意识和担当精神，负责任地表

达出自己的立场和应有的作为，课堂与生活真正有效链接。】

第三环节：升华告白，运用成语，提炼生活智慧

首先，让学生谈此时的收获与启发。然后，创设"成成的收获总结"这一情境，让学生补充今天所学的成语，完成行程小结。最后，师生共同配合，完成本小结的朗诵告白。以下是学生填的成语形成的诗歌。

这个秋日，惠风和畅。
我们带上发现的眼睛，
成语就在我们的行进间跳跃芬芳。

家家户户，安居乐业。
门匾上的吉祥，寄托了千百年来，
人们的朴素愿望——家和万事兴。

走过大街小巷，定格风景园区，
成语文化已渗入生活点滴。
每一个简单的成语，都有一段渊源在回响。

成语中有故事，
闻鸡起舞里有勤勉报国的少年榜样，
三顾茅庐是真诚邀请的千古绝唱。
成语中有智慧，
自强不息、厚德载物
是中华民族的民族精神荡气回肠。
成语中有人生经验，
三人行必有我师告诉我们
众人同行，必定有值得我学习的地方。
择其善者而从之，其不善者而改之。
成语中有生动的形象：
鼠目寸光、目光短浅，
画蛇添足、多此一举，
沐猴而冠、徒有其表，

画龙点睛、锦上添花……

无不历历在目。

在生活的行进间，

我们发现、研究、积累、运用成语，

点亮母语童年!

言有尽而意无穷。

让我们一起走进生活学成语!

【设计意图：本环节是本节课的一个总结和升华，既有方法技能的总结，又有情感的迸发。在这里出示的"行程小结"，既是对本节课所学成语的一个完整回顾和运用，又是对本节课学到的成语特点的一个高度概括。在师生深情的朗诵声中，表白对成语的深情，对生活的热爱，对母语的致敬。】

第四环节：课后作业，拓展延伸，运用生活智慧

布置作业：

1. 你在生活中的牌匾、碑石上还发现了哪些成语？查一查它的解释和出处，搜集记录下来，你也将成为这门课程的直接编写者。

2. 请给你们学校、班级或小组运用成语内涵设计一个校徽、班徽或组徽（任选其一即可）。用成语说明你的设计理念，然后递交给校长或班主任。

【设计意图：这两项生活实践作业既是对本节课所学的运用，又是对课程的拓展延伸和新的建构。当学生的生活真正成为语文课程的一部分，当学生成为语文课程的直接编写者时，学生内心的满足感一定是无与伦比的。当学生亲自设计的校徽、班徽或组徽展现在我们眼前，当他们的理念得到认可与肯定时，学生内心的自豪感、社会的责任感和使命感一定也是无与伦比的。我希望，这节课真正成为孩子们生命中一个新的起点，链接起他们的生活，成为他们充满希望的一天。这是一个新的开始，而非课堂的结束。文化的传承需要这样的唤醒与激发，我们有责任也有义务去做这件事情。】

四、精彩片段

片段一：创设情境，链接生活，"家"的责任担当初绽魅力

师：今天，有一个新朋友成成，要带我们行走生活，请闭上眼睛，我们穿越到成成那里。

出示课件图（成成的家门口）（录音：这是我们的第一站。刚走出家门，我就有新发现。我们家的门匾上写着"惠风和畅"，东邻居家是"和气致祥"，西邻居家是"家和万事兴"。你家的门匾上写着什么呢？）

师：（示意孩子们举手）你平常见过有成语的门匾吗？

生：（踊跃举手）安居乐业、紫气东来、祥门福地……

师：（引导）在生活中练就会发现的眼睛，成语便无处不在。（板书：发现）

师：我们发现的这些成语，有你不明白的吗？

生：我不明白"紫气东来"的意思。

师：（追问）遇到不明白的成语该怎么办？

生：查阅资料、上网查询、问老师同学……

师：（肯定）对，这些都是研究的好办法。（板书：研究）

师：要主动研究，成语才会更愿意亲近我们。老师发了一份课程资料，请大家边看边划出重点，或许能解决你的疑问。

（学生自主阅读课程材料，标画重点）

生1：我明白"紫气东来"的意思了。原来里面藏着老子驾青牛著书的故事。

生2：我也明白了……

师：现在，让你选择给你新家挂一个门匾，你会选择什么成语？为什么？

生：我选择"安居乐业"，因为我希望全家人平平安安、快快乐乐地生活、工作。

师：（小结）说得多好啊。门匾是中华民族独特的民俗文化。几千年来，它把诗文、书法、建筑艺术融为一体，所有的门匾都饱含着劳动人民最朴素的愿望——家和万事兴。

这个小环节里让孩子们经历了学习成语的过程：发现——积累——研究——运用。我们看得到孩子们在其中学习的过程。王立群老师说：面对成语，最难的不在于你不认识，而是认识每一个字，却不知它在说什么。所以，我们有必要给学生建立起"研究"的意识，而且引导学生从最普通的社会生活现象去观察发现和研究，体验到"研究"所带来的知识成果，并实境运用。看得到学生们都特别负责任地为自己的"新家"选择门匾，有责任意识、担当意识，由这个小家庭的担当和负责开始，走向新的担当。

片段二：社会观察、争鸣分析，"社会"责任担当彰显实力师：还没到景区，琳琅满目的商业广告已经令我们应接不暇了。看，成成停住脚步了，他又发现了什么？（出示有错用成语的广告词）这样行吗？为什么？

生：不行。"十全十美""一鸣惊人"都用了别字……

师：你平常也见过这样的广告牌吗？

生：我也见过。像"衣见钟情"……

师：（追问）商家为什么要用成语打广告？

生1：就是因为大家喜欢成语，好引人注目吧。

生2：（肯定）对啊，我想就是因为成语家喻户晓、充满魅力。

师：（竖起大拇指表示肯定）大家都是会思考的孩子！（板书：甲骨文的"成"）大家看，"成"字甲骨文中是这样写的。像什么？

生：这像用一把斧头在钉钉子。

师：对，这能看出什么。

生：把钉子使劲钉牢固了。

师：对，这是成语的另一个重要特点。它本义是"平定"。也就是说成语是固定的语言形式，不能随意更改。成语的运用，既要符合语境，又要规范。这才能叫"成"语。

师：千百年来，这种固定的语言形式传承下来，成为内涵丰富的成语。

生：所以，成语不能像刚才图示中滥改，这是对成语不负责的表现。

……

师：大家接着看，成成和妈妈的照片里有什么新发现？

生：我发现他们身后的校徽里也藏着成语，是"自强不息 厚德载物"。

……

接下来，通过观察清华大学、厦门大学、同济大学、中国人民大学等高等学府的校徽，发现成语的凝练之美、思想之美，研究它的高级运用，并发现成语字数上的特点，从3字到16字的都有，四字成语最多，进行成语内涵的表达和研究，并进行大量积累。

此时，我恰巧看到讲课会场一侧的墙幕上挂着所在学校的校徽。于是，我现场指着校徽，让学生发现藏在这个校徽里的成语及内涵。学生们顿时思维活跃、精彩迭出：长风破浪、乘风破浪、鲲鹏展翅、鹏程万里、锦绣前程……边说边表达着他们对这个成语的理解，表达学校对新时代小学生寄予的厚望，也表明自己努力学习、积极向上的决心和社会担当的责任。这一刻，他们从课程的情境中走出来，走到真实的生活中，体验到成语文化的魅力。要学好成语，行万里路，还得读万卷书，才能相得益彰。此刻，成为共识。

五、自我反思

这节成语课，我主要通过情境创设引领孩子们行走在生活中，在"发现、积累、研究、运用"中学习成语。课堂上通过"自主、合作、探究"的学习方式，关注学生的生命状态，师生协同，让每一个学生都参与到学习中，构成师心澎湃、童心飞扬的高效课堂。

（一）成语线贯穿课堂，让成语成为对话语言

成语是我们中华民族最具民族特色、最富表现力的，也是汉语中较难学习掌握的部分，准确地使用成语，是一个人具有良好文化修养的一个重要标志。为让学生体验到成语的独特魅力，本节课我从开课伊始的"读万卷书，行万里路""八仙过海 各显神通""心有灵犀一点通"，到课堂上丰富的评价与过渡"家和万事兴""三人行必有我师""包罗万象""表里如一""琳琅满目""应接不暇""家喻户晓""相得益彰""流水不腐 户枢不蠹"……都以凝炼生动的成语进行贯穿。尽量体现成语字数的特点，尽量让成语的运用贴切而自然，起到画龙点睛的巧妙作用，整节课上除了正式学习、渗透的成语外，这些成语的穿针引线，让课堂整体建构集约高效，彰显师本课堂个性。

用心营造的成语课堂环境，让潜移默化的成语文化熏陶成为课堂常态，这种熏陶也直接影响了学生的语言状态。我们看到，在师生交流对话中，很多孩子也自觉地运用成语"天生我才必有用""心领神会""显而易见""大海捞针""不言而喻"……很多成语信手拈来，水到渠成。教师的引领与示范让成语的张力释放，激发了孩子强烈的参与欲望和自信心，让孩子真正体验到成语强大的表现力，主动地运用成语，使得母语生活渐进佳境，成语正成为他们的生活语言。

（二）文化线贯穿课堂，让传承成为精神语言

"教育要有赢在终点的视野"文化观观照下，我们在起点处看到这样的开阔。成语中蕴含着无比丰富的中华传统文化，是历史的缩影、文化的结晶，是祖先丰富智慧的光芒折射，也是前人生活经验的累积……如何让学生在浩如烟海的成语王国中采撷到成语芬芳，感受到成语的特点，我精心选取了几个切入点，融入整个设计中。一是感受到成语都是有来源出处的，通过"闻

鸡起舞"成语故事的讲述，体会到成语的背后有着强大的历史背景支撑。小小的成语，开启的是一扇大大的窗口。学生在充分的交流分享中，重温以前学过的成语，分享背后的故事。二是感受到成语是一种固定的语言形式，以发现、辨析成语为引子，以书写甲骨文"成"字为手段，体会"成语"之"成"的意思，丰富成语的文化内涵。在这里，对成语的尊重之心，对文化的崇敬之情，油然而生。三是感受到成语的字数不定。四字成语是学生普遍熟识的，而其他字数的学生知之甚少，虽然有些成语也一直在用，但在概念上厘清不够。从校徽里的成语文化中以及行进间的积累里，发现成语字数上的特点，从而加深对成语文化内涵的认知。

同时，课堂并没有止于让学生积累运用成语，而且在此基础上引导学生发现积累成语的一些小窍门，迎合了四年级学生的特点，让学习变得有趣、成语积累变得好玩。方法的引导在此刻变得有力，因为学生切实体验到了原来研究学问是要讲究方法的。在这个过程中，没有生硬地说教和灌输，而是教师与学生共同地发现、探究、梳理，师生协同共进，知识技能与情感并行，课堂和谐统一。

（三）生活线贯穿课堂，让实践成为成长语言

本节课中，我以学生喜闻乐见的人物形象"成成"创设生活化的课堂情境，并贯穿始终。首先，学生从"家"里出发，发现最熟悉的生活场景中存在的"成语"，学习在研究中丰富对成语的认识。再在"社会"上通过一面"文化墙"打开认识社会现象中成语的窗口，主动去研究成语，并继续丰富对成语内涵和特点的认识。接着继续"社会现象"的观察，通过对滥用成语现象的辨析，学会什么才是"负责任的表达"，怎样用积极向上、勇于担当的意识去传递社会正能量。在此基础上，趁热打铁发现成语在社会现象中高级的、贴切的运用——即在大学校徽中的运用。此时，学生已经厘清如何学着用成语进行客观真实合适的表达，如何用成语较准确地表达想法。接下来，让学生现场观察会场上自己学校的校徽，从校徽中发现成语文化和内涵表达，积极表达自己的观点，弘扬正能量，学生责任感和使命感被充分激发。最后，布置两个生活实践作业，从生活中来、到生活中去，继续进行生活化的实践。可以看出，从课始至课终，生活线贯穿其中，由点及面，路径清晰，学生的社会观察力逐渐增强，社会责任感逐渐被激发，最后实现能以负责任的态度陈述自己的鲜明主张，实践成为学生们的成长语言。

课堂中，我努力站在学生的角度思考问题，平等对话、家常唠嗑式地交流，让学生身心愉悦、放飞思想，我也在课堂的推进中，感受到师生相融共生，体验到了文化的魅力。

六、专业点评

1.围绕生活精选成语，使学生充分感受成语的魅力。

成语源于生活，中国的成语世界浩如烟海，博大精深，是母语教育的鲜活资源。授课老师以"走进生活学成语"为线，以衣食住行篇之"行"为素材，巧妙地将成语的特点、成语的理解、成语的运用，都融合在了一起，引导学生亲近成语，让成语故事丰富孩子们的精神。源于生活，贴近儿童生活，成语是最温暖、最亲切、最鲜活的母语教育资源。刘老师以生活为线，使学生在生活中发现成语，研究成语，积累成语，使学生深切感受到成语这一传统文化无穷魅力，受到传统文化的熏陶感染，也提升了语言表达智能，这样的母语一定能滋养学生的心灵。

2.立足实践精心设计，使学生不断发现成语的神奇。

导入时以"八仙过海"引导学生在生活中练就会发现的眼睛，感受到成语便无处不在。门匾上、文化墙上、十二生肖、大学校徽等都藏着成语。接着引导学生研究成语，因为成语大都有一定的出处。有的是古代的寓言，有的是历史上的故事，有的截取古书的文句，有的采用古人文章成句，遇到不明白的，通过查阅资料、上网查询、问老师同学……进行研究。然后慢慢培养学生主动积累成语的意识，当有了积累的意识和方法，再进行运用，运用成语说话，从发现到研究到积累再到运用，有层次，有变化，循序渐进，使学生呈现阶梯式进步，逐步提升语文素养。

3.创设情境不断推进，使学生永葆探究成语的热情。

授课老师关注学生的兴趣、经验、现实生活，以儿童喜闻乐见的教学方式，激发学习成语的热情。整堂课的设计都模拟一个有趣的生活场景，跟随一个叫成成的孩子在行进中学成语。随着行进，逐渐进入三处生活场景：门匾上学成语，文化墙学成语，景区学成语。整个设计中，教师处处以生为本，保持学生对成语探究的高度热情，适时穿插活动，如十二生肖成语接龙，激发学生充分链接自己的生活，展示他们的日常积累，使他们能更自觉、主动、充分地投入，不断有所发现，不断有所创造，无形中推动学生努力前行。这种行进中的学习方式深受学生喜欢，既有趣，又有挑战性。门匾是中华民族独特的民俗文化，融诗文、书法、建筑艺术为一体，所有的门匾都饱含着劳动人民最朴素的愿望——家和万事兴；大学校徽也藏着成语文化，如"自强不息　厚德载物"是中华民族的民族精神。引导学生在生活中学成语，传承中华民族的美德，既传承了传统文化，又渗透了立德树人的思想。

课例三　热爱读书：一棵棵小树 一首首诗

执教心语：

中国是一个诗的国度，有数千年"诗教"传统，诗歌是中华民族灿烂的文化瑰宝。先祖留给我们的唐诗宋词、元曲汉赋，泽被全球。诗歌作为一种特殊的文学样式，是表达情感、锤炼语言、培养想象能力的最佳载体。从小对孩子加强诗歌教学，能够熏陶学生的审美情趣，培养学生的想象能力，拓展学生的创造性思维，提高学生的人文素养，从而达到"习诗育人"的目的。

童真与童诗有着天然的机缘。浑朴未凿的儿童，最易与诗亲近，不仅仅因为诗的悦耳音律，更主要的是儿童的想象力处于最为活跃的时期。他们的纯真和直率使得他们眼中的世界变得富有诗意，所以说每一个孩子都是天生的诗人。

每一个孩子心灵的天空都飞翔着梦想的精灵，我们的社会、我们的学校、我们的课堂，要营造人文化的环境，给孩子一片追梦的天空；我们的教学，要富有创造的魅力，能够引领着孩子追梦；我们的激励，要发自内心，满含呵护的深情，让孩子在追梦中自信一生。这堂课力求营造读诗、学诗、品诗、写诗的情境，让孩子在其间呼吸诗香、品味诗韵、激荡诗情、涵养诗性，从而为孩子的书香童年、诗意人生奠基。

一、教学内容

自选两首儿童诗，一是10岁孩子伊水写的《树阿姨染发》，二是我国著名儿童文学作家张秋生写的《树》，据此自编教材，设计的《树之歌》童诗课，适用三年级学生。

二、目标确立

（一）课程目标及分析

《语文课程标准》把培养学生的人文素养放在语文教育首位，主张语文教学要体现问题意识、个性化学习、主体性学习、开放性教学、建构性教学，为主体性发展指明了方向。作文要"写自己想说的话"，"自由表达"作文内容，"要感情真挚，力求表达自己对自然、社会、人生的独特感受"。儿童诗阅读与创作呵护孩子的童真、童趣，倡导少年儿童要说自己的话，写自己的所知所感，关注孩子的个性，发挥孩子的自主性、能动性和创造性，真正体现了以学生发展为本的教学理念。

《山东省中小学德育课程一体化实施指导纲要》中明确提出语文学科的德育范畴，并将"热爱读书"放在了德育范畴的第一位，可见其巨大的德育引领价值。热爱读书的孩子都是天生的诗人！而读专门为孩子们写的优秀诗歌，语言简洁、旋律优美、感情真挚，更能抚慰儿童焦躁的心灵，能让他们的感情更细腻，心灵更柔软，生命更有质地。苏霍姆林斯基说："不能设想一个真正的人没有情感。实际上，教育就是从培养真诚的关切之情——即对周围世界所发生的一切都会由衷地做出思想和情感上的反响开始的。"而"诗是最能陶醉儿童思想感情的"文学样式。儿童诗里纯真质朴、以爱为核心的思想感情将会为儿童的生命染上丰富的底色。那些描写和歌颂亲情、友谊、博爱的诗歌最容易让儿童找到情感的共鸣，让一颗小小的心欢跃不已。

（二）教材分析

《树阿姨染发》伊水

树阿姨很喜欢染发，/不染发她就浑身难受。/她请春姑娘把她的头发染成嫩绿色，/请夏叔叔把她的头发染成深绿色，/请秋姑姑把她的头发染成金黄色，/也许老是染发的缘故，/到了冬天，树阿姨的头发掉完啦！/为了遮丑，她就用雪缝了一顶白帽子，/小心翼翼地戴在头上。

儿童诗是指以儿童为阅读对象，符合他们的心理和审美特点，运用最富于感情、最凝练、有韵律又具有陈述性特点的文学语言，用分行的形式来表情达意的一种文学形式，也包括儿童自己为抒怀而创作的诗。《树阿姨染发》就是十岁儿童伊水创作的一首童诗。其中，想象是其创作的基本因素。优秀的儿童诗莫不凭借大胆丰富的想象塑造形象，创设意境，抒发感情，表现情趣。据此启发学生创作诗歌，要注重想象，初学创作儿童诗时可以抓住事物的形状、颜色、作用等特点展开想象，想象时要把握事物之间的有机联系，往往事物间的一些微小的联系，可能就是儿童诗创作的立足点。还要注意从儿童角度感悟生活，让想象多一些童趣，多一些夸张。

《树》 张秋生

森林里被锯掉一棵树 / 熊就在他的画册上 / 画下一棵树 / 森林被锯掉两棵树 / 熊就在他的画册上 / 画下两棵树…… / 熊时常翻开画册，对他已经 / 不再存在的朋友说：/ 要是你们还在 / 这世界该有多好

这首诗中的熊面对人类的滥砍滥伐森林，显得很无奈，只好在画册上留下美好的记忆。破坏森林资源，首先受害的是熊等野生动物，但是，最终受害的必将是人类自己！作者在诗中并没有提到要保护森林资源，但意到笔不到，我们已经能够深深感受到保护森林资源、保护环境的重要性。张秋生的《树》是一棵颇具张力的"树"。这棵"树"上结满了作者的思考："树"上结着熊的呼唤，熊的呐喊，结着动物世界无奈的呻吟，也结着动物世界对人类的控诉，更结着保护森林，保护动物，保护环境的宣言。"意到笔不到"是一种成熟的童诗创作技巧，是诗歌张力的体现，相信"意到笔不到"的童诗能够给广大读者以更多遐想、沉思和启迪。

（三）学情分析

学生在此前虽然也学过不少诗歌，也仿写过一些诗歌，但却绝少尝试写出原创诗歌。对于一部分学生来说，诗歌仿佛是难以琢磨的迷雾，不敢轻易尝试。苏霍姆林斯基说："我一千次地确信，没有一条富有诗意的感情和美的清泉，就不可能有学生的全面智力的发展。"因此，本次教学致力于创设一种诗意的氛围，使学生自然而然地融入其间，产生创作诗歌的愿望，触发他们创作诗歌的灵感。同时正确面对学生之间的差异，一节诗，一首诗都将是他们成功创作诗歌的开端，鼓励再鼓励。另在有限的时间内让学生独立完成诗歌创作，不是说没有难度。因此自拟题目或选题，目的是给学生更多选择的余地。让学生能尽快进入创作的状态，帮助部分学力较困难的学生完成课堂写作任务。使学生在训练中不断提升创作诗歌的技巧。

（四）自我背景性经验剖析

著名人文学者商友敬先生说，21世纪以人为本的中小学诗歌教育，应该围绕着三个维度来发展："一是发展学生的语言修养；二是发展学生的情感世界；三是发展学生的想象空间。"笔者认为，在小学低段的儿童诗教学中，如果能把童诗特有的语境、意境和心境从语言、情感和想象等方面与儿童的生

命对接，孩子的生命定会因此而激昂、充实、沉静或丰富。

儿童诗是以符合儿童心理的丰富想象，来抒写儿童的童真童趣的。教学儿童诗的过程其实是完成儿童诗在想象的世界中用心灵和儿童进行对话的过程。在教学中要叩开儿童想象的大门，让儿童展开想象的翅膀，感悟诗的题旨。同时，诗是语言的艺术。深刻的思想、鲜明的形象只有用凝练、形象、具有表现力的语言来表现，才能成为诗。儿童诗优美的语言，应该帮助儿童提高驾驭语言、鉴赏语言的能力，并从中获得美的享受。

而对于我们的孩子来说，他们的思维方式本身就具有浓郁的诗化色彩——月亮是张脸，星星会眨眼，花儿会微笑，小草会弯腰……这种思维特性，与诗人的艺术思维有天然的相通之处。如果能借助对童诗中关键词句的品味，打开他们想象的世界，构架起他们通往文本的想象的桥梁，就既能达到教学目的，又符合他们天性的需要。如果说情感是诗歌的灵魂，那么想象力就为诗歌插上了翅膀。爱因斯坦说："想象力比知识更重要。"在本堂课中，我就指导孩子们，用一个个生动的词语叩开了孩子思维的大门，在交流过程中再对诗中留白的画面进行补白想象。这样，无需说教，关于本首诗的寓意抑或情感，就在孩子们的想象和联想中水到渠成了。

（五）课时教学目标确定

基于以上分析，结合本学段学生心理特点和已有素养储备，为实现教学各要素间积极的思维碰撞，真诚的心灵沟通，生成以下教学目标：

1.能入情入境朗读两首关于树的诗歌。

2.能展开想象，创编诗歌，激发爱诗、写诗兴趣。

3.能喜欢树、爱护树，和树交朋友。

三、教学流程及设计意图

第一环节：小诗问候，拉近距离

首先，教师送给孩子们一首小诗，师生诵读。

早安，小松鼠

（新加坡）刘可式

早安，小松鼠/整个早晨，我一直看着你/怎样把每一寸玲珑的晨光，变作七彩的跳跃，/嚼成松子的果香。

然后，师生用这首小诗来互相问候，合作朗诵。

早安，同学们／早安，老师／整个早晨，我一直看着你们／整个早晨，我们一直看着您／怎样把每一寸玲珑的晨光，变作七彩的朗诵，嚼成书本的芳香。／怎样把每一寸玲珑的晨光，变作粉笔的舞蹈，嚼成知识的芳香。

最后，教师请同学们最动听的声音，把这首诗歌送给伙伴们。

早安，＿＿＿／整个早晨，我一直看着你／怎样把每一寸玲珑的晨光，／变作七彩的朗诵，／嚼成书本的芳香。

【设计意图：《早安，小松鼠》是新加坡诗人刘可式的一首儿童诗。当一只可爱的小松鼠展现在眼前，面对这一灵动的生命，师生一起朗诵、一起感受、一起陶醉，一起激励，教师、学生、诗歌之间融为一体，带给每一个孩子精神上愉悦。在这种氛围中，没有人是可以置身诗外的。】

第二环节：激发兴趣，唤醒诗心

首先，教师出示四句诗，指生读正确，并猜一猜诗中的它是谁？

它用肺腑倾吐芬芳／它用胸膛阻挡风沙／它用脚趾擒着泥土／它用不屈的向上证明生长。

然后，让孩子们用一句话说说自己眼中的树，师板书好词。

最后教师用诗一样的语言说出自己眼中的树，并让孩子们一起读一读黑板上描写树的好词，引出课题"树之歌"。

师：看得出来，人家很喜欢树，老师也很喜欢，在我眼中，树是一把绿色的大伞，撑起一片荫凉；树是一本绿色的书，谁把它翻得哗哗响？对呀，风儿最爱读。

师小结：树芬芳着我们的空气，树清凉着我们的炎日，树葱茏着我们的世界，树生长着我们的梦想，我们不仅可以用词语来描绘树，还可以用诗歌来赞美树，来讲述树的故事。今天，我们就来读几首关于"树"的儿童诗。（板书：树之歌）

【设计意图：诗歌天然地和儿童有着契合关系。儿童的想象方式、表达习惯和认知渠道，都有着诗的品质。阅读契合儿童心性的儿童诗，可以滋养儿童的心灵，为儿童的生活抹上一层色彩，烙上一重烙印，带来一种节奏。学生的语言是直白的、质朴的，教师用诗一般的语言引领，把诗一样的树的画面呈现在大家面前，"润物无声"般引领学生进入了诗的氛围。】

第三环节：阅读赏析，品味诗韵

《树阿姨染发》伊水

树阿姨很喜欢染发，/不染发她就浑身难受。/她请春姑娘把她的头发染成嫩绿色，/请夏叔叔把她的头发染成深绿色，/请秋姑姑把她的头发染成金黄色，/也许老是染发的缘故，/到了冬天，树阿姨的头发掉完啦！/为了遮丑，她就用雪缝了一顶白帽子，/小心翼翼地戴在头上。

首先，出示这首诗的前半部分："树阿姨很喜欢染发……请秋姑姑把她的头发染成金黄色。"指生朗读并试着往下写，过一把小诗人的瘾。

然后出示作者伊水到底是怎么写的。请同学们一起接着往下读，体会伊水借助冬天的雪、树落光了叶子这些常见、真实的事物、情景进行大胆的想象，让诗的结尾变得很有意思、出乎意料。

最后教师小结：想象力多么宝贵，它是一把钥匙，帮我们把诗歌的大门打开了；让孩子们插上想象的翅膀，融入对人物的情感、融入到诗歌创设的情境中，入情入境地读，才会读得有滋有味。同时感受：童诗，有时就像棉花糖，读着读着，会让人觉得甜甜的，软软的。

《树》　张秋生

森林里被锯掉一棵树/熊就在他的画册上/画下一棵树/森林被锯掉两棵树/熊就在他的画册上/画下两棵树……/熊时常翻开画册，对他已经/不再存在的朋友说：/要是你们还在/这世界该有多好

首先，通过朗读这首诗，把孩子们带入树和熊的故事中，带入树和熊生活的大森林中。

然后，请同学们继续展开想象猜一猜，熊和树会怎样一起玩耍？在孩子

们充分交流的基础上，引导用以下句式来完整地说一句话。

春天，阳光暖暖，_____；

夏天，_____，_____；

秋天，_____，_____；

冬天，_____，_____。

接下来，增加难度，连贯地说一段话，让小熊重温他和树在一起的快乐、温暖时光？并小结鼓励：同学们，插上想象的翅膀，你们已经写成了一首小诗，一首树和熊相亲相爱的诗。

最后，师配乐朗诵，引发学生想象，体会诗中省略号的作用，并产生共鸣，再次用心入情入境地朗读，感受童诗：有时又像露珠，读着读着，会让人觉得凉凉的，透透的。

可是，春天，熊再也不能和树一起捉迷藏了，因为树……

夏天，熊再也不能躺在树凉爽的怀抱中听故事了，因为树……

秋天，熊也不能和树一起荡秋千、数落叶了，因为树……

冬天，熊再也没有树温暖的陪伴了，因为树……

【设计意图：破坏诗歌意象的完整性，也容易陷入理性分析的泥潭，丧失诗歌感性的本质。所以，我从诗歌的整体入手，让学生先在听读中体会诗歌大意，在整体观照中领悟诗歌内涵与情感，逐步达到对诗歌的整体理解。之后，我又给学生充分的时间自读自悟，在读中理解诗意，在读中感知诗的韵律、节奏，在读中体会诗的思想、情感。这样，平面的诗句演变成为一幅幅鲜活的画面、一段段感人的旋律、一幕幕立体的场景。声音裹挟着意义，语言包容着和谐，文字生发着底蕴，朗读造就着美感，这是童诗教学美好的境界。】

第四环节：自由表达，激荡诗情。

首先，教师出示图片并介绍：看，这是我儿子心中最喜欢的树，他说：一棵棵大树就是变形金刚擎天柱，用有力的臂膀托起蓝天，守卫我们的家园。

然后，教师播放各具特点的树的图片，引导想象表达：在你的心中，树又是怎样一种样子呢？请用一两句诗说说你心中的树。

接下来，让学生把萌发的诗意赶快在树叶卡片上记录下来，用一两句诗写自己心中的树，如果能像伊水一样，写一段诗，那就更棒了。找出4、5篇优秀诗作。请大家静静聆听、用心欣赏。

最后，教师把这几位同学的诗连起来，组成一首不错的小诗，并小结点评：真是独木不成林，团结——协做出佳作！同学们的每句诗，都是一片树的叶子，一片诗歌树的叶子，谁还想来交流，快点让诗歌树茂盛起来。

【设计意图：梅子通教授曾经说过："诗意是一种很自然东西，就像人的呼吸那样。所以，守住真诚，才能不阻碍学生真正诗意的流露。"学生在感受着诗歌瑰丽的同时，会萌发一种想通过学习诗歌来倾诉自身感情的渴望，从借他人的诗句抒自己胸臆发展到自己写作的欲望，教师把准了学生的思维动态，引导学生自然流露真情，歌唱自由心曲，顺应兴趣迁移，给学生创造一定的环境，尝试写作。】

四、精彩片段

片段一：通情于意——在率真的意象中漫溯

诗贵言境，以境表情。诗歌教学的课堂应该是充满意境的课堂。古人云："立象以尽意。"诗歌是通过形象来表情达意的，客观的景物"象"与主观的情致"意"完美融合，就是"意象"。《树》这首儿童诗以孩子的思维方式、思维特点抒儿童之情，表儿童之意，将儿童的情、趣、意，寄于具体、单纯、明明的生活场景、物象、事象之中，构成了儿童诗的意象美。因此在教学时，就应该引领学生以形象感悟内涵，请看片段：

1. 第二首诗是由我国著名儿童文学作家张秋生写的《树》，先请同学们自由读一读，注意把字音读准确，把诗句读通顺。

2. 谁来读给大家听？

预设评价：你咬字清楚，语速、节奏让人感觉很舒服，请你当小老师，带领大家读一遍。

你的朗读，把我们带入树和熊的故事中，带入树和熊生活的大森林中。

3. 森林是树和熊的家，更是他们的游乐场，请同学们继续展开想象猜一猜，熊和树会怎样一起玩耍？

（课件同时出现春夏秋冬四幅图，先让学生自由想象、简单说一说"抓蝴蝶、捉迷藏、荡秋千、讲故事、摘果子、打雪仗、睡懒觉……）

师：看得出来，树和熊是一对形影不离的好朋友。你能用这样的句式来完整地说一句话吗？想说哪个季节都可以。

春天，阳光暖暖，_____；

夏天，＿＿＿＿＿，＿＿＿＿＿＿＿＿；

秋天，＿＿＿＿＿，＿＿＿＿＿＿＿＿；

冬天，＿＿＿＿＿，＿＿＿＿＿＿＿＿。

4.（课件同时出示四句话）谁能连贯地说一段话，让小熊重温他和树在一起的快乐、温暖时光？

师小结：同学们，插上想象的翅膀，你们已经写成了一首小诗，一首树和熊相亲相爱的诗。

5.师：可是，春天，熊再也不能和树一起捉迷藏了，因为树……

夏天，熊再也不能躺在树凉爽的怀抱中听故事了，因为树……

秋天，熊也不能和树一起荡秋千、数落叶了，因为树……

冬天，熊再也没有树温暖的陪伴了，因为树……

（配乐，课件文字变为树……）

（再出示这首诗）师：同学们，现在你们知道省略号在这里表示什么吗？能像诗中的语言这样接着说一说吗？（森林被砍掉三棵树……）

（出示动画）师：树在一棵棵地减少，朋友一个个地不见了，一棵棵树干，就是一具具尸体，那一个个树桩，就是大地无声的泪。

此时，谁想再读这首诗？（配乐）

师评价：我从你沉静的声音背后听出了你的内心波涛汹涌。

6.谁还想来读？让我们一起跟随着音乐读一读。

师：你们的朗读中，有怀念，有心痛，有不舍，而你们再次展开想象入情入境地朗读，更让我感受到树那一个个鲜活的生命。让我们像善待自己生命一样善待每一棵树吧！

师：童诗，有时又像露珠，读着读着，会让人觉得凉凉的，透透的。

片段二：寄情于诗——在童真的意趣中放歌

1.师：相信树早已走进你心里，和你成为朋友，树和你之间也有许多故事发生。看，这是我儿子心中最喜欢的树，他说：一棵棵大树就是变形金刚擎天柱，用有力的臂膀托起蓝天，守卫我们的家园。

师：（播放各具特点的树课件），在你的心中，树又是怎样一种样子呢？请用一两句诗说说你心中的树。（先找两三个学生自由说，再写）

2.师：把你萌发的诗意赶快在树叶卡片上记录下来，用一两句诗写写你心中的树，如果能像伊水一样，写一段诗，那就更棒了。

师巡视，看到好的让学生到前面来准备交流。（事先准备树叶形小卡片）

找出4、5个优秀诗作。

师：同学们，先打断一下，老师发现这几位同学完成得快，写得也不错，让我们静静聆听、用心欣赏一下好吗？真好，老师要把它贴到黑板上。

师：同学们发现了吗，如果把这几位同学的诗连起来，就是一首不错的小诗，不信，再听听？真是独木不成林，团结——协作出佳作！

师：同学们的每句诗，都是一片树的叶子，一片诗歌树的叶子，谁还想来交流，快点让诗歌树茂盛起来。（同学们不仅要把字写漂亮，更要把写字的姿势摆漂亮。）

师小结：同学们，由于时间关系，咱们的交流暂时结束了。不过课后，同学们可以将诗歌卡片互相传阅欣赏，还可以赠送给你的知心朋友，相信这是一份不错的小礼物。

3.总结延伸，传播诗香：同学们，这节课我们播下想象的种子，抽出诗的嫩叶，只要永远怀揣纯真的梦想，定会结出诗的果实。这节课马上就要结束了，老师写的一首小诗，让我们用这首诗来互相道别吧！（课件出示告别诗）

师：再见了，同学们。

生：再见了，老师。

师：整个课堂，你们一直陪伴着我。

生：整个课堂，您一直陪伴着我们。

怎样 敞开心扉，把跳动的思绪

变成激情飞扬；

怎样 想象画面，把真情的诵读

变成用心收藏；

怎样 积累词汇，把萌发的诗意

变成心与心的桥梁。

其实，你们就是我心中

那一棵棵小树，

母语滋养，绿洲环抱；

怀揣梦想，茁壮成长。

（完善板书成一棵小树形状。）

一首首灵韵飞扬的小诗从学生的心里流淌出来，具体、单纯、明了，又富于情趣，呈现出儿童们的独特感受、独特发现和独特表现。这样的课堂适应了孩子的心理、孩子的思维，是有生命活力的，是灵动而富有表现力的；这样的语文课堂才是儿童灵魂的唤醒、心灵的充实、精神的重塑和思想的升华，是美化的佳境，课堂教学因此显得轻灵雅致，别具一格。

五、自我反思

儿童诗篇幅短小、语言优美、构思新奇、想象独特，是最适合低段儿童的文学样式，也是练习儿童语言最好的启蒙教材。儿童文学作家樊发稼说："诗歌天然地和儿童有这种契合关系，他们的想象方式、表达习惯和认知渠道，都有着诗的品质。"所以这样的诗句，可以成为儿童内心世界的容器，可以成为儿童认知世界的道路和拐杖。

新课标对儿童诗的教学要求是"诵读儿歌、童谣和浅近的古诗，展开想象，获得初步的情感体验，感受语言的优美。"该目标从"语言、情感、想象"三方面对低年级学生如何学习诗歌提出了明确的要求，这三方面要求也正与诗歌的三大特点相对应。但具体的课堂教学，"想象如何展开，情感体验如何激发，感受到的语言美怎样表现出来"才算达到新课标的要求呢？那就要做到入情入境，流淌一份情。

儿童诗那短短的诗句中，流淌着条情感的河流。这河流，从诗题处起"源"，到结句还未断流。在教学《树之歌》时，笔者从开口说第一句话起，就用不同的手段激情、聚情、传情，带着学生融入课文，透过词一句，理解文字背后蕴藏的丰富情感，从而获得初步的情感体验。

（一）导入处激情

【片段一】

1.师：同学们，在正式上课之前，送给大家一首小诗，交个朋友好吗？我们一起来诵读。

早安，小松鼠

（新加坡）刘可式

早安，小松鼠／整个早晨我一直看着你，／怎样把每一寸玲珑的晨光，／

变作七彩的跳跃，/嚼成松子的果香。

师：同学们快抬头瞧，小松鼠正在树干上望着你呢，赶快和它打招呼吧！不要紧张，放松一点，轻松一些，"早安，小松鼠"。

2.同学们，让我们就用这首诗来互相问好吧。

师：早安，同学们。生：早安，老师

师：整个早晨，我一直看着你们。生：整个早晨，我们一直看着您

师：怎样把每一寸玲珑的晨光，变作七彩的朗诵，嚼成书本的芳香。

生：怎样把每一寸玲珑的晨光，变作粉笔的舞蹈，嚼成知识的芳香。

3.师：用你最动听的声音，把这首诗歌送给同桌吧。

早安，/整个早晨，我一直看着你/怎样把每一寸玲珑的晨光，/变作七彩的朗诵，/嚼成书本的芳香。

师：我想把这首诗送给这位在读诗的时候始终面带微笑的同学，能告诉我你叫什么名字吗？

早安，（与学生对话）

师小结：一首小诗，拉近了你我心的距离，我们开始上课吧。

课始，用一首活泼短小的童诗导入，一下子抓住了学生的注意，引发了他们的兴趣。晨光明媚的早晨，小松鼠在树枝上跳跃着，香甜地嚼着榛子，读着读着，孩子们眼前仿佛出现小松鼠那古灵精怪的面庞，带给学生视觉上的强烈冲击，这是从感官上激情；随即，笔者精心设计的教学语言也给学生带来了美的享受，当师生、生生之间用童诗互相问好时，满怀着惊讶与喜悦之情，这是从体验上激情；当老师带着微笑，与一个孩子单独问候时，学生也挺直了腰，微笑着再读，这是在评价中激情。这三次激发过后，学生的情已流露于眼眸间，流露于微笑中，这情感的闸门，已经打开。

（二）高潮点聚情

当学生的真情在课堂中流淌起来，教师就要借机推波助澜，起处要助势，伏处要烘托，并适时积聚，以掀起课堂教学中的高潮。

【片段二】

师：同学们，插上想象的翅膀，你们已经写成了一首小诗，一首树和熊相亲相爱的诗。

可是，春天，熊再也不能和树一起捉迷藏了，因为树……

夏天，熊再也不能躺在树凉爽的怀抱中听故事了，因为树……

秋天，熊也不能和树一起荡秋千、数落叶了，因为树……

冬天，熊再也没有树温暖的陪伴了，因为树……

（配乐，课件文字变为树……）

（再出示这首诗）师：同学们，现在你们知道省略号在这里表示什么吗？能像诗中的语言这样接着说一说吗？（森林被砍掉三棵树……）

（出示动画）师：树在一棵棵地减少，朋友一个个地不见了，一棵棵树干，就是一具具尸体，那一个个树桩，就是人地无声的泪。

此时，谁想再读这首诗？（配乐）

师评价：我从你沉静的声音背后听出了你的内心波涛汹涌。谁还想来读？让我们一起跟随着音乐读一读。

师：你们的朗读中，有怀念，有心痛，有不舍，而你们再次展开想象入情入境地朗读，更让我感受到树那一个个鲜活的生命。让我们像善待自己生命一样善待每一棵树吧！

诗是美的载体。诗的语言在排列形式上的美、音韵节奏上的美、创设意境上的美，想象新颖独特的美、抒发感情至真至纯的美、闪烁着哲理光芒的美，还有儿童诗独特的质朴美和稚拙美，要通过反复朗读来体会。于漪老师说："要反复读，把无声的文字变成有声的语言，读出感情，读出气势，如出自己之口，如出自己之心。"要读出文字背后蕴含的深情，就要将学生与作者的情融为一体。因此，教师就必须精心设计，为学生营造一个情绪场，即能给学生以情绪感染的情绪体验，进而产生某种学习动机的课堂环境，它能使学生尽快进入学习角色，以饱满的热情参与和完成学习任务。当学生跟随作者走进义本，走进画面，"如临其境、如见其形、如睹其不幸"，那对树的喜爱之情也就愈发浓烈，愈发深厚，积聚在心头，凝聚成那一句句赞美，一个个心愿。而这一切，正是从孩子心底流淌出的情感的自然表达。

（三）结束时传情

诗句教学结束之后，学生似乎情犹未尽，于是顺势引导孩子模仿课文格式编小诗送别。学生很快产生了移情体验，将诗歌学习过程中积聚的、流淌着的情感，一下子转移到真实的自然界的一草一木上，那一首首充满稚气、又充满灵气的小诗，透着同样浓浓的情，一直向课外延伸。如此一来，学生的情在导入时被激发，在流淌中起高潮，在结束时又从文本流向生活，实现了语文向生活的回归，从中获得的体验是真实的，也将会是刻骨铭心的。

总之，儿童诗的教学既要有"文学味"，上出诗歌这类文学文体的特质；又要有"孩子气"，就是在教学中要有儿童的视角。教师在课前有梯度的设计，给学生安上了想象的翅膀，串起了想象的珍珠，使学生的感情和作者的感情达成了共识，让课堂徜徉在儿童的诗意中，捍卫诗意的童心。

六、专业点评

1. 教师的文化感染是给予学生最朴素的德育滋养

与其说执教老师和孩子们上了一堂课，不如说该老师为所有人呈现了一种课程，一种创造性的师本化课程。从她超越现有文本，主题引领自选诗歌；到她超越传统教法，巧用造势引人入胜；再到超越常态课堂，知行合一"习诗育人"。我们看到，执教老师充分利用自己精心创造的诗意满满的"点"，和谐营造出真情浓浓的"场"。若干随时随刻的生成就是师生共建的母语课程。这种文化感染是最高级的人文关怀，也是最自然贴切的德育滋养。

2. 生命的和谐张扬是师生成长最关键的精神给养

执教老师用自己的教学实践向我们诠释了什么是"儿童立场"——关注儿童学习的起点；激发儿童学习的趣点；捕捉儿童学习的盲点；寻找儿童学习的触点。正是基于对儿童天性的尊重和顺应，该老师尝试从儿童的视角出发来选择、解读文本，努力让课前设计更贴近当下的生活、眼前的学生，课堂教学才达到了"师心荡漾，童心飞扬"的理想境界。这种对生命的尊重本身就是德育。一以贯之"童真童趣"的主线，从语言到情感，从想象到实践，从思维到心灵，师生协同创建美好。课虽尽，意未绝：不由得向往"人，诗意地栖居在大地上"；不由得感慨"做个语文老师，真好！"

课例四 热爱读书：吟经典诗词 悟国学魅力

执教心语：

"书籍是人类进步的阶梯"，而中华经典诗词则是浩瀚书海中最璀璨的一颗明珠。它承载着中国人的"核心价值观"和"道德规范"，是中华民族独特的"精神标识"和"精神命脉"。作为教育者，我们有责任立足于中华优秀传统文化，带领孩子们多亲近经典，从而在经典名著中构建中小学生的精神家园。

本课通过朗读和吟诵两种不同的方式和孩子们共同学习了《诗经》中的两首诗词。驻足回首整个准备过程，有太多的感激溢满心胸。感激教研室领导在百忙之中为我们评课、导课；感激学校的领导和老师不辞辛苦帮我磨课、改课……这一切的一切将是我取之不尽用之不竭的财富，使我受用一生。

一、教学内容

五年级《诗经》两首

二、目标确立

（一）课程目标及分析

《小学语文课程标准》对第二学段"阅读"有这样的要求：

1. 阅读诗歌，大体把握诗意，想象诗歌描述的情境，体会诗人的情感。

2. 接受优秀作品的感染和激励，向往和追求美好的理想。

3. 诵读优秀诗文，注意通过诗文的声调、节奏等体味作品的内容和情感。

4. 扩展阅读面，课外阅读总量不少于100万字。

《中小学语文学科德育指导纲要》的"德育特点"中指出：语文课程承载着丰富的文化内涵。语文课程在继承和弘扬中华民族优秀传统文化、增强民族文化认同感方面具有不可替代作用。同时，《纲要》"德育范畴"中第一条指出"阅读古今中外的经典名著和其他优秀读物，培养热爱读书的良好习惯，养成热爱读书的健康情趣。诵读吟咏，静声默会，充分感受汉语的音形意之美，深刻领悟作品的情感态度，积极探求作品的思想价值。"

因此，我将本课的德育目标之一确立为：学习传统文化，感受中国文化的博大精深和源远流长，培养热爱读书的良好习惯。这一目标，切合《纲要》中提出的"培养热爱读书的良好习惯，养成热爱读书的健康情趣。"德育目标之二确立为：通过学习感受先人"勤政爱民"的优秀品质和"滴水之恩必将涌泉相报"的美德。这正贴合《纲要》中指出的"诵读吟咏，静声默会，充分感受汉语的音形意之美，深刻领悟作品的情感态度，积极探求作品的思想价值。"在整节课中，通过诵读吟咏，静声默会，感受语言文字之美，进而养成爱读书的好习惯，增强民族文化认同感，积极探求作品的思想价值。

（二）教材分析

《诗经》是中国古代诗歌开端，最早的一部诗歌总集，收集了西周初年至春秋中叶（前11世纪至前6世纪）的诗歌，共311篇，又称《诗三百》。它标志着我国诗歌创作的第一个高峰。孔子曾概括《诗经》宗旨为"无邪"，并教育弟子读《诗经》被儒家奉为经典。本课主要学习其中两首《国风·召南·甘棠》和《国风·卫风·木瓜》。

《国风·召南·甘棠》是先秦现实主义诗集《诗经》中的一章《国风·召南》的一篇。召公在治西方的时候，治理得当，人民和睦。等到他去世了，人们怀念他，连他种的树都不忍心破坏，后人便作了这首诗来纪念他。全诗纯用赋体铺陈排衍，物象简明，而寓意深远，真挚恳切，体现了人民对召公的赞美和怀念。

《国风·卫风·木瓜》是中国古代第一部诗歌总集《诗经》中的一首诗。全诗三章，每章四句。在艺术上，全诗语句具有极高的重叠复沓程度，具有很强的音乐性，而句式的参差又造成跌宕有致的韵味，取得声情并茂的效果，具有浓厚的民歌色彩。

（三）学情分析

学生虽然在学校接触积累过不少古诗文，但对于传统经典《诗经》接触数量可谓寥寥。即便是接触也只是简单地朗读、积累，很少了解其中含义以及背后故事，可谓是只知其表不知其里，而对于吟诵这种传统的方式更是闻所未闻。

（四）自我背景性经验剖析

作为一名语文教师，我对传统文化情有独钟。尤其是吟诵的魅力更是让我沉醉其中，无法自拔。初次接触吟诵，是中华吟诵学会秘书长、教育家、国学家徐建顺老师莅临我们县市进行的一次吟诵公益讲座。徐老师认为吟诵它不仅仅是诵读方式，还是创作方式、教育方式、修身方式、养生方式，是汉文化的意义承载方式和传承方式，是中国式读书法，是一个博大精深的文化系统。从屈原开始，中国人开始"作诗"，"作诗"的主要方式是"先吟后录"，鲁迅也有诗云："吟罢低眉无写处"。徐老师还现场吟诵了《将进酒》，这种独一无二的方式顿时让在座的每一个人为之着迷。

从那以后，我就通过各种方式查阅有关吟诵的知识。欣赏了戴建荣老师执教的一节古诗——《送元二使安西》，当他用读、唱、吟、舞的方法带领学生学习古诗，体悟诗人的情怀时，我被这另样的教学方法深深吸引，尤其是那吟诵的调带给大家的感染力远非以往我们语文老师用的方法所能比拟的。虽然吟诵是中华优秀的传统文化,而今却面临着失传的境遇,作为语文老师,或者说作为一名中国教师,我觉得我有责任将它带到学生面前,让现在的孩子认识、了解古诗文真正的学习之道,并能通过吟诵这一特殊形式传承中国特有的精神。在吟诵声中一起去感受中国古代文人的情怀,一起领略中华文化的博大精深。

(五)课时教学目标确定

基于以上分析,结合本学段学生心理特点和已有素养储备,为实现教学各要素间积极的思维碰撞,真诚的心灵沟通,生成以下教学目标:

1. 学习传统文化,感受中国文化的博大精深和源远流长,培养学生热爱读书的良好习惯。

2. 通过学习感受先人"勤政爱民"的优秀品质和"滴水之恩必将涌泉相报"的美德。

3. 根据本课所学了解复沓手法,并能根据其特点进行背诵。

4. 学习吟诵的入门方法。

三、教学流程及设计意图

第一环节:观看视频,亲近经典

首先,课前播放《蒹葭》吟诵视频,请学生猜猜这首诗歌的名字。

然后,由《蒹葭》引出《诗经》,课件出示孔子对于诗经的评价"不学诗无以言",初步感受《诗经》举足轻重的地位,并进行背诵积累。

最后,引出课题进行接下来的学习。

【设计意图:开课之前播放《蒹葭》视频,既能缓解孩子们课前紧张的情绪又能营造一种学习国学的氛围,使学生初步感受《诗经》的美,从而顺理成章地引出课题达到未成曲调先有情的教学效果。】

第二环节:解析题目,感受不同

首先,课件出示《国风·召南·甘棠》和《国风·卫风·木瓜》,引导学生观察与我们以往所学古诗题目有什么不同之处。

然后,课件呈现有关《诗经》的简短介绍,使学生对其有初步的了解。

最后,引导学生根据刚刚呈现的《诗经》资料总结出今天要学的两首诗歌的题目是由书名、地方名和主题内容组成。

【设计意图：出示两首诗歌的题目，引导学生由课题产生疑问，激发学生的探索意识。而后依照学生的学习需求出示有关《诗经》的简单介绍。并引导学生从中自己寻找有关题目的相关信息，从而体会学习的快乐，感受传统文化的博大精深与源远流长。】

第三环节：品学《甘棠》，感悟勤政爱民

首先，课件出示甘棠树图片，引发学生思考这种最普通的一种为什么会被人们写成诗歌而且还不让砍伐呢？随后尝试着结合老师提供的注释，自己寻找答案。

然后，学生交流自学成果，课件呈现召伯的资料，了解其勤政爱民的品质。

最后，通过各种形式的一遍遍诵读读出人们对召伯的爱戴，并寻找出复沓规律，练习背诵。

【设计意图:《课程指导纲要》指出："对经典的释义与解读，应力求准确无误，根据作者的时代背景、整体思想进行阐释，使学生从经典学习中汲取营养和智慧，萃取思想精华。而其中"热爱读书"这一道德范畴中更是明确指出：深刻领悟作品的情感态度，积极探求作品的思想价值，自觉汲取作品的文化智慧，陶冶性情，完善人格。"因此通过"一棵普通的甘棠树它为什么会被人们写成诗歌而且还不让砍伐呢？"这样一个问题，让孩子们带着问题自由朗读诗歌，并根据老师提供的注释自己找寻答案。这样设计的意图就是避免老师泛泛而谈地说教，充分调动孩子们自主探究解决问题的意识，发挥他们的自学能力。在孩子们知道百姓因召伯而如此重视这棵甘棠树时，教师再出示有关召伯的资料。使孩子们对召伯有了更进一步的了解，从而能更深刻体会到百姓对召伯的爱戴与思念之情。】

第四环节：吟诵《木瓜》，感受传统魅力

首先，带着以下问题初读诗歌"在诗歌中朋友赠送给我哪三样物品，我又回赠了什么？"了解诗意，感受诗歌中蕴含的"滴水之恩将涌泉相报"的传统美德。

然后，学习吟诵的最基本方法，尝试吟诵《木瓜》。

【设计意图:《课程指导纲要》在"热爱读书"这一德育范畴中明确指出："要诵读吟咏，静声默会，以充分感受汉语的音形意之美。"而吟诵是我国优秀的非物质文化遗产代表作，是汉文化圈中的人们对汉语诗文的传统诵读方式，也是中国人学习文化时高效的教育和学习方法，有着两千年以上的历史，代代相传，人人皆能，在历史上起到过极其重要的社会作用，是公认的中国文化独特魅力之一，在国际上享有很高的声誉。中华优秀传统文化承载着中国人的"核心价值观"和"道德规范"，是中华民族独特的"精神标识"和"精神命脉"。因此，作为炎黄子孙我们有责任和义务将吟诵这种独有的诵读方式传承下去。】

第五环节：升华情感，结束教学

课后请同学尝试用吟诵的方法学习更多《诗经》中的其他诗歌。

四、精彩片段

片段一：引导发现，感受复沓之美

当学生已经了解了《甘棠》的创作背景并能熟练朗读该诗歌后，我便引导学生观察本首诗歌中仅有哪几个字是不同的。学生轻而易举地发现整首诗歌除了"伐、茇、败、憩、拜、说"这六个字不同之外，其他的句子完全一样。此时，我顺理成章地告诉学生这种重章叠句的手法也叫复沓，在诗歌中一咏三叹，呈现出别样的美感。不仅如此，我们只要能抓住这些不同的地方，就能很快背诵下整首诗歌，这就是背诵中的求同存异法，然后引导孩子根据这种方法试着背诵《甘棠》。学生在很短的时间里就积累背诵下看似拗口的《甘棠》。我再顺势向学生介绍《诗经》中大约有100多首诗歌都使用复沓手法。除了我们刚刚学的《甘棠》还有《硕鼠》《草虫》《雀巢》《蒹葭》等，都可以采用这种求同存异法进行积累背诵。

片段二：平仄之间，感悟吟诵之魅

首先我由课前播放的《蒹葭》吟诵视频引出吟诵这一话题，而后向学生简单介绍吟诵这一占老又极具中国特色的诵读方式，充分调动学生学习吟诵的兴趣。接下来从"一二声平三四仄、平长仄短需分明、依字行腔气息匀、韵字结尾婉转行"四个方面由浅及深逐字逐句教给学生吟诵《木瓜》的方法。学生根据平长仄短的方法逐字进行标长短线，再依调进行吟唱。学生们对于吟诵这种前所未闻的方式很感兴趣，学得很认真。随后，我向学生们介绍吟诵同一首诗词，可以有很多腔调。并让大家欣赏了不同腔调的《木瓜》吟诵视频，让学生们感受到我们中国虽然没有贝多芬和莫扎特，却人人都可以是作曲家，这就是吟诵的独特音韵魅力。

课后，学生们意犹未尽围在我身边问："老师，下节吟诵课我们要学习什么呢？"不仅如此，课间的时候会经常听到学生们吟诵《木瓜》。可以看出学生们都很喜欢这种古老的诵读方式。吟诵课虽已结束，但此课程带给同学们的影响却是深远的。窥一斑而知全豹，由吟诵所引出的博大精深的中华文化，更值得我们去传承与发扬。

五、自我反思

《中小学语文学科德育实施指导纲要》中指出"中华传统文化博大精深、源远流长，蕴含着极其丰富而又珍贵的思想精神财富。实现中华民族伟大复兴的中国梦，必须大力传承弘扬中华优秀传统文化。"而中小学承担着文化传承的神圣使命，是传统文化教育的重要阵地。因此，我们学校将亲近传统文化作为校本课程，进行深入研究。本课中主要以中华优秀传统文化经典为主要学习内容，在一遍遍诵读中将中华优秀传统文化的精华要义内化于心、外化于行，使中华优秀传统文化得以弘扬光大，中华传统美德薪火相传。

众所周知，中华古诗文，阅，则赏心悦目；读，则朗朗上口；诵，则心领神会；吟，则意气飞扬。但是对学生而言，背诵是枯燥的、痛苦的。当我尝试用吟诵的方法进行古诗教学时，学生很快就接受并喜欢上了。随之而来的一个变化是，学生通过吟诵能更好地理解古诗、更快地记忆古诗。因为吟诵有旋律、有音调，像唱歌一样，是感性的、美的、愉悦的。我想，我们的语文教学研究，不要只是停留在课堂教学的方法、策略和模式的研究上，还应该正本清源，回归我们传统文化的根，重视母语基础知识的学习和研究，学习古诗的音韵声律，赏析诗词文章的意境之美，不断夯实语文教师的基础知识，从更深层次和更高意义上提高我们的文化素养。只有这样，才能使我们优秀的传统文化得到传承和发扬，才能不辜负教师"传道、授业、解惑"的历史重任。

六、专业点评

《小学语文课程标准》指出："小学语文教学应培育学生热爱祖国语言文字和中华优秀文化的思想感情""背诵优秀诗文选不少于150篇（含课文）"，并在大纲后面附有80首古诗词推荐篇目。可见加强古诗词的背诵是小学语文教学的重要任务。如何让学生们不仅仅是背诵积累更能深深爱上这一祖国传统文化中璀璨之珠，是我们为人师者承担更应该注意的问题。该老师执教的这节课，有以下几点值得我们学习：

（一）情感酝酿，未成曲调先有情

开课之前播放《蒹葭》视频，既能缓解孩子们课前紧张的情绪又能营造一种学习国学的氛围，使学生初步感受《诗经》的美，从而顺理成章地引出课题。

（二）质疑释题，激发探索欲望

出示两首诗歌的题目，引导学生由课题产生疑问，激发学生的探索意识。而后依照学生的学习需求出示有关《诗经》的简单介绍。并引导学生从中自己寻找有关题目的相关信息，从而体会学习的快乐。

（三）读中思悟，晓之以意动之以情

在教学《甘棠》这首诗歌的时候，老师设计了两个小板块。首先通过"一棵普通的甘棠树它为什么会被人们写成诗歌而且还不让砍伐呢？"这样一个问题，让孩子们带着问题自由朗读诗歌，并根据老师提供的注释自己找寻答案。这样设计的意图就是避免老师泛泛而谈地说教，充分调动孩子们自主探究解决问题的意识，发挥他们的自学能力。在孩子们知道百姓因召伯而如此重视这棵甘棠树时，教师再出示有关召伯的资料。使孩子们对召伯有了更进一步的了解，从而能更深刻体会到百姓对召伯的爱戴与思念之情。使接下来的朗读指导成了有源之水、有本可循。接下来在一遍遍的朗读中引导学生发现本首诗歌复沓的写作手法，从而指导孩子用求同存异的方法背诵积累本首诗歌。

（四）扶放结合，快快乐乐学吟诵

由于《木瓜》这首诗歌与《甘棠》相比易于理解，于是教师只是引导孩子们发现朋友与我相互馈赠的礼物有何不同。在孩子们大体理解诗意后，引导学生在行进间积累与之相关的"投木报琼和投桃报李"两个成语，感受"滴水之恩将涌泉相报"的道理。而后为了推陈出新，采用了吟诵的方式来教学该首诗歌。

吟诵于学生而言完全是新鲜事物，于是教师本着由教到扶再到放的原则组织教学。在学习平仄音的时候，先是引导孩子们一起共同标出"投我以木瓜"的平仄音，而后让单个孩子标出"报之以琼据"的平仄音。而在接下来的"匪报也，永以为好也"的平仄音中则让孩子们用上面学到的方法自己试着标出平长仄短的长短线。这一设计就是为了体现循序渐进、由易到难的教学理念。在孩子们基本学会第一章的吟诵后，接下来的二三章则让他们根据第一章的方法来试着自己吟诵，体现出由扶到放的设计意图。孩子们在一遍遍的吟诵中，体会到复沓之妙、音韵之美以及学习之乐。

《课程指导纲要》指出：要坚持"以文化人"，注重"知行合一"，以增强中小学生对民族文化和社会主义核心价值观的认同感和自信心，将中华优秀传统文化的精华要义内化于心、外化于行，使中华优秀传统文化得以弘扬光大，中华传统美德薪火相传。因此，本课的教学让学生通过学习经典章句以及文本背后蕴含的传统美德，把所学内容转化为价值评判能力和道德实践能力，自觉汲取作品的文化智慧，陶冶性情，完善人格，做社会主义核心价值观和传统美德的践行者。

第三节　　主题单元"六艺"课程

一、主题单元"六艺"课程形态简述

小学母语"阳光·绿洲"工程的六艺课程，经历了工程的提出与专题研究，项目融合与文化研究，项目的更名与创新研究，至此构建起了课程视野的"六艺"课程体系。

"六艺"课程旨在提升学生的母语素养，契合现在所提出的语文的核心素养即"语言的建构和运用""思维的发展和提升""审美的鉴赏和创造"以及"文化的理解和传承"四方面。

现行教材分为古诗文系列、记叙文系列、说明文系列、寓言童话系列等。"六艺"课程主要是对四种系列教材的项目式学习的开发与实践，建立起以母语"六艺"学习为操作且一节课选取一个学习项目作为核心学习方式贯穿课堂始终的课堂表达形态。在实践研究中，我们构建了"六艺"课程序列化操作体系。主要包括一至五年级/学段"六艺"序列目标；一至五年级/学段"六艺"序列训练内容；一至五年级/学段"六艺"序列能力点与训练支架；一至五年级/学段"六艺"序列评价方式。这种课程体系指向于老师和学生的自主教学和主动学习。

在具体的课堂表达中，课程目标必须阐明哪一核心项目的实践、学习的具体方式，核心项目既是过程与方法，也是母语四大核心素养中关键能力的构成元素；课程设计需要考量这种核心项目是以怎样的方式落实贯通于课堂始终并加以评价和调适课堂进程，还要思考以其他的何种项目学习合围达成本课的课程目标，更要提选出这种核心项目学习的能力点、进步点和训练支架，组织学生进行梯次跟进的语言学习与运用，培养学生学会学习母语的能力。

我们所提供的示例是对同一篇文本从"六艺"角度分别进行设计，展示了同一文本实现核心素养落地的不同路径。写字，不仅仅是为阅读服务，更是涵养传统文化素养，增强文化自信的重要方式。写字课程选取对文本具有核心解读意义的字例进行字理文化解析达到一字知文化，一字知文本之目的，选取典型字例进行具体的书写指导，达到写一字知一类之目的。在此过程中注意书写指导的支架搭建、现场的指导与反馈及再改进，注意以童真童趣的教学方式培养学生识字、写字的兴趣。

朗读，是小学段母语学习提高语感、滋养品性、陶冶情操等最直接最有效的方式。朗读课程选取核心句段进行朗读包括传统诵读的多元实践，以丰富朗读的趣味性，深化文化性，特别关注朗读的层次技术指导、朗读的梯次进步与文本解读的相融问题。

积累，是进行高级母语表达的基础。传统的母语教学，将"积累性学习"视为童子授业的起始和社会化的重要途径，积累成为古代母语学习最为显著的特征，只有这样才能使学习者口语表达"妙语连珠，出口成章"，写作"文思泉涌，妙笔生花"。积累课程应该依托现行教材实行主题性、丰富性、多元化积累，特别注重积累的生活化运用。

复述，课程标准对小学的三个学段都有明确要求，它经历对语言材料进行感知、理解、记忆、分析、归纳、表达的心理认知过程，重在培养学生的想象和思维能力。课堂操作一般遵循"简要复述（线索支架）→详细复述（关键词支架）→创造复述（想象画面支架）"拓展复述的程式。复述标准和支架搭建应该根据学段不同而有所变化。

演说，虽说发轫于先秦时期的诸子百家论辩教学，后期却被忽视。准确、清晰、生动、有逻辑性地表达自己的观点是新时代人核心素养的重要元素。演说课程需要根据文本特色及学生生活实际选择演说主题，考虑训练的层次性，搭建有梯度的训练支架，以支架要求进行针对性评价。

　　评介课程，来源于传统母语学习的注议、评点等，现代意义上的评介包括习作评介、文本评介，都是通过评介的对应性（习作、文本理解的要求），以自评、互评、师评的方式促进习作和文本解读的优质改进，进而提高学生自能读书和自能习作能力。一般情况下，积累、复述、演说目标的达成需要以朗读作为基础手段。

　　在实践应用中，老师们可根据文本特性选取较为适宜的项目学习方式，构建真正意义上的文本课堂，同时也丰富了学生的母语实践方式；老师也可根据自己专业特长，选取适切的项目教学方式，构建起真正意义上的师本课堂，为教学风格的锻造提供借鉴；老师还可基于学校育人目标、办学特色对教材进行校本化改造，构建起真正意义上的校本课堂。

二、主题单元"六艺"课程示例

课例一　革命故事：《狼牙山五壮士》写字课例

一、课程目标

　　1.指导学生通过观察，规范地书写生字中左右结构之"左窄右宽"的字，并能领悟其特点和规律。

　　2.以写规范美观的字的方式巩固识字、积累词语。

　　3.培养写字的兴趣和欣赏字的审美情趣，感受中国汉字文化的魅力。

二、课程设计

（一）

　　1.1941年秋天，日寇集中兵力，向我晋察冀根据地大举进犯，五壮士不畏强敌，浴血奋战的精神感动着今天的我们。课文的描写再现了当时的动人场面，请同学们大声朗读课文，找到战士掩护群众撤离的场面描写。

　　2.在这一场面描写中运用了大量表示动作的词，请大家圈画出来。

　　吼、抢、绷、瞄

　　3.这几个字都是左右结构的字，除此之外，本课中斩、仇、恨、崎、岖等也是左右结构。在现行常用汉字中，以左右结构的合体字居多，占50%以上。再细分一下，这些又属于左窄右宽的字，今天我们就来学习这类字的写法。

（二）

中国书法是我们中华民族的艺术瑰宝。汉字的发明是中华民族对人类文明所做重要贡献。汉字的每一笔，每一画都深具美感。学习书法能陶冶我们的情操、提高我们的审美水平。

猜一猜这是谁？

对了，就是恨。篆文 = （心，怨愤）+ （艮，瞪眼），造字本义：因怨愤而瞪眼怒视。

看，汉字就是如此奇妙，每个字都可以是一个故事。

1. 写左右结构的字应遵循什么样的笔顺规则？

2. 再看看这些左右结构的字左右两边什么特点？左窄右宽的字在田字格中怎样写才美观呢？请同学们仔细观察这些字。

3. 指名说。学生说得不够准确的时候老师加以纠正，引导学生准确表述。学生说得好，加以表扬。（因为左半部分窄，右半部分宽，所以左边应往左挪，让出一块地方给右半部分）

4. 师小结：你们的小眼睛真亮。对啊，左窄右宽的字，就好比一个瘦子和一个胖子走到一起，左边瘦子苗条些，右边胖子粗壮些，两个人又不能分开，所以要互相谦让，互相照应。

5. 写左窄右宽的字除了在结构上注意左边部分要向左挪一下，让出一点儿地方给右半部分，还要注意些什么？指名说。（左右紧凑、间距匀称、第三横画较长，注意穿插）

6. 小结：同学们真会观察。是呀，整体结构把握好后，还要注意左右紧凑、间距匀称、注意穿插，这样写出的字就漂亮了。这就如同做人一样，大家要互相谦让，友好相处。通过仔细观察，我们找出写左窄右宽的字的特点与规律。老师为了便于同学们记忆，编了个顺溜。

课件出示：

体形窄，左边站，

横要短，捺要收。

右边宽，要舒展。

笔画穿插不分家，

左右谦让才美观。

7. 用具体字为例，讲解顺口溜的意思。学生再读顺口溜。

（三）根据顺口溜指导学生写字

1. 老师范写"抢、恨"，学生认真看并书空。

2. 学生练习写。写前课件出示写字要求：

头正肩平，臂开足安

"三个一"记心间。

看清再描仿，笔笔用心写，功到自然成。

学生逐行齐读，边读边做出正确动作。学生摆好写字姿势开始写字。

老师巡视、指导。

（1）强调写字姿势，表扬做得正确的。

（2）表扬笔画和字写得规范美观的。学生有写得不规范的笔画指出来或给学生范写。

（3）学生写完后对照字帖认真观察，看看你写的字和字帖有没有不一样的地方？再在后面写1—2个更好的。

（4）实物投影展示学生写的字，表扬通过认真读帖后，又写了一个比前边的字有进步的同学。引导学生观察哪个字好？好在哪？哪个字还需要练习？练习时注意结构还是笔画？

3. 小结：其实汉字的每一笔都深具美感，需要我们仔细观察才能发现。接下来把剩下的字一个写两遍。先提醒学生摆好写字姿势，老师像前边一样巡视指导。

4. 老师发现同学们写字都很认真，我们不仅要会写单独的字，更要会写好词语，看，这是本节课里写英雄们的词语，你能结合本节课学习的书写左窄右宽的字的特点，将这些词语写好吗？

全神贯注、昂首挺胸、居高临下、斩钉截铁

热血沸腾、壮烈豪迈、惊天动地、气壮山河

5. 同学们堂堂正正做人，规规矩矩写字，希望我们每个人都有一首漂亮的中国字，同时都有我们的英雄一样的品格。

三、课程说明

本节课定位为删繁就简学写字，润物无声学做人。

教学目标是课堂教学的灵魂，过程的最优化，其前提就是教学目标设计的最优化。本课堂目标锁定在三个"点"的落实上：

第一个点是掌握左右结构的字中"左窄右宽"的字的写法，采用的教学策略是以点带面。教师重点指导"抢、恨"两个字的写法，而总结出来的是这一类字的写法。从学生角度出发，巧妙地把这一类字的写法编成儿歌，通俗易懂，学生在兴趣盎然中接受了看似枯燥的写法指导。

第二个点是培养学生良好的写字习惯，注重文化渗透。明确要求学生不仅要有习惯的一以贯之，还要求书写有一定的速度，同时由字过渡到词的写法。对于写得不好看的字也不要乱画，而是在后面再写一个更好看的，既保持了纸面的整洁，又养成了下笔即正确的好习惯。这些看似不起眼的细节，恰恰是学生良好写字习惯养成的重要途径。同时注意渗透汉字文化，比如"恨"的字形演变。

第三个点是习字励志，采用的策略是自然渗透。立德树人应该像春雨那样"润物细无声"。从开始引导"胖子、瘦子的谦让"到课尾的"堂堂正正做人，规规矩矩写字，中国人应该写好中国字"，体现了工具性与人文性的交流。我们可以看到，写好汉字的自豪之情始终洋溢在孩子们可爱的小脸蛋上。

课例二　革命故事：《狼牙山五壮士》朗读课例

一、课程目标

1.学生通过朗读感悟、合作探究等方法，品读文章关键词句。激情朗读描写五壮士跳崖的部分。

2.感受五壮士为了掩护群众和主力部队，抗击日寇的英雄气概和不畏牺牲的崇高精神。

二、课程设计

（一）破题导入

1.板书课题，齐读。

师：什么样的人能被称为"壮士"呢？

生答：略。

课件展示 壮士：勇敢而豪壮的人。

2.师："壮士"一词最早出现在"荆轲刺秦"的故事中。

3

经典国学出示："风萧萧兮易水寒，壮士一去兮不复还！"

师讲述国学故事：两千年前的战国时代，燕国太子丹派荆轲去刺杀秦王。在易水河边送别荆轲时，荆轲边走边高歌："风萧萧兮易水寒，壮士一去兮不复还！"荆轲明知有去无还，却毅然前往，短短两句诗永垂千古。

让我们带着"敬仰之心"读出那种雄壮之情！

指生读；齐读。

3. 师：在对日战争中，一场残酷的战斗，让中华儿女铭记了五位英雄，这就是我们今天要学习的——

生：用激扬慷慨的语气读《狼牙山五壮士》！

4. 师：请同学们自由朗读课义，并思考．看看课文是按怎样的顺序写的，可以分为几部分？

生交流，明确课文顺序与层次：

本课是按照事情发展的顺序写的。

第一部分（1自然段）：接受任务

第二部分（2自然段）：诱敌上山

第三部分（3自然段）：引上绝路

第四部分（4—5自然段）：顶峰歼敌

第五部分（6—9自然段）：英勇跳崖

（二）诵读精彩篇章

1. 师：学习这篇课文，我们首先要学会像诗人一样热情歌颂五壮士！

大家想一想，怎样才能更好地朗诵呢？师帮助学生回忆老师曾做过的朗读指导知识。

师生共议得出。

（1）把握节奏、重音。（语调激昂、感情豪迈。）

（2）把握时代背景。

（3）对语言的品味。

（4）调节自己的感情。

2. 老师配乐范读，生作批注。

师：请大家听老师读，同学们将你听到的语气旁批到书上。听完后，选择你最喜欢的一句或一节，说一说应怎样读。

206

3.学生小组合作朗诵

师出示温馨提示：鼓励学生小组合作探究，设计多种形式合作朗诵。

（1）人员数量的搭配——二人组、三人组、四人组、男女混合组……

（2）内容篇幅的选择——全文、某段，甚至一两句。

（3）内容的具体分工——学生对所选的语段进行分工朗诵，创造多样式的朗诵方法。

学生自由搭配，练习诵读，老师查看，不要让任何学生掉队。

4.交流分享，全班评出最有情感感染力的朗读组合，予以鼓励。

师：出示朗读锦囊。

重音的朗读技巧。

重音是朗读时对句子中某些词语从声音上加以突出的现象。重音的表达是丰富多彩的，但我们常用的方法有以下几种：

（1）一字一顿法。就是在要强调的字词前后作短暂停顿，使所发出的声音迸出，铿锵有力。通常用来表现坚定的态度、强烈的情感。

（2）拖长音节法。即把要强调的字词的读音拉长，"调值"读得夸张些，借增加音节的长度来起到突出强调的作用。常用来表达较深沉的感情或耐人寻味的语意。

（3）重音读轻法。也就是控制音量，使气大于声，把要突出的词语轻柔而缓慢地读出。常用来表达怀念、悲伤、慈爱、缠绵等情感。

根据学生的展示，随机引导重音的朗读技巧，重点指导后三部分的朗读：

①引上绝路："为了不让敌人发现群众和连队主力，班长马宝玉斩钉截铁地说了一声'走！'带头向棋盘陀走去。战士们热血沸腾，紧跟在班长后面。"

师：战士们选择了一条绝路，也就是说面临的将是死亡，为什么情绪还高涨呢？（是为了保护人民群众和部队主力，死亡也值得；为了保存战斗力量，取得战役的胜利，就是牺牲也光荣）

师：因此，我们读班长的话要读得坚定、果断；读"热血沸腾"要高昂，可用"一字一顿法"从而表现五壮士那高涨的情绪。我们练读这两句话，老师引读，大家跟着读。"走哪一条路呢？"

②顶峰歼敌"他刚要拧开盖子，班长抢前一步，夺过手榴弹插在腰间，猛地举起一块磨盘大的石头，大声喊："同志们！用石头砸！"顿时，石头像

電子一样，带着五壮士的决心，带着中国人民的仇恨，向敌人头上砸去。山坡上一阵"叽里呱啦"的叫声，敌人纷纷滚落深谷。"

师：你们说说，我们对日寇为什么那么仇恨哪？

生：日本侵略者在我们东北建立了一个"731"细菌部队，用中国人做实验，向人体内注射鼠疫。

师：手段极其残忍。

生：日寇在我根据地实行"三光"政策，也就是杀光、烧光、抢光。

生：当时，日本鬼子在我国进行了震惊世界的南京大屠杀……

师：是的，他们竟然杀死我同胞30多万人。想到这些国家耻、民族仇，怒火在五壮士心中燃烧。他们决心用石头与敌人血战到底！因此，我们要把这种仇恨的情感读出来。"砸"要重读，两个"带着"，第一个语气要强烈。大家自由练读。

（学生情绪激愤，然后齐读。）

③英勇跳崖"打倒日本帝国主义！"

"中国共产党万岁！"

这是英雄的中国人民坚强不屈的声音！这声音惊天动地、气壮山河！

师：读得很好，情感很充沛！我们用"拖长音节法"突出强调五位英雄的壮举！他们用气壮山河的英雄壮举向日寇和所有侵略者证明：中国人民是不可战胜的，是不屈服于任何外来侵略的。因此，作者在结尾赞美了五壮士的声音。

师：为什么说这是中国人民坚强不屈的声音？

生：他们把敌人引上绝路，在胜利地完成了战斗任务的情况下，子弹打完了，还用石头砸敌人，最后纵身跳崖，也不当敌人俘虏。这就是英雄的中国人民坚强不屈的声音……

师："惊天动地""气壮山河"指的是什么？

生："惊天动地"是指声音很大，惊动了天地。"气壮山河"的意思是气魄像高山大河一样雄伟、豪迈。

师：这只是赞颂五壮士视死如归、壮烈豪迈的英雄气概吗？

生：更是在赞颂中国人民的爱国主义精神，不屈服于任何外来侵略的民族气节。

师：因此，这句中的"英雄"和"坚强不屈"要重读。"惊天动地"和"气壮山河"要读得有气势。这样才能读出五壮士的高大形象和壮烈行为。听老师来读这两个句子。（教师范读，接着指名读。）

师：这壮烈豪迈的口号声响彻云霄，震撼大地。它喊出了中华儿女头可断，血可流，民族尊严不可丢的凛然正气。大家齐读这两句。（生齐读）

师：（总结全文）……是的，历史不会忘记英雄，让我们永远记住这悲壮的历史场面，做一个坚强不屈、自强不息的中国人！

5. 师生合作配乐朗读：

播放《狼牙山五壮士》视频，在画面、乐曲声中，进一步感受五壮士的英勇豪迈。

（三）赋诗一首，颂赞五壮士

1. 师：课文读到这里，你认为他们是怎样的战士呢？

生：不畏艰险、大义凛然、不怕牺牲……

如果此刻五壮士站在你的面前，你想和他们说些什么？

提示：开放性问题，言之有理即可。

2. 我要为五壮士，赋诗一首，请大家朗诵：

生：巍巍狼牙山，萧萧易水寒。千秋五壮士，威震狼牙山。

师：风萧萧兮易水寒，壮士一去兮不复还！中国人民为有这样的英雄儿女而骄傲，巍巍狼牙山，滔滔易水河，是中华民族不可战胜的见证。历史永远记住他们，我们也将永远铭记，英雄不朽，祖国万岁！

3. 布置作业：课下阅读其他描写爱国英雄的文学作品，下节课和同学们一起交流分享。

三、课程说明

（一）课堂训练"读"占鳌头

开课以国学，荆轲的"风萧萧兮易水寒，壮士一去兮不复还！"奠定了全篇悲壮的基调。继而，教师激情澎湃的配乐范读，充分调动了学生的积极性，学生也都能放得开，大胆、激情地读，感受到了五壮士的豪迈之情。

在交流环节，师对同学们的说法予以肯定，要求每一位同学在表达自己的朗读见解后都能大声朗读一下。抓住关键词语理解课文内容，不仅可以让学生理解词语的本意，还要理解在课文中表达的意思和蕴含的情感，用文中的情感诱发学生读的欲望，这样读的质量就有保证了。读课文又要善于联系实际，通过联系课文中事例，联系现实生活，把"决心""仇恨"两个词放在具体事实中理解，从抽象到具体，激发了学生的情感，使之动心，再以"情"促读。强烈的情感需要通过读来表现，这样就把读的质量提高了。

接着，师生共同配乐、配图朗读，入情入境，将全课带入高潮。课堂气氛达到了高潮，学生的朗读水平在理解课文的基础上又有了大幅提高，可谓是声情并茂。

最后老师赋诗一首，为五位英雄壮行。学生的朗读激情澎湃，磅礴而出，把对英雄的崇敬之情诉诸言表。

（二）革命故事，立德树人

这篇革命故事着重表现了五壮士热爱祖国，热爱人民，仇恨敌人，勇于牺牲的精神。而体会五壮士的思想感情，伟大的献身精神是本课教学的重点。

通过三次朗读指导，从学生的角度出发，创设了朗读情境。根据故事的体裁特点，指导学生在读中，要表达生动、动作恰当、感情处理得当，具有较强的感染力、吸引力、号召力。注重引导学生发现、感受、评价，学生能认识得到了提高，还培养了学生正确的情感、态度和价值观，五壮士的形象得到了提升，精神得到了升华，课文的重点得到了突破。

课例三　革命故事：《狼牙山五壮士》积累课例

一、课程目标

1. 积累并运用事件中连贯动词，学会在生活中积累。

2. 采用速记形式积累并运用表现英雄气概的成语，通过想象式方法积累描写五壮士跳崖部分。

二、课程设计

（一）导入

同学们，1931年九一八事变爆发，帝国主义大举入侵中国，从而引发了长达十四年的抗日战争。抗战期间，无数次残酷战斗让中华儿女铭记于心，其中有一场战斗，给我们每一名中国人带来了深深的震撼，请大家看一段视频资料。

（播放跳崖视频）

这场战斗发生河北省保定区的狼牙山，参加战斗的仅有五个人，他们被称为"狼牙山五壮士"（板书课题，学生齐读课题）

（二）体验文本，积累运用。

1. 积累重点词语。（同学们，刚才五壮士跳崖的情景深深感动着我们，课文中关于五壮士跳崖的部分也有描写，你能找到吗？）

（1）引导学生找出"五壮士跳崖"部分，积累并运用描写英雄气概的成语。

（2）指生读。

（3）说说文中的哪些语句，哪些词语更让你震撼？

生："他把那支从敌人手里夺来的枪砸碎了，然后走到悬崖边上，像每次发起冲锋一样，第一个纵身跳下深谷。"哪怕自己死了，也不留给敌人一点东西！

生：最后时刻，战士们屹立山头，形象高大！他们没有因为自己即将牺牲难过，而是露出胜利的喜悦。

生：面对牺牲，"昂首挺胸"相继跳崖，非常豪迈！

……

（4）师："昂首挺胸"这个成语表现了五壮士的英雄气概，能说说这个词语的含义吗？大家试着做一做这个动作。这部分还有哪些成语也是表现英雄气概的？

生：壮烈豪迈 坚强不屈 惊天动地 气壮山河

（5）你还知道哪些表现英雄气概的成语？

指生说。

师：其实，表现英雄气概的成语有很多，老师也积累了一些，请看（课件出示）：

勇往直前 视死如归 单枪匹马 所向披靡 慷慨就义

大智大勇 仰不愧天 力挽狂澜 光明磊落 义无反顾

大显神通 冲锋陷阵 英姿焕发 奋不顾身 奋勇当先

（6）你能根据自己的积累，试着把自己知道的一个词语的含义给大家讲一讲吗？

（7）布置速记积累活动并交流积累的方法（引导学生通过释义记忆、编故事记忆等）。（给大家2分钟的时间背诵，比一比谁积累的多）

总结方法：由课本中的成语，我们进行拓展，记忆更多描写英雄气概的成语，这是一种"迁移积累"法，这种方法的积累可以引导学生由此及彼，更好地丰富扩充我们的语文知识。

（8）巩固训练：看画面，说成语。

刚才我们积累了这么多成语，老师给你们几个画面，你们能用成语表达画面的内容吗？我们来尝试尝试，如果你想到就大声说出来。

师给画面，生说成语。

总结方法：引导学生通过想象画面，来更好地进行速记积累。

2.积累"五壮士跳崖"部分。

通过想象画面，体验当时的情景积累重点片段。

（1）同学们，请根据你的理解说一说，为什么五壮士要跳下万丈悬崖？跳下悬崖后会是怎样的结果呢？

（2）通过朗读，进行初步积累。谁能通过朗读展现出当时的情景呢？

（3）通过体验或想象画面方法来再现当时的情景。

同学们，五壮士的英雄豪迈感染着我们，老师看到大家都已经摩拳擦掌了，下面以小组为单位，采用表演或想象画面形式展示这一重点部分的情景。让我们牢牢记住这个撼动心灵的画面！

（4）积累这一片段。同学们，请大家根据我们刚才想象画面方法、体验表演方法，并联系刚才我们记住的成语，快速背诵这个片段。

（5）检查背诵（通过填关键词、出现画面等多形式让学生完成背诵积累活动）。

总结方法：本篇文章故事性强，重点段落能够给学生很强的画面感，我引导学生通过想象画面、体验表演，抓文中关键词的形式，指导学生进行积累，取得了不错的效果。

3.积累并运用。

（1）同学们，文中还有很多细节描写感动着我们，值得我们细细品味，你能找出这样的句子读一读，在旁边写自己的感受吗？

重点：第四自然段"他刚要拧开盖子，马宝玉抢前一步，夺过手榴弹插在腰间，他猛地举起一块磨盘大的石头，大声喊道："同志们！用石头砸！"顿时，石头像雹子一样，带着五位壮士的决心，带着中国人民的仇恨，向敌人头上砸去。"

（2）学生交流，师适时引导学生找出动词，感受动词的妙用。

师：班长一下就举起了磨盘大的石头，这力气来源于什么？【对敌人的恨。】

师：子弹用完了，班长负伤了，手榴弹也剩下最后一颗了，然而这丝毫没有影响他们的斗志，一个"砸"字，尽显了壮士们的英勇和顽强。

运用"拧开—抢—夺过—举起—喊—砸"一系列的动词，再现当时的情景，说话练习。

总结方法：引导学生抓住文中细节描写，加以想象，再现当时的情景，这也是积累的一个很重要的方法。（想象积累）

（3）妙用动词训练

生活中，只要你留心观察，反复推敲，你会积累很多有意思的动词，如果很好地运用，情节会更动人。下面的情景是不是很熟悉，请结合你的生活积累，填一填。

①他东（看看），西看看，突然，（拿）起了一个同学的水壶，笑眯眯地（拧）开了，（仰）起头（喝）了一口，把嘴都喝得（鼓）起来了，一下子头一（甩），把水（喷）到了黑板上，上面顿时出现了一幅泼水画，上面像水母在游，像一朵花，掉了几片叶子，还像太阳发出了强烈的光。

②天啊！要迟到了。我（掀）开被子，从床上（跳）下来，（穿）上校服，（提）上鞋子，几步（跑）进卫生间，（拿）出牙刷，（挤）上牙膏，在嘴里胡乱地（刷）了几下，然后，（拽）下毛巾，在脸上（抹）了两把，飞快地（窜）出屋子。

总结方法：通过引导学生找动词填空，引导学生做生活中的有心人，学会从生活体验中积累更多知识。（生活积累）

4.积累革命故事。

同学们，五壮士的英雄事迹只是抗日战争的一个缩影。在抗日战争中，还有无数可歌可泣的故事、英勇献身的英雄激励着后人，课前，老师布置大家进行了搜集，请将你的积累成果汇报给大家吧。

学生交流。（学生采用讲解式积累方式，介绍自己搜集到的故事）

《勇敢的放牛娃——王二小》《中国陆军战神——张自忠》《中华空军勇士——阎海文》《甘将热血沃中华——赵一曼》《"北国雄狮"赵尚志》《杨靖宇》

总结方法：读故事并将故事梗概、情节讲出来既属于复述的范畴也属于积累的范畴，长期进行讲述式积累的指导能够不断提高孩子综合的语文素养。

（三）课堂总结

同学们，大家说得太令人感动了，是啊，正是有了这些革命先辈们的浴血奋战，才有了我们今天幸福的生活。今天，我们在革命故事中积累了词语、片段、故事，课下，希望大家阅读更多的革命故事，积累更多的知识。

板书设计：

狼牙山五壮士

英雄气概速记词语

英勇跳崖果断冷静想象画面

跳前激战体验表演

三、课程说明

《狼牙山五壮士》讲述了抗日战争时期，八路军某部七连六班的五个战士为了掩护群众和主力部队转移，诱敌上山，英勇杀敌，最后把敌人引上狼牙山顶峰，最后英勇跳崖的故事，表现了五壮士热爱祖国，热爱人民，仇恨敌人，勇于牺牲的精神。这是一篇抗日英雄的故事，我在教学中重点进行了以下突破。

（一）要做生活的有心人

对自己生活中遇到的人、事、物、景，都要仔细观察，深入体验。要学会捕捉生活中的"闪光点"，强化感情体验。所谓"闪光点"，即能够透发出作者惊奇、兴奋、感叹、深思的生活细节，并要进行"由此及彼，由表及里"的想象和分析。

本课中有很多细节描写表现了壮士们的英雄气概，我重点抓住了一处动作描写片段，让学生分析，感受动词描写对表现人物形象的作用，然后，让学生抓住这些动词，想象情景，再现情景。借此契机，我提供生活情境，让学生联系生活中的体验，进行动词积累的训练。

（二）多种积累方法交叉进行

为了调动学生积累的积极性，让学生学会积累，乐于积累，我在本课中穿插了多种积累方法。比如：让学生积累课内表现英雄气概的成语，到积累课外英雄气概的成语，我运用了"迁移积累"和"画面积累"的方法；让学生背诵五壮士跳崖的部分，我采用了"体验式""抓关键词"积累的方法；让学生积累动作词，并想象情景说话，我采用了"想象积累"的方法；让学生积累课外动词并运用，我采用了"生活积累"的方法；让学生积累革命故事，我采用了"阅读讲述式积累"的方法。这些方法的变换和运用，大大激发了学生积累的兴趣，缩短了积累的时间，提高了课堂效率，促进了学生语文素养的不断提升。

课例四 革命故事:《狼牙山五壮士》复述课例

一、课程目标

1.学习通过抓住六要素和列小标题的方法梳理故事线索,简要复述故事梗概。初步感受狼牙山五壮士的英勇气概,与他人交流自己的阅读感受。

2.学会运用抓关键词展开想象的方法复述重点片段,能详细复述故事中的细节,讲述故事力求具体生动。

3.在以上基础上,加上自己的感受、体会,完整地复述整个故事。

二、课程设计

(一)揭题导入,初识"壮士"

板书课题:狼牙山五壮士,齐读课题。

师:什么人堪称"壮士"?(可以用"视死如归、勇往直前、以身殉国、大义凛然、赴汤蹈火、舍生取义、力挽狂澜"等词语来描写、形容人)

补充资料袋:狼牙山在河北省易县,狼牙山旁有一条在历史上就很著名的河——易水。荆轲刺秦王故事中燕太子丹为西行的荆轲送别地就是在易水河畔,名句"风萧萧兮易水寒,壮士一去兮不复还"中的"易水"就是指这里。

抗日战争时期中国人民为抗击日本侵略者,在狼牙山谱写了一曲可歌可泣的动人杀敌故事,英雄的赞歌激励着我们一代又一代人奋发向上。这节课我们通过复述闯关赛,一起去感受和缅怀我们的抗日英雄——狼牙山五壮士,讲述他们的故事。

【设计意图:从题目入手了解故事发生的时间、地点、人物,及故事中人物的内涵特点,大致了解故事的背景。】

(二)复述闯关,感受"壮士"之英雄气概

第一关:概括复述《狼牙山五壮士》

1.读文章,明内容。

将文章有感情地多朗读几遍,想一想文章主要写了件什么事?

根据前面学过的提炼六要素的方法简要复述一下课文的主要内容。(学生练习)

哪位同学愿意简要复述一下这篇课文?其他同学认真倾听,看看他的六要素是否齐全,表达是否通顺。(请学生点评)

2.理思路，列提纲。

再读课文，试着用小标题的形式梳理出文章的写作顺序。（指点规律：①一段围绕一个意思。②段中一般会有概括这段意思的关键句或关键词语。③确定小标题）

接受任务→（痛歼敌人）→（引上绝路）→（顶峰歼敌）→跳下悬崖

3.连段意，简复述。

将小标题或段意连接起来，试着概括复述课文大体内容。想一想为什么能把这么长的故事复述出来？利用板书，通过列小标题，找出了线索，理清了结构，了解了故事的起因、经过、结果。

4.互练习，提建议。

同桌两人一组，进行复述练习。根据对方的优缺点给予恰当的点评。

师总结：每篇文章我们都可以用提炼六要素的方法进行内容的简要复述，也可以说是概括复述。（板书：抓六要素 概括复述）

【设计意图：复述的第一层次是通过列小标题的方法抓线索，理清故事的大结构，了解故事发生的起因、经过、结果。这是说好故事的基础和前提，也是阅读教学由整体到部分再回到整体的第一步，通过列小标题，把复述的支架搭起来。】

第二关：详细复述《狼牙山五壮士》中最感动的画面

复述支架：抓词语，加细节

痛歼敌人、引上绝路、顶峰歼敌、跳下悬崖中哪个画面最让你感动？根据学生学情交流。

1.痛歼敌人部分：

读段落：班长下了什么命令？战士们是怎样执行的？

填关键词：默读课文，抓细节，填空。（括号中的文字为需填内容）你觉得哪些词句需要保留，复述的时候不能省略？

班长命令：（狠狠地打）

副班长葛振林：打一枪就大吼一声，好像细小的枪口喷不完它的满腔怒火。（满腔怒火地打）

战士：宋学义扔手雷弹总要把胳膊抡一个圈，好使出浑身的力气。（使出浑身力气打）胡德林和胡福才这两个小战士把脸绷得紧紧的，全神贯注地瞄

准敌人射击。(全神贯注地打)

练复述:

根据复述要求自己练习复述。抓住人物的心情、动作、神态的词语,把想到的都放到故事中,进行详细复述,讲出战士们对敌人的憎恨。

同桌一个讲,一个认真听,做出鼓励性评价。

出示学习任务:

能不能抓住重点词语展开想象,讲讲其他故事情节呢?

2.引上绝路部分:

读段落:在什么情况下走!班长? 战士?

找关键词:抓住"斩钉截铁、热血沸腾",从这两个词想开去,想到了什么?

语言:抓住"斩钉截铁"和一个"走"字,讲出班长命令之坚决、果断。

心理:"热血沸腾"的壮士刹那间想什么? (诸壮士各以成语或短语表达。例如,为祖国赴汤蹈火的时候到了!以表激情澎湃。)

练复述:

抓住人物的心情、语言、动作、神态的词语,把想到的都放到故事中,进行详细复述,讲出战士们计划的周密和英雄气概。

3.顶峰歼敌部分:

读段落:(略)

找关键词:(略)

动作:(略)

"马宝玉抢前一步,夺过手榴弹插在腰间,他猛地举起一块磨盘大的石头大声喊道:'同志们! 用石头砸!'"

"顿时,石头像雹子一样,带着五位壮士的决心,带着中国人民的仇恨,向敌人头上砸去。"

练复述:

抓住表动作的词,讲出班长的坚决果断、一马当先,讲出壮士的"智慧"。通过"砸"讲出五位壮士的决心和对敌人的仇恨。

4.跳下悬崖部分

读段落:(插图与文字对照)

找关键词:(略)

"五位壮士屹立在狼牙山顶峰，眺望着群众和部队主力远去的方向。他们回头望望还在向上爬的敌人，脸上露出胜利的喜悦。"

屹立：向上风一样高耸而稳固地立着。牢牢站立，不可动摇。（换词语理解：岿然不动　巍然屹立　巍然不动）

眺望（饱含深情）向群众告别说……望望（充满蔑视）怒斥敌人说……

练复述：

1.合作讲"跳下悬崖"：

一生讲班长马宝玉，激动地说："同志们，我们的任务胜利完成了"……并第一个纵身跳下深谷。

一生讲文中故事：战士们也昂首挺胸，相继从悬崖往下跳。狼牙山上响起了他们壮烈豪迈的口号声："打倒日本帝国主义！""中国共产党万岁！"

全体师生一起讲："这是英雄的中国人民坚强不屈的声音！这声音惊天动地，气壮山河！"

2.带想象，自练习：

度段落——抓关键词——想象复述

复述时抓住人物语言、动作、神态、心理，根据以上的提示，展开合理想象，自己练习复述。

3.互练习，提建议：同桌两人一组，进行复述练习。根据对方的优缺点给予恰当的点评。

4.班展示，众评议：全班进行复述展示，针对复述的问题提出合理化的建议。

【设计意图：第二层次是紧抓关键词，展开想象，进行重点段落的详细复述。这是复述能力的再提高，采用的教法是想想哪些词句需要保留，复述的时候不能省略？抓住描写五壮士动作、神态、心理的关键词，以复述为突破口，创设多种情境让学生主动复述故事，在复述中感悟、复述中理解、复述中积累。】

第三关：合作讲一个完整的故事

1.明要点，抓细节：文章中哪些内容可以省略少说，哪些地方要详细描述？

2.依提纲，自练习：根据前面整理的提纲和进行的片段详细复述，自己试着练习复述本篇课文。

3.班展示，众评议：全班进行复述展示，针对复述的问题提出合理化的建议。

每生一个画面，根据故事情节展开想象，试着表现出人物的外貌、神情、动作、语言等相关细节。

【设计意图：第三层次是将各个画面连起来，既是对前面学习的检验，也是一个回归整体的过程。在这一环节要明确哪些略讲，哪些详细讲，做到详略得当。从第二层次的具体段落教学回到整体。】

（三）拓展复述，升华情感

五壮士的英雄事迹只是抗日战争的一个缩影。在抗日战争中，还有无数可歌可泣的故事、英勇献身的英雄激励着后人，让我们一起讲述他们的故事，传承他们的精神。

江姐的故事（节选）

敌人从叛徒口里知道，江竹筠是地下党的地委委员。中美合作所的特务为了从她口里得到需要的东西，一个多月来，一直没有中断过对她的严刑审讯。这天夜间带她出去，看来也不会例外。同志们紧偎在牢门口，静静地守望着。

刑讯室离牢房不远，夜间，万籁俱寂，那边的声音显得特别清晰。

"说不说？说不说？"特务疯狂地吼叫着。

江姐回答说："上级的姓名住址，我知道；下级的姓名住址，我也知道。但是，这些都是我们党的秘密，不能告诉你们。"

同志们知道，敌人又要下毒手了。大家屏息听着。先听见特务们用刑的声音，江姐倔强的呵斥声。接着，一个特务高声叫道："拿竹签子来！"竹签子一根根地钉在江姐的指头里，也一根一根钉在同志们的心里。江姐大约是昏过去了。一会儿，听见一阵令人心悸的泼凉水的声音。

"说不说？说不说？"特务绝望地嘶叫起来，但是没有听到江姐的声音。

又是一阵令人心悸的泼凉水的声音。

但是没有听到江姐的一声呻吟。

这天夜里，渣滓洞牢房里的人们通夜未眠，大家怀着异样沉重的心情。

朝霞透过山峰，阳光泻满山谷。高墙边的黑漆铁门一响，人们聚在风门口张望。只见两个特务拖着昏迷不醒的江姐，往女牢房去。她熬受了一夜的折磨，流血过多，完全失去知觉了。

江姐还没醒过来。女牢房的同志把她的伤口包扎起来。这时候，大家发现，她在遭受敌人严刑拷打的时候，因为忍痛，紧咬着牙关，连嘴唇也咬破了。

复述任务：

1. 默读短文，想想课文讲了一件什么事？（简要复述短文内容）

2. 用横线画出描写江姐的语句，从这些语句中你体会到了什么？

3. 自己练习详细复述短文。

4. 同桌互相复述，全班复述，评价。

舍生取义，这是中华民族传承下来的浩然之气。出示："生，亦我所欲也；义，亦我所欲也；二者不可得兼，舍生而取义者也。"并指导学生浅释并诵读。

最后让我们用"易水歌"为五位壮士和无数英勇献身的英雄壮行吧！男女生齐诵：风萧萧兮易水寒，壮士一去兮不复还！

【设计意图：拓展复述既是对本课学习复述的一个巩固，也是情感的升华，感受英雄的爱国精神和自我牺牲精神。】

三、课程说明

一般情况下，革命故事类课文，故事的时间、地点、人物及事件会比较明显，人物的特征也比较鲜明。因此，选择"复述"作为语言实践的主线时，要让学生在"理清大环节——讲好小细节"的过程中，将课文的"消极语言"转化为自己的"积极语言"。本课的课程设计从以下四个步骤进行：

第一层次：简要复述六要素架构下的故事梗概，先找线索，把大结构理清，把复述的支架搭起来，学会概括性复述。在复述的时候，可以指导学生抓住六要素来复述（时间、地点、人物、起因、经过、结果）。

第二层次：在简要复述后，可以进行某一片段的详细复述，通过读段落，找词语，展想象，指导详细复述。

第三层次：在以上基础上，可以加上自己的感受、体会，回归整体，完整地复述一个完整的故事。

第四层次：拓展复述，既是对本课学习复述的一个巩固，也是情感的升华，感受故事中人物的精神。

板书设计:

<h3 style="text-align:center">狼牙山五壮士</h3>

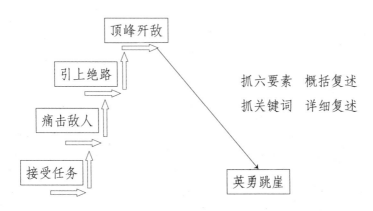

抓六要素　概括复述
抓关键词　详细复述

爱人民爱祖国　憎恨敌人　自我牺牲

课例五　革命故事:《狼牙山五壮士》演说课例

一、课程目标

1. 以"妙语连珠"的形式演说革命英雄的壮烈表现,感受他们爱护群众、仇视侵略者、为祖国为人民勇于献身的精神。

2. 抓住主人公们动作、语言,以恰当的手势、激昂的语调,有条理地讲述故事,传达英雄儿女们的革命气概。

二、课程设计

(一)妙语连珠——梳理文本内容

1. 诵读国学,走进文本。

出示:

子曰:"三军可夺帅,匹夫不可夺志也。"《论语》

(学生自由读,指生读,老师读,背诵)

过渡语:这句话,两千五百多年来不知道激励了多少的中华儿女,使他们堂堂正正挺立,也成了中华民族威武不屈的民族精神之一。今天,我们再走进一个真实的故事,它发生在抗日战争时期河北省易县的狼牙山。

板书:《狼牙山五壮士》(齐读课题)

2.认读词语，妙语连珠。

过渡语：课前我们进行了预习，首先过词语关。

出示：

第一组词语：大举进犯 横七竖八 坠落山涧 粉身碎骨 叽里呱啦 纷纷滚落

第二组词语：全神贯注 昂首挺胸 斩钉截铁 热血沸腾 惊天动地 气壮山河

（小组里读，小组间比赛读）

你发现两组词语在课文中分别写谁吗？（词语也有感情色彩。这两组词语对比强烈，爱憎分明！）

男女生分组朗读，对比感受。

过渡语：把词语的温度带入课文中，你一定会觉得更有色彩！现在请大家浏览课文，试着用上这些词语简单地说说课文的内容。（学生准备，教师巡视，然后指生说，师生评价）

思考：用小标题的形式说出课文的顺序。

接受任务——痛击敌人——引上绝路——顶峰歼敌——跳下悬崖（板书）

（二）妙语连珠——体验壮士气概

1.批注感悟。

过渡语：同学们，狼牙山五壮士接受任务，诱敌上山，英勇杀敌，最后把敌人引上绝路，英勇跳崖的故事中，哪些场景最让你感动？再次进入文本，带着自学提示批注感悟。

出示：（自学提示）

（1）浏览课文，找出自己最感动的场景之一。

（2）默读这一场景，用 Δ 标出震撼人心的词语，并在旁边进行批注。

（3）带着自己的体验，声情并茂地朗读。

（学生自学、教师指导、学生交流、师生互动评价）

板书： 动作、语言

毫不畏惧 视死如归

2.以读促说。

思考：班长下了什么命令？战士们是怎样执行的？（括号中的文字为需填内容）

班长命令：（狠狠地打）；副班长葛振林：（满腔怒火）地打；战士：（使出浑身力气）打；胡德林和胡福才这两个小战士：（全神贯注）地打。

（带上手势，用高昂的语调，读短语）

思考：描写副班长葛振林的"满腔怒火"与描写两个小战士的"全神贯注"能调换吗？（不可调换。表现出老战士身经百战，奋勇当先；小战士严阵以待，全力以赴。）

过渡语：把短语放到故事里，自己带上手势，试着读一读

出示：为了拖住敌人，七连六班的五个战士一边痛击追上来的敌人，一边有计划地把大批敌人引上了狼牙山。他们利用险要的地形，把冲上来的敌人一次又一次地打了下去。班长马宝玉沉着地指挥战斗，让敌人走近了，才下命令狠狠地打。副班长葛振林打一枪就大吼一声，好像细小的枪口喷不完他的满腔怒火。战士宋学义扔手榴弹总要把胳膊抡一个圈，好使出浑身的力气。胡德林和胡福才这两个小战士把脸绷得紧紧的，全神贯注地瞄准敌人射击。敌人始终不能前进一步。在崎岖的山路上，横七竖八地躺着许多敌人的尸体。

过渡语：朗读有多深，你的演说就会有多精彩，请大家用上这些词语，带着恰当的手势，高昂的语调，讲"痛击敌人"这个场景。

出示：

（1）根据战士们的动作，做出恰当的手势；

（2）用高昂的语调，传达战士们内心对敌人的仇恨；

（3）按照顺序，有条理地讲述；

（4）自己先讲，然后到小组里分享、评价。（教师巡视，然后集体展示，师生紧扣提示评价）

3.巩固演说。

回顾刚才的学习方法（抓住动作、语言的词语，用感情朗读，然后妙语连珠，讲故事）

过渡语：文中还有很多个场景体现了战士们毫不畏惧，视死如归的精神，请大家任选一个，按照刚才的方法，进行演说。

（同桌分享，教师巡视，集体展示）

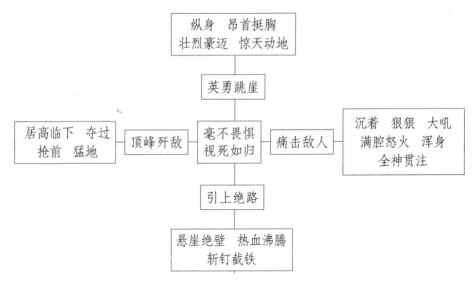

（三）妙语连珠——拓展升华感受

1.记忆中的故事。

过渡语：同学们，中华大地涌现了无数临危不惧、视死如归的革命英雄，如董存瑞舍身炸碉堡，邱少云在烈火中永生，刘胡兰舍生取义的英雄事迹，这些可歌可泣的故事，你知道哪一个。（学生交流）

2.看图话词演说

出示"董存瑞炸碉堡"的图片，教师先说说故事的背景，学生看图说词。

昂首挺胸　坚毅　高喊　眺望　惊天动地……

出示导语，学生妙语连珠，讲这一场景。

这座桥有一人多高，两边是光滑的斜坡，炸药包放在哪呢？他想把炸药包放到河沿上，试了两次，都滑了下来。要是把炸药包放在河床上，又炸不毁暗堡。就在这时，嘹亮的冲锋号响了，惊天动地的喊杀声由远而近。在这万分紧急的关头，（　　　　　　　　）。

再次出示演说要求：①根据董存瑞的动作，做出恰当的手势；②用高昂的语调，传达董存瑞舍生忘死的革命斗志。（学生演说，教师巡视，然后学生展示、评价）

3.作业课外延伸

课后，把自己心目中的革命英雄故事分享给身边的人，用你得当的手势、高昂的语调，展现出英雄们的革命豪情。

三、课程说明

《狼牙山五壮士》一文，既表现了七连六班这个英雄集体的壮举，又突出描述了壮士们的动作、神态和语言，英雄事迹感人肺腑，人物形象高大鲜明。这样一篇震撼人心的故事适合孩子以"妙语连珠"形式演说，不仅锻炼了孩子们的口语实践能力，同时，通过孩子们演说能传达文中感人事迹所体现的面对强敌毫不畏惧、英勇顽强、宁死不屈的革命主义精神和忠于党、忠于人民、忠于祖国的精神。人文和工具相辅相成，促进了孩子们思想和能力的成长。

（一）目标定位明确

教学目标是教学的出发点和归宿，是教师对学生达到学习成果的明确阐述。带着我们公认的教学目标的重要性，我在分析文本和学情的基础上，首先制定了课程目标。

《狼牙山五壮士》一文让人读来心潮澎湃、热血沸腾，这与作者根据人物特点准确用词是密不可分的，是这一个个栩栩如生、情感浓郁的词语让我们感受到了壮士英勇无畏，而演说正是积累运用双轨进行的结晶，于是我定位目标其一就是"妙语连珠"式演说；细细品读每一句话，会发现，作者对五位壮士的动作、语言描写尤为细腻，弥漫字里行间，读来令人荡气回肠，酣畅淋漓，于是目标二定位为"发挥恰当的手势、高昂的语调"。两个目标，一个是内容，一个是工具。

> 1. 以"妙语连珠"的形式演说革命英雄的壮烈表现，感受他们的爱护群众、仇视侵略者、为祖国为人民勇于献身的精神。
>
> 2. 抓住主人公们动作、语言，以恰当的手势、激昂的语调，有条理地讲述故事，传达英雄儿女们的革命气概。

二、演说富有层次

孩子的能力培养需要的是循序渐进，我们得给他们搭建呈梯度的平台。在本课程设计中，"妙语连珠"式演说贯穿全程，设计了三次演说实践，层层递进。

一次妙语连珠——梳理文本内容：这是在检查预习的环节，通过认读生词，用这些词语"妙语连珠"，概括主要内容，既加强了对重点词语的理解，又经历了一次简单的演说，梳理了文本内容；二次妙语连珠——体验壮士气概：这是课堂中演说训练的重点，学生通过批注阅读，对词语、句子的感悟有所进步，切切实实地从壮士们的动作、语言中悟到了英雄形象，孩子的内心情感欲罢不能时，我们要给予指出一条输出的渠道，不能让他们燃起来的火焰熄灭，于是这次"妙语连珠"式演说，加入了能力支点的要求"①根据战士们的动作，做出恰当的手势；②用高昂的语调，传达战士们内心对敌人的仇恨。"学生在老师的帮扶下，找到了方法后，再从其它的场景中任选一个进行演说，以此巩固；三次妙语连珠——拓展升华感受：叶圣陶先生说："课文无非是个例子"，我们以课文为依托，学以致用，现在孩子们借助于文本中的场景进行演说了，突破了重点，老师要带领学生拓展升华一下，于是我出示了"董存瑞炸碉堡"的图片，教师介绍背景，学生观察后用词语描述，然后再妙语连珠，这是课堂中的难点了，有挑战才有成长的，就这样孩子们边收获，边提高。

（二）操练能力支点

阿基米德说过：给我支点，我可以撬起地球。看来支点很重要，本课中不但在目标中明确了支点，而且在演说中一直操练支点，用支点的力量增进演说能力。

在第一次演说"痛击敌人"这一场景时，孩子们在演说前，出示"①根据战士们的动作，做出恰当的手势；②用高昂的语调，传达战士们内心对敌人的仇恨。"让孩子们明确演说的方向，以此烘托演说氛围，评价的时候，还是以此为标准进行评价，以至于到最后拓展升华环节，虽然迁出了文本，内容发生了变化，但是能力支点依然存在，还是让学生按照这个能力支点进行演说、评价。正如阿基米德所说，我相信在反复、扎实的操练中，这一个个小小的支点，一定能使演说绚丽多彩。

课例六　革命故事：《狼牙山五壮士》评介课例

一、课程目标

1. 了解文章主要内容，通过对内容的具体评析感受五壮士爱护群众，仇视侵略者、为祖国为人民勇于献身的精神。

2.通过对人物的动作神态的评介领悟课文的写作方法。

二、课程设计

（一）情境导入

抗日战争时期，我中华大地涌现了无数临危不惧、视死如归的革命英雄。课前，大家都搜集了抗日战争时期可歌可泣的抗敌故事，谁能给大家说说你都了解了哪些故事？

生交流。

董存瑞舍身炸碉堡，邱少云在烈火中永生，刘胡兰舍生取义……每一个故事都震颤着我们的心灵。今天，我们再来了解一个真实的故事，它发生在抗日战争时期河北省易县的狼牙山。（板书：《狼牙山五壮士》）

（二）预热感知、把握整体

1.同学们，本篇课文主要讲了什么事？

学生读后交流，教师引导概括。（这篇文章写的是五壮士为了掩护人民群众和连队主力，和敌人英勇作战，最后英勇跳崖的事）

2.这个故事可以分几个部分？

学生交流。

教师板书：接受任务→诱敌上山→引上绝路→顶峰歼敌→跳下悬崖。

（三）多方评介，品味内涵

1.文中的哪些场景最让你感动？快速浏览2—9自然段，找到特别能打动你的词句，多读几遍，并在旁边简单写写你的感受。

学生交流，教师随机引导。

（1）"诱敌上山"。

生："班长马宝玉沉着地指挥战斗，让敌人走近了，才下命令狠狠地打。副班长葛振林打一枪就大吼一声，好像细小的枪口喷不完他的满腔怒火。战士宋学义扔手榴弹总要把胳膊抡一个圈，好使出浑身的力气。胡德林和胡福才这两个小战上把脸绷得紧紧的，全神贯注地瞄准敌人射击。"能看出五壮士特别痛恨侵略者，想用尽全力将他们击灭。

师：那就把他们对敌人的痛恨读出来吧。同学们认真听，评价一下他读出了对侵略者的恨了吗？如果你能抓住某个词他读得具体词语来评价就更好了。

生：他读得很有感情。也很准确流利。

师：同学们，你们觉得他的评价到位吗？

生：我觉得他的点评不是太合要求，教师刚才说"评价一下他读出了对侵略者的恨了吗？如果抓住某个词来谈就更好。"他只总体上说了有感情，到底有什么感情？评价得不合要求，也不够具体。

生：我觉得他在读"狠狠地打""大吼一声"这些词的时候，很有感情，能听出他心里的恨。

师：同学在读的时候注意到了通过具体的某个关键词来突出情感。除了这两个词以外还有没有表达"恨"的了？再读一读。让大家来听听给你做个点评吧。

指生读句子。

生：他在读"抡一个圈""瞄准"这些动作时，我能想象展示当时内心恨到不消灭他们誓不罢休的心理。

师：（板书：动作）这位同学从对这些动作的评价上，来感悟出人物的内心。我们读的时候也可以突出这些动作描写来用朗读表达出对侵略者的恨。（板书：仇恨敌人）

师：他们烧杀抢掠，随意践踏我们的土地。五壮士誓死保卫着我们的家园。让我们再来读一读这段话吧。

生自由品读。

（2）"顶峰歼敌"。

生交流：（课件出示）他刚要拧开盖子，马宝玉抢前一步，夺过手榴弹插在腰间，他猛地举起一块磨盘大的石头，大声喊道："同志们，用石头砸！"顿时，石头像雹子一样，带着五位壮士的决心，带着中国人民的仇恨，向敌人头上砸去。"马宝玉已经负伤了还得能"猛地举起一块磨盘大的石头，大声喊道：'同志们，用石头砸！'"从一个"举"字感受到他很勇敢很坚强。

师：你能练习前文来谈，这种方法值得我们借鉴。

生：我感觉他在读"砸"的时候可以再用些力，咬着牙，战士痛恨敌人会使出最大的力气，这样就会更能体现出对敌人的痛恨了。

师：这位同学还向我们提出了建议，真不错。让我们再来试试。

指生读。

师范读："顿时，石头像雹子一样，带着五位壮士的决心，带着中国人民的仇恨，向敌人头上砸去。"那让我们再来读一读这几句话，试着通过这些动词的朗读读出马宝玉的坚强、勇敢、决心和恨。

指生评价。

师：读的时候重点处理了几个动作，就把人物读活了。像这样体会着人物的感情去读，就会让人有身临其境的感觉。

小结：壮士们这一举，这一砸，尽显英雄本色。在枪尽弹绝的情况下，他们宁死也要与敌人血战到底。同学们，这是怎样的五壮士？

生：不畏生死、坚强勇敢的英雄气概。

师总结：动作描写的运用是表达人物个性品质的好方法。习作中我们要学以致用，把文中的人物写活。

（3）"跳下悬崖"。

师：石头纷纷落下，又一群敌人扑上来，敌人越逼越近。请大家一起来看"跳下悬崖"部分。

课件出示："五位壮士屹立在狼牙山顶峰，眺望着群众和部队主力远去的方向。他们回头望望还在向上爬的敌人，脸上露出胜利的喜悦。班长马宝玉激动地说："同志们，我们的任务胜利完成了！"说罢，他把那支从敌人手里夺来的枪砸碎了，然后走到悬崖边上，像每次发起冲锋一样，第一个纵身跳下深谷。战士们也昂首挺胸，相继从悬崖往下跳。"你觉得文中还有哪个词能展现出五壮士的英雄气概？

生："屹立"就是站得很直，他们面对敌人逐渐逼近自己，仍然坚强地有斗志地站着。

师：你的理解很准确，真棒。你还有补充吗？

生：就是像山一样笔直不动摇地挺立着。

师：非常准确。是啊，此时五位壮士屹立在顶峰，像山一样雄壮、巍峨。这是怎样一幅画面？（出示画面）（师引读课文）

指生评价：老师读得怎么样？哪个词最令你感慨？

生："跳"。老师在读的时候读出了那种勇敢，不怕牺牲，面对死亡毫不畏惧。

生：我觉得你听得很对，这个"跳"字是那种视死如归的英雄气概的体现。宁可跳崖也不会被敌人得逞。

师：同学们体会得很准确，又是一个动词就把战士英勇视死如归表达得淋漓尽致。（板书：勇于献身）

同桌两人相互读一读，读出这种视死如归的英雄气概来，然后两人相互评价一下，帮助他越读越好，越读体会越深。

师：同学们，生命对我们每个人来说只有一次。此时此刻，假若能再给他们一点点的时间，你认为他们会想些什么？ 生交流。

小结：说得真好！是什么激励着五壮士在祖国和生命之间，他们毅然选择了前者？

师：正是来自对祖国，对人民深深的爱呀。同学们，让我们怀着对烈士深深的敬仰，再读这一段。（齐读此段）

师引读：此时，狼牙山上响起了他们壮烈豪迈的口号声。

小结：这豪迈的声音告诉我们，这是怎样的五位壮士？ 这就是我们的——（生齐读课题）舍生取义的《狼牙山五壮士》。

2.拓展升华，激发情感 。

五位壮士的英雄壮举，彻底征服了疯狂的日本鬼子。在五壮士的跳崖处，他们列队向五壮士行了日本军礼！这难道不是最大的胜利吗？让我们用朗读来告诉他们：这就是我们英雄的狼牙山五壮士！

五壮士的英雄壮举创造了奇迹：葛振林、宋学义被一棵树卡在半山腰，奇迹般地生还。这奇迹的发生难道不是被五壮士的英雄壮举所感动吗？ 让我们用朗读来告诉世界：这就是我们英雄的狼牙山五壮士！

三、课程说明

本课操作的要求是通过让学生借助朗读初步感悟文本大体内容，穿插多种朗读方式（自由读、同桌互读、师范读、听读、理解读）迸发出新的思想生成。借助多维评介手段（生生评介，生本评介，师生评介）促进学生感悟文章深刻内涵与掌握语文要素。

其中的评介不仅仅是停留在简单的评价朗读的准确性水平上，透过朗读的具体的字词句是否表达出思想内涵，透过学生的评价再评价是否达到领悟文本掌握新知的评介手段更为重要。

本课借助评介项目的实施完成教学目标。它不同于其他项目，是一种高级的思维与实践手段。通过对文本的不同理解使本课在不断的评析中，不断生成。最终在多维评介下生发出最核心的思想内涵，从而顺利实现课程目标。